新闻学与传播学"十三五"规划教材·基础课程系列
13th Five Year Plan University Text Book
河南省委宣传部与郑州大学共建新闻与传播学院系列成果

新闻写作新编
（第二版）
NEWS WRITING

张举玺 著

中国传媒大学出版社
·北 京·

修订说明

《新闻写作新编》第二版是在2008年12月河南大学出版社出版的《新闻写作新编》第一版的基础上，根据读者反馈的信息，修订而成的。

在修订过程中，笔者进一步完善了教材的逻辑结构，校正了部分章节的标题名称，更新和补充了一些案例和数据。为了压缩教材的整体篇幅，笔者删除了上一版中的“第八章：新闻写作的结构技巧”，“附录”中的《为了六十一个阶级弟兄》《县委书记的榜样——焦裕禄》《为了周总理的嘱托》《大雁情》，“后记”。

修订后的内容包括：新闻写作绪论、新闻体裁、新闻写作的发展趋势、新闻写作的重要环节、新闻写作的基本原则、新闻写作的基本方法、新闻写作的基本要求、各类消息的写作、各类通讯的写作、新闻评论的写作、网络新闻的写作、广播新闻的写作、电视新闻的写作、新闻侵权与记者的自我保护，共14章。各章之前有学习目标、学习重点，之后附有复习思考题。

新闻写作是一门实践性很强的课程。本教材是笔者结合多年一线记者的从业经验，从实用、实战的角度出发，博采众长，精心编写而成的，突出理论知识与实践密切结合的特色，在课堂教学中具有显著的可操作性。本教材理论描述通俗易懂，所取案例简明扼要，对学生动手实践具有示范功能，有助于学生学以致用，增强新闻意识，强化提高新闻写作能力。

在第二版付梓之际，要特别感谢我的博士研究生王文娟，硕士研究生王梦洁、宋明明、谢珊。王文娟负责对教材的整体框架和逻辑结构进行梳理，对教材中列举的相关案例进行了校准与更换。宋明明对第一章至第五章的相关案例及析文进行了更换，谢珊对第六章至第八章的相关案例及析文进行了更换，王梦洁对第九章至第十四章的相关案例及析文进行了更换。

感谢郑州大学新闻与传播学院教材建设基金的大力资助。感谢中国传媒大学出版社李水仙、蒋倩等老师对第二版出版给予的鼎力相助!

在编写过程中,笔者参考了国内外学者近年出版的大量著作和教材(具体书目见参考书目),在此一并表示感谢。

张举玺

2019年1月17日

郑州大学盛和苑

前 言

新闻写作是一门实践性很强的课程。要成为一名合格的记者，仅仅掌握新闻理论和新闻采访是远远不够的，还需要有一手过硬的写作技能。

新闻写作的最终成果是一种信息传播产品，它需要通过大众传播媒介向受众传播才能实现自己的价值。这就意味着新闻写作承担着制作和传播新闻信息产品的任务。新闻写作是一种特殊的写作，是新闻报道成品的制作过程。因此，新闻作品在选题策划、写作理念、文本结构、基本技法和语言风格等各方面，都应符合新闻传播学的规律和要求。所以说，新闻写作是一种受限制的写作。

本教材结合作者多年一线记者的从业经验，从实用、实战的角度出发，博采众长，精心编写而成。本教材突出理论知识与实践密切结合的特色，在课堂教学中具有明显的可操作性。理论描述通俗易懂，所取案例简明扼要，对学生动手实践具有示范功能，有助于学生学以致用，增强新闻意识，强化提高新闻写作能力。

教材内容包括：新闻写作绪论、新闻体裁、新闻写作的发展趋势、新闻写作的重要环节、新闻写作的基本原则、新闻写作的基本方法、新闻写作的基本要求、新闻写作的结构技巧、各类消息的写作、各类通讯的写作、新闻评论的写作、网络新闻的写作、广播新闻的写作、电视新闻的写作、新闻侵权与记者的自我保护，共15章，各章之前有学习目标、学习重点，之后附有复习思考题。

本教材侧重于对学生新闻写作动手能力的培养,摆脱了纯理论知识灌输的单向教学模式,具有良好的互动性,适合于高校新闻专业本科生、硕士研究生及其他新闻爱好者学习和使用。

本教材的顺利出版,受益于河南大学教材建设基金的大力资助。在此表示衷心感谢!

作　者

2008 年 6 月 17 日

于河南大学明伦校园

目 录

第一章 新闻写作绪论 // 001

001 // 第一节 新闻写作的意义
004 // 第二节 新闻写作与采访的辩证关系

第二章 新闻体裁的分类 // 010

010 // 第一节 消息体裁
016 // 第二节 通讯体裁
023 // 第三节 评论体裁

第三章 新闻写作的发展趋势 // 028

028 // 第一节 新闻写作的走向
030 // 第二节 提倡短新闻
033 // 第三节 新闻特写镜头化
038 // 第四节 用散文笔法写新闻
042 // 第五节 新闻与文学“合流”

第四章 新闻写作的重要环节 // 046

046 // 第一节 新闻背景
055 // 第二节 新闻细节
061 // 第三节 新闻语言
065 // 第四节 新闻标题的写作

第五章　新闻写作的基本原则 // 073

074 // 第一节　追求真实
081 // 第二节　保证准确和交代来源
088 // 第三节　谨慎验证　坚持公正和客观

第六章　新闻写作的基本方法 // 96

096 // 第一节　新闻为何要用事实说话
102 // 第二节　选择典型事实说话
105 // 第三节　通过再现场景说话
109 // 第四节　运用背景材料说话
113 // 第五节　借助“直接引语”说话

第七章　新闻写作的基本要求 // 122

122 // 第一节　时效性:新鲜、快速、简短
127 // 第二节　可读性:具体、生动、通俗
142 // 第三节　针对性:信息、知识、思想

第八章　各类消息的写作 // 149

150 // 第一节　动态消息
151 // 第二节　综合消息
154 // 第三节　人物消息
156 // 第四节　述评消息

第九章　各类通讯的写作 // 158

158 // 第一节　人物通讯
161 // 第二节　事件通讯
163 // 第三节　工作通讯
165 // 第四节　概貌通讯

第十章　新闻评论的写作 // 167

168 // 第一节　新闻评论的种类
175 // 第二节　新闻评论的特点
177 // 第三节　新闻评论的写作要求

第十一章　网络新闻的写作 // 184

185 // 第一节　网络新闻的特点
192 // 第二节　网络新闻的写作原则

第十二章　广播新闻的写作 // 200

200 // 第一节　广播新闻的特点及写作原则
204 // 第二节　广播新闻的写作技巧

第十三章　电视新闻的写作 // 213

213 // 第一节　电视新闻的报道方式
215 // 第二节　电视新闻的基本结构
219 // 第三节　电视新闻的写作要点

第十四章　新闻侵权与记者的自我保护 // 227

227 // 第一节　什么叫新闻侵权
230 // 第二节　新闻侵权的具体内容
235 // 第三节　记者、编辑怎样进行自我保护

主要参考书目 // 239

第一章　新闻写作绪论

▶本章学习目标

理解新闻写作的意义，掌握新闻写作与采访的辩证关系。

▶学习重点

新闻写作是新闻传播的重要环节，新闻写作能力是记者素质的重要判断标准，先有采访后有写作，采访质量决定写作质量，新闻写作与做人的关系。

新闻写作是指记者把采访中搜集到的材料、信息，通过文字写作制成一定体裁的新闻作品的过程。

从宏观上讲，新闻作品主要有两大类：新闻报道与新闻评论。因此，新闻写作也有广义与狭义之分。广义的新闻写作，包括新闻报道与新闻评论的写作。狭义的新闻写作，一般仅指新闻报道方面各种体裁的写作。

新闻报道与新闻评论各有“职司”，承担着不同的任务，因此在写作上有不同的体例和要求。如果做某种类比，新闻报道主要“记事”，犹如中国古代典籍中的“记注类”。新闻评论主要“记言”，犹如典籍中的“撰述类”。但无论是“记事”还是“记言”，它们都要遵循新闻传播的规律，因此同属于新闻作品这个大家族。本教材本着广义新闻写作的精神，讲授内容既包括新闻报道的写作也包括新闻评论的写作。

第一节　新闻写作的意义

新闻写作研究的对象是新闻报道作品以及这类作品的写作原理、写作规律、写作技巧以及相关的知识。

新闻写作的重要性是由以下三个方面的因素决定的：

第一，这门学科在新闻学中的地位和作用；第二，这门学科在新闻传播过程中的地位和作用；第三，这门学科在新闻工作者职业素养中的地位和作用。

一、新闻写作是新闻学研究的一个重要落脚点

新闻学研究的内容主要包括历史新闻学(新闻事业史)、理论新闻学(新闻理论)与实用新闻学(新闻业务)。这三个部分是相互联系、不可分割的整体。

新闻学属于实用性比较强的学科,因此理论新闻学与历史新闻学研究的目的与归宿,在一定意义上都是为了服务于新闻业务实践,为实用新闻学提供方法和"武器"。正确的新闻理论是新闻业务研究的可靠指南;丰富的新闻史料是总结和概括新闻理论不可缺少的条件,更是新闻业务研究重要的借鉴内容。

从这个意义上可以说,实用新闻学是整个新闻学研究的落脚点。

实用新闻学研究的内容包括新闻采访与写作、新闻编辑、新闻广播与电视、新闻事业经营管理等新闻业务各方面的应用知识。

新闻采访与写作在实用新闻学知识体系的构成中处于"龙头"的位置,它是以后一系列业务的入门课程,其中,新闻写作与其他业务的联系更加密切。例如,在纸介媒体与通讯社的发稿中,记者采访的结果需要通过写作才能产生完整而深入的报道。一个新闻编辑,如果不具备新闻写作的知识与能力,又如何来处理与修改新闻稿件。撰写新闻图片的文字说明,也需要通过新闻写作完成。电子媒体的新闻节目制作,同样离不开新闻写作。广播新闻与电视新闻,除了现场实况转播以外,在制作过程中首先都要有文字脚本,而这个脚本同样需要通过新闻写作来实现。当今蓬勃兴起的网络新闻,其写作原理仍然离不开传统的新闻写作。因此,从这个意义上说,新闻写作是实用新闻学研究的一个落脚点。

实践证明,新闻学研究的许多成果,尤其是新闻业务研究的许多成果,最终是要通过新闻写作来实现的,要落实到新闻报道作品中,接受传播实践的检验。

二、新闻写作是新闻传播的重要环节

新闻写作是文字写作。它与其他文字写作,例如文学作品创作、科学理论著述、公务文书撰写等,有显著的区别。

区别在于写作的目的、对象和最终成果的性质有异。新闻写作的最终成果即新闻报道是一种信息传播产品,它需要通过大众传播媒介向受众传播才能实现自己的价值。这就意味着新闻写作承担着制作和传播新闻信息产品的任务。新闻写作是一种特殊行为,是新闻报道成品的制作过程。因此,它在写作理念、文本结构、基本技法和语言风格等各方面,或者通俗地说,它在解决"为什么写,写什么,怎么写"等问题时,都

应符合新闻传播学的规律和要求。正是在这一点上，写新闻报道，与写公文、写报告、写论文、写诗歌、写小说、写散文等其他诸种写作类型，从本质上划清了界限，形成了属于新闻的写作学。

新闻写作的重要性还要放到新闻传播过程中去考察。

1.新闻写作决定着新闻信息能否传播出去

每一个新闻传播产品，都要经过：发现→开发→采集→制作→传播这样的生产流程。

无论在纸介媒体，还是电子媒体的生产流程中，新闻写作都处于“制作”这个环节，即把采访来的素材写成新闻报道，就像在汽车厂里把各种零部件组装成一辆小轿车一样。如果没有组装，就没有小轿车，只是一堆堆分散的零件。如果没有新闻写作，也只有采集来的零散信息，无法形成传播产品。可以说，新闻报道作品是新闻信息的载体。没有载体，新闻信息就没有了“运输工具”，就无法传播出去。

2.新闻写作直接影响新闻信息的传播效果

为了让信息传播出去，传播得广泛，使更多的受众接受这些信息，不仅要有载体，还要讲究这个“运输工具”的功能，功能越强，传播效果自然越好。也就是说，要讲究新闻报道的写作规律和技巧，包括题材、形式、结构、语言等。孔夫子说：“言之无文，行而不远。”同样的道理，新闻报道缺乏文采，将直接影响传播效果。

按照传播学的原理，新闻写作属于信源编码过程。新闻信息编码是指“按语法结构、章法结构及写作技巧等规则，将文字编排成表达一定新闻内容的文字序列”。

这个过程的关键在于它要将信源发出的信息（即事实）转换为对应的符号（即文字），文字的表述必须与事实相符。因此，文字再现事实的能力，具体地说，文字再现事实的准确度、清晰度、时效度、可信度等，直接关系到信息的传播效果。

通过新闻写作所传递的已不是原始的自然信息，而是新闻信息，这里已暗含着记者的主观能动性，即记者的选择、立场、观点、分析能力、表达技巧等，这些综合因素所产生的最后传播效果都会直接影响受众的认知。

因此，新闻写作对于新闻信息的传播效果，即报纸新闻的可读性、广播新闻的可听性、电视新闻的可视性都有着决定性的影响。记者的新闻写作能力强，就会优化新闻信息的传播效果；反之，则会减损传播效果。

三、新闻写作能力是记者素质的重要判断标准

作为一个信息传播工作者，新闻记者的采访目的很明确，他所采集的一切信息、他

所选择的一切事实,都不能藏诸名山、束之高阁,而是要通过文字写作,把它们制成一定体裁的新闻报道作品传播出去。因此,新闻报道是记者劳动的最终成果,也是唯一的表现形式。记者必须也只能通过新闻报道作品来实现自己的传播意图,而读者也是通过新闻报道作品来认识记者的。

面对同样的新闻事实,会写的记者与不会写的记者把它们报道出去,传播的效果可能相差很大。正如同样的布料,在不同的裁缝手里,裁制成的衣服款式与质量千差万别。其中之优劣,全在于裁缝师傅的手艺。从某种意义上说,记者的"手艺"就是要笔杆、"爬格子",吃的是"文字饭"。

因此新闻写作水平是衡量一个记者基本专业素质的重要标准。

这里所讲的"会写",除了掌握新闻写作的基本规律以外,还要有良好的文字表达能力。同一件新闻事实,有的人能把它写成言简意赅、生动感人、可读性强的好新闻;有的人虽然费力不小,但写出来的东西却枯燥乏味。这里面文字表达能力起着关键的作用。好的新闻报道不可能摆脱语言文字写作,因为它本身就是语言文字写作。我们可以看到,无论中国还是外国的名记者,无一例外都有着一手漂亮的文笔。例如美国著名作家杰克·伦敦,美国著名作家、诺贝尔文学奖获得者海明威都是记者出身。美国新闻教育界有一位著名的教授,提出在学生中挑选好记者"苗子"的三条标准,其中的第二条就是:要有过人的语言写作能力。他认为这是当记者最重要的本事之一。

因此,我们在学习掌握新闻写作基本规律的同时,还要不断锤炼和提高自己的文字表达能力。

综上所述,对于从事新闻工作的人来说,学习新闻写作的重要意义是不容忽视的。而对于非新闻工作者来说,学习一些相关的知识也是有好处的。因为"最佳的新闻写作包括一整套技巧,它们使事实、概念、思想、感情的发布变得平易流畅,水到渠成"①。也就是说,新闻写作所研究的是一种重要的信息交流方式,它旨在帮助人们从复杂的事物中抓住最重要的最新鲜的东西,并且善于用大众最容易接受的方式表达出来。因此,对于任何一位用文字写作、进行书面表达的人来说,学习一点新闻写作的知识,培养一些新闻素养,都将有助于其提高信息交流与思想沟通的能力。

第二节　新闻写作与采访的辩证关系

要学好新闻写作,首先需要明确一个前提:新闻写作必须以采访为基础,采访决定

---

① 奈特.最佳写作要领[M].北京:新华出版社,1999.

写作。这一点是新闻写作与文学写作的一个重要区别。我们在前面已经谈到过新闻写作与其他文字写作之间的区别，这里再来谈谈新闻写作与文学写作之间的区别。

一、新闻写作与文学写作之间的区别

在实践中，人们常常把新闻与文学误认为是一家。对于初学者来说，更容易把两者混为一谈。划清两者之间的界限，有助于认识与掌握新闻写作的规律和特点。

《人民日报》副总编辑梁衡认为，新闻与文学"在本质上有严格的区别，简直就是截然不同的两件事"。他曾经撰文指出两者在本质、功能、选材构思、作品的形式与内容、结构与修辞等十二个方面的不同。如"在本质上，新闻是信息，文学是艺术"；"在功能上，新闻传播信息，满足人们对信息的需求；文学提供审美，满足人们对美的追求"；"在选材上，新闻以事为主，文学以人为主；有人无事不成新闻，有事无人不成文学"。其中第六个不同就是"在写作过程中，新闻重采访，文学重写作"。梁衡指出："对新闻来说，采访到了一个好题材，稿件就成功了一多半；对文学来说，作品主要靠加工，包括素材的重构。"①

这确实是新闻与文学体现在写作时的一个重要区别。新闻写作在进入写作之前必须完成采访；而文学虽然也需要从生活中、从实践中汲取素材，但它更重写作，而且不是一般意义上的文字写作，对其准确的表述应该是"文学创作"。因此，一旦进入写作过程，文学与新闻就分道扬镳了。文学创作要求调动起丰富的想象力和情感，将一切艺术化，如果素材不足，完全可以靠合理的想象与虚构来补充，作者进入的是"天马行空"的创作状态。而新闻写作则要求针对社会现实存在的问题和读者的需要，从采访来的大量素材中筛选、对比、提炼所需内容，用事实说话，作者进入的是冷静理智的选择状态。

文学的创作状态是无限度的、无边界的，而新闻的选择状态是有限度的、有边界的。显而易见，这个限度和边界就是采访的广度和深度。如果说文学追求的是艺术的真实，它是对生活和理想进行形象的艺术的"再现"，那么新闻追求的是客观的真实，它是对新闻事实进行具体的可感的"再现"。因此，无论一个记者的文字能力有多强，如果没有接触到事实或未拥有足够的事实，也就是说没有进行成功的采访，他就不能进行新闻写作。

---

① 梁衡.传媒新论[M].北京：学习出版社，1998.

二、先有采访后有写作

谈到新闻写作,就不能不涉及新闻采访,不能不涉及如何处理采写二者之间的关系问题。采访是写作的前提和基础,写作是采访的归宿与结果。采访决定写作,采访的深浅也决定了写作的深浅。

因此,在新闻采访与写作的关系上,必须是采访第一,写作第二,采访在前,写作在后。事实是第一性的,新闻是第二性的,新闻报道是对客观事物的反映。我们强调采访决定写作,主要原因如下:

1.先有采访后有写作,这个次序不能颠倒

用辩证唯物主义认识论的观点来看新闻报道,事实是第一性的,新闻是第二性的,新闻报道是对客观事物的反映。要完成一篇新闻报道,必须经过采访阶段和写作阶段。采访为写作收集事实,写作则是把采访来的事实加以表现。可见,采访是写作的前提和基础,写作是采访的结果和归宿。没有采访,也就谈不上新闻写作。

2.采访的质量直接关系着写作的质量

采访的质量主要是指采访的深度和广度。如果采访进行得不够深入广泛,那么写作必然面临"先天不足"的困境。而这种"先天不足"用新闻写作本身是无法弥补的。因为新闻报道不允许闭门造车、妙笔生花。相反,新闻写作方面的某些不足,比如文笔不够讲究,却可以用高质量的采访来弥补。有一些独家新闻,可能文字上有些粗糙,但新闻的魅力首先在于事实。记者提供了独家的事实,就在很大程度上决定了其新闻报道的成功。

新闻是"七分采,三分写"。资深的记者用"七三开"的比例形象地概括了在采访和写作两个过程中所花的时间与精力。因此,学习新闻写作,要建立在扎实的采访基础之上。

一般来说,一个经过新闻写作专业训练并有实践经验的记者,在采访的中后期已经大致找到了写作的感觉,开始"打腹稿"。比如他要写一条消息,由于他了解消息对导语写作的要求,就会在下一步的采访中注意采集、概括或提炼适合放在导语中的事实;他懂得"用事实说话"的重要性,就会注意开掘能够表达思想观点的事实;他了解新闻报道,无论消息还是通讯,都需要恰当地交代背景,就会不仅采访现状,而且注意收集与新闻事实有关的历史与环境等各个角度的背景材料;他了解直接引语在新闻报道中的作用,就会注意收集与准确地记录被采访者的原话等。如果他想写一篇通讯,那么在下一步的采访中,他会注意着力深挖更多的典型事实与细节。即使到了动笔的时候,他发现按照新闻写作的要求,还缺少某些材料,也会有目的地进行补充采访。

对新闻写作来说,没有采访,好比要盖房子,却没有建筑材料,无从下手;但有了材料,如果没有建筑的知识和技能,同样也盖不成房子。这就是采访和写作的辩证关系。因此,既不能重采访轻写作,也不能重写作轻采访。采访与写作都是记者的基本功,一个优秀的记者应该两手兼备,而且两手都要过硬。

三、采访质量决定写作质量

"巧妇难为无米之炊。"没有采访,哪来的素材?没有素材,又如何为写作提供坚实的基础?写作就会变成无源之水、无本之木,就会成为"空中楼阁"。可以这么说,要完成一篇新闻报道,必须经过采访和写作两个阶段,采访为写作收集事实,而写作则是把采访来的事实加以表现。

采访与写作的关系是"七三"的比例,即七分采访,三分写作。老新闻工作者都知道,新闻稿件的成败首先取决于采访,要舍得投入时间和精力,把七分力用在采访上。这样,到了写作阶段,就会"下笔如有神"。因此,采访的质量决定着写作的质量。采访不过关,走马观花,蜻蜓点水,写作就会变成"夹生饭",先天不足。相反,新闻写作方面有某些缺陷,如文笔不够好,却可以通过深入、扎实的采访在一定程度上加以弥补。如有些在全国性新闻大奖中获奖的消息,尽管文字比较粗糙,表现形式不是那么完美,但它提供了独家事实,新闻价值极高,同样是一篇佳作。

当然,我们这样说,并不是否定和贬低新闻写作的作用。采与写,好比是一辆车子上的两个轮子,二者皆不可偏废。古人把写作比作"工师之建宅",没有采访,就没有建筑材料,无从下手;但有了材料,没有相应的建筑知识和技能,同样也盖不成房子。因此,绝不能轻此重彼。对一个优秀记者来说,采访和写作,就好比是一体两翼,缺一不可。

四、新闻写作与做人的关系

1.做记者首先应该做优秀的人

"功夫在笔外",意即仅仅掌握了新闻写作的规律和方法还远远不够,首先要做一个优秀的人,才能做出优秀的文章来。写作者素质的高低决定着新闻作品质量的高低。

新闻报道是对客观事实的客观反映,但它绝不是对客观事实进行机械的图解。写作者的立场、思想、认识和情感,都影响着他对客观事实的反映。同时,新闻写作也是写作者综合知识和能力的运用,这些又和写作者的品德、学识、气质、阅历以及心理状态紧密相连。因此,写作者要做一个正直的人,即做一个胸怀坦荡、光明磊落、无私无畏、正义在胸的人。

2.记者是社会前进的瞭望者

记者,不是一介靠文字谋生的书生,也不是一个钻营取巧的政客,更不是一个利欲熏心的商人。记者,被誉为"国家航船上的瞭望者""历史的记录者""社会观察家"。

3.记者要有强烈的责任感和正义感

记者要有强烈的责任感和正义感,不畏艰险,赴汤蹈火。在炮火连天的伊拉克战场上,在枪林弹雨的科索沃战争中,到处都有记者的身影。为实现使命,多少记者怀着一颗滚烫的心奔赴战场,多少记者永远倒在了烽烟滚滚的战场上,用他们高大的身躯树起了一座不朽的纪念碑。

富贵不能淫,威武不能屈,敢于惩恶,敢于扬善,明知山有虎,偏向虎山行,这是对记者形象的写照。他们用手中的笔书写着人间的正义,敢于为百姓鸣不平,不惜含屈受辱、挨打受骂,有的记者甚至为此献出了宝贵的生命。他们这样做,图的是什么?就是为了还百姓一个公道,还人间一个正义。

强烈的责任感、崇高的使命感从何而来?

首先,记者要加强政治修养,要有忠诚正直的人品,要敢于说真话,对社会进行监督,主持正义,铲除不平,对社会负责,对历史负责。"功夫在笔外",主要就是要求记者具有上述政治修养,首先做人,然后才能做文。

时下,在我们的新闻队伍中,也有一些记者文字功底好,但缺乏责任感与正义感,或见钱眼开,利欲熏心,为博取名利而出卖良心;或阿谀奉承,见风使舵,丢失了一个记者的起码良知。这样的记者,连最基本的条件都不符合,更谈不上培养自己的政治修养和思想修养。因此,新闻记者要始终对自己高标准、严要求:"横眉冷对众虎狼,俯首甘随牧牛郎。层层迫害骨愈坚,种种欺蒙瓦上霜。手无寸铁兵百万,力举千钧纸一张。坚持真理勇战斗,先生火炬照四方。"这是范长江同志纪念鲁迅先生的诗,也可以作为坚持真理、正直、正派的新闻记者的座右铭。

其次,一个记者的业务底气硬不硬,关键要看他的知识修养,这是记者业务素质的基础。记者应努力博览群书,形成广博的知识面,成为所谓的"杂家"。记者必须具备丰富的社会知识、历史知识、文学知识,才能触类旁通。新闻写作的过程,要求记者要用社会科学工作者的眼光辨识人类行为的真伪,用历史学者的眼光分析事物的因果,用文学家的手法表现事物的外在形式,这样在写作的过程中才能做到挥洒自如、游刃有余。记者的知识面越广，写作驰骋的空间也就越大。记者不仅要读世界文学经典著作，中国古典文学、现代文学的代表作，而且上至天文地理，下至诸子百家，都要懂一点。厚积而薄发，知识基础越厚实，写出的作品才会越有深度。

“功夫在笔外”，“功夫”涉及面很宽，除政治修养、知识修养外，还涉及理论修养、思维修养等，这在其他相关书籍中已有叙述，限于篇幅，在这里不一一赘述。

复习思考题：

1.学习新闻写作有什么意义？

2.新闻写作与文学写作的区别是什么？

3.新闻写作与新闻采访的辩证关系是什么？

4.为什么说做记者要先学会做人？

第二章 新闻体裁的分类

▶本章学习目标

了解新闻体裁的三大分类,掌握各种新闻体裁的特点与写作风格。

▶学习重点

消息体裁之动态消息、综合消息、事件性消息、特写性消息、评述性消息和人物消息,通讯体裁之人物通讯、事件通讯、概貌通讯、工作通讯、人物专访和特写,评论体裁之社论、评论员文章、编者按和新闻随笔。

20世纪50年代,中国新闻体裁被分为八大类:新闻(包括简讯、短消息、评论、特长消息、新闻展望);新闻通讯(包括报告、特写、速写、旅行记事、介绍等);访问记;新闻公报;文件公布;报刊评论(包括报纸评述、版面介绍、报刊文学推荐等);新闻解说;新闻资料。

后在苏联新闻体裁划分方法,即消息体裁(主要包括轰动性消息、简讯、报道、综述和答记者问等)、分析体裁(主要包括通讯报道、评论、社论、书评、报刊摘要、群众来信和述评等)和艺术政论体裁(主要包括特写、讽刺小品和抨击性文章等)的影响下,中国新闻体裁相应地被调整为消息体裁、通讯体裁和评论体裁三大类。①

这里,我们就按照这种划分方法,对各种新闻体裁的特征作概述介绍。②

第一节 消息体裁

消息体裁主要包括下列类型③:

一、动态消息

这是一种最为基本的消息文体,在新闻报道中可以占到70%—80%的比例。

① 桑义燐.新闻报道学[M].杭州:杭州大学出版社,1999.

② 张举玺.新闻理论基础[M].莫斯科:俄罗斯人民友谊大学出版社,2004.

③ Грабельников А А.Работа журналиста в прессе[M].москва:РИП—холдингиздательство,2002.

这种新闻文体的特点有以下几方面：

(1)抓取事物的最新变动是它的最大特征。

(2)以时效性、重要性为它的基本价值取向。

(3)报道触及、深入社会各方面，“动作”十分灵活。

(4)尤为偏爱突发事件。

(5)以叙述事实为主要手段，反对记者直接发言与陈述个性观点。叙述的着眼点首先在于事态的发生及其最新的发展。

(6)文体要求最好一事一报，经济简明。

(7)一般要求新闻五个要素(即5W)俱全，结构上有导语、主体、结尾等，必要时还需加入适量的背景材料。

动态消息也包括人们常说的简讯、快讯。它们的文字更少、篇幅更小，一般不述事件过程，不交代背景，也没有明显结构。

动态消息的采写需要记者敏于观察、倾听，有强烈的报道欲望。这一点从大多数成功作品中都能看出。

二、综合消息

综合消息不是一事一事地进行报道，它立足于一个时期的具体情况，由全局意识出发，对涉及许多不同时空的相关信息作一全局性结构、处理。这种消息所追求的不是快，而是全面与系统，它努力的目标是借记者的自由组合，反映与洞悉并报告全局的情况、态势、问题。点与点、面与面的结合是它不能回避的特征。具体地说，综合消息具有下列特点：

(1)它缺乏明显的独立时空性，记者对一切的处理是自由的。

(2)它没有必要过于追求时效性，文体允许它的时限可以是一月或一年。

(3)严格的倒金字塔结构只是它的一种表现形态，除此之外，它的表意空间里千般兵器均能有效地完成使命。

(4)它涉及的事实、材料有明显的积累性，不像动态新闻那样是“即时”的，它更可能是长期的、累积的。

(5)它的综合也有着极大的选择空间，可以是横断面的结合，把不同的单位、地区、行业的同类事件综合归纳，以窥测一种综合的面貌。它着重于从事物的表象联系上，说明特定对象的总体状态或特征；也可以是纵向的综合，对一个时期的某些问题、动态作综合报道，包括前因后果、来龙去脉、发展变化等情况，并经由分析、对比等处理，阐明一种历史走向的特质,它要的是一种理性的信息。

自然,横向之比与纵向之思的结合也是常见的一种手段,复合性思维对材料的组织的自由度往往是人们难以想象的。

然而,必须强调的是,这种自由也并非无法可依,例如主题就永远是一种神圣的指向,与它的顺向、逆向关系,决定了手段、材料、修辞的取舍。另外,人们也常常指出,综合消息一定要在掌握全局信息的基础上,借助理想的分析空间,做出一种符合新闻报道原则的透视,圆润、全面,才能真确!至于艺术展开,个人性叙述,同于一般的规范。

三、事件性消息

事件性消息是消息文体中的主要类型,它围绕新闻事件作真实、快速、全面的报道。

事件性消息的范围很广,举凡政治、经济、军事、文化、科技等方面的一切有价值的新闻事件,无不可登堂入室。它留迹于实在,抓取的是真存故事里的意涵。

事件性消息更侧重的是突发事件,但它所覆盖的范围却远不止此,例如,一则事件性消息名为《私家侦探召开首届国际侦探公司年会》。

事件性消息有多种报道角度,或者对事件的面貌或场景作横断式报道,或者对事件的发生、发展作纵深式报道,或者对若干方向都作出报道。不论由何种角度开掘,记者都需要写出事件的内容、主题,而且,要尽力给人一种现实感。

四、非事件性消息

非事件性消息是与事件性消息相对而言的。顾名思义,它所报道的不是具体的新闻事件,而是某种社会动向、社会思潮。有些带有分析性质的报道,也属于非事件性消息的范畴。

非事件性消息一般分为三类:一是综述性新闻,二是综合性新闻,三是经验性新闻。

非事件性消息的关键是要画出一个时代的灵魂来。它虽然缺乏时效性,篇幅也较长,但它更能反映一般的生活底蕴。在现代新闻事业发展的历史中,这类新闻已有明显的上升趋势,典型地体现出一个系统新闻传播观念的灵活运用图像。

人们更喜爱提问那些有涉自我生存的诸多问题,这是一种切身性的反映。所以,那些为传统新闻观念所挤兑的东西更有了它们的市场,有了它们的“新闻性”。但是,非事件性消息毕竟不同于实实在在的事件新闻,它不以一个独立事件为主体,而是要配合着主题归纳结构多个事件，让事件“互相发明”，点化出独立而完整的社会意涵。由于这种特征，非事件性消息就更需要选择报告的时机、由头，与社会的灵知相合拍，它才能震动大众社会的灵魂。

五、特写性消息

特写性消息以它撷取的典型场面、画像——近似电影中的“特写镜头”——来反映新闻信息。它以细节的逼真、生动，以场景的典型，以氛围的浓郁，形象地写实新闻事实的外部形态以及内在的特质，不但给我们呈现出一种较为立体的画面，而且还给予我们一种个性化的感受。鉴于这种特质，特写性消息体制短小，却波及深远。

这种新闻形态的科学意识始于20世纪70年代。过去，人们倾向于将特写看成是硬新闻以外的软新闻，其以幽默、机巧让读者着迷。到了20世纪70年代，新闻界开始摸索硬新闻的特写化，开始更多地刊登篇幅不长的特写性消息。而且，这种报道形式不但不会损失什么，反而会给读者以更多的享受，比如审美化的享受。

如今，特写化新闻或新闻特写一词，可以用来指称任何在一定程度上包含了特写因素的新闻报道。它们可以是一篇带有特写式导语而基本上是倒金字塔式的结构的报道，也可以是聚焦于事件之含义或意义的特写。

特写性消息的确是以它日益扩张的应用范围而使报道的视野更为开阔，文艺表演、体育竞赛、战斗场面、特殊的事件场面……都可以成为它的选材。上乘的特写性消息会把细致的调查研究以及事实的准确无误，同生气勃勃、形象鲜明的写作风格融合在一体，并由此支援了印刷媒体与电子媒体的竞争。这也可能是电子新闻兴起以来，新闻传播在文体上最为重大的变化之一。

特写性消息在西方的发展更为特别。沃尔特·福克斯甚至将与纯粹新闻相距不远的新闻分析与描绘的、煽情的叙述报道合起来称为“新闻式特写”。在中国，人们更倾向于视这种文体为叙述的、煽情的事件叙事。

这种人情味十足的消息形态通常有一个概括性导语，然后在主体中将事实的细节详尽展开；也有的是以生动的细节、场面、引语营造出一种引人入胜的画境，一直用描写手法交代事实，在文中或结尾处插入背景材料，使整体立体凸现。

特写性消息的写作要求如下：

(1)由细节切入，反对全局性、立体性入题。

(2)写出现场氛围，让读者的心与你一起跳动。

(3)描述形象，用活生生的形象来说话。

(4)注意让每一部分有戏剧性。

(5)结构要流畅。这意味着在动笔之前,记者必须把一篇报道作为整体来考虑。一种十分有效的建议是:“漫步于报道的四周。”也就是说,记者在把采访调查记录认真琢磨之后,可以让思维松弛下来,任由素材自己显示出来应该如何切入它、结构它。

(6)特写性消息的导语十分重要,它得吸引不存疑虑的读者去读去看这篇报道。它们可以是一段趣事,一节对话,一段描写,一个直接引语……总之,导语要形象、有趣,或者给人许多浮想联翩的机会。假如十分娴熟于此,打破规则去做也可以,只要利于整体表述。

(7)经营好过渡、引语、趣闻、描绘、结尾等每一环节。

(8)语言文字总是很轻松,段落不会太长。

六、评述性消息

评述性消息又叫新闻分析,是记者述评的报道文体,它允许记者在报道事实时发表适当的议论,是一种介于新闻与评论间的边缘体裁。

一般说来,这种文体以报道事实为主,却又以评述事实为最终目的。它是以事实、观点的复合呈示为特征的报道文体,从篇幅结构上来看,往往述多于评。从内容侧重而论,则评甚于述。因此,它要求记者对于运作内容、背景、远期影响等,有周瞻的了解,并在此基础上进行艺术操练。

评述性消息的常见类型有:

(1)形势述评;

(2)思想述评;

(3)事态述评;

(4)工作述评。

不论何种类型的评述性消息均要求记者以深入的思想、健全的社会意识、系统的资讯,对事件或态势作出一种客观而准确的分析评议。

评述性消息的结构全视记者的认知与抉择而定,按照记者的逻辑思维,对整体框架进行处理,使整体上环环相扣,有张有弛。

至于文章的语言,尽量活泼、易懂,不论它怎样介入评论范畴,它毕竟是一种新闻叙述的样态,要在可读性等方面完整地体现新闻传播的基本原则。

高明的评述性消息写作者总是善于让背景材料巧妙介入,以事实所形成的张力场来显示观点,他们尽力让观点略具隐蔽性,从而执行新闻的基本路线与方针。

七、人物消息

人物消息是对新闻人物的动态、变化等客观情况进行报道的一种文体。大体说来，人物消息这种普遍存在于各种媒体形态的新闻类型，的确为新闻传播的丰富发展做出了贡献。对于许多人来说，人物消息是他们心目中可读性强的文体，也是让生活立体地进入报道空间的方法之一。“人物动态新闻，作为稿件的一类，看起来是所有新闻价值的混合物。单个儿看，它们可能只有微小的效果，除非这个人立刻卷入某个事件；然而，总体来看，它们记录了生活的潮涨潮落，这对任何社会来说都是很重要的。它们容纳了实际上所有人们有兴趣的东西——像闲聊、出生、死亡、疾病、冲突，等等。它们让任何报纸的读者每天观察他们周围市民的活动，而不仅仅是显要人物。而且，它们特别易读。”①

人物消息的写作遵循一般消息写作的规则，尽力使外形简单却追求内在的丰厚意蕴。这是由它的短小体制所决定的，也是由它的文体内涵结构形成的。人物消息没有必要面面俱到，它的介绍只能是点式介绍。

而且，这种文体要求记者尽可能“以事写人”，这是它的叙述手段，也是它的叙述目的。至于如何写出一个具体的人，抑或写出一个大写之人，往往视具体情形而定。

人物消息的写作应当特别注意如下方面：

(1)被报道者应具有被报道的系统价值，例如反映社会某种心态，或者对一些社会问题进行写照。传统的观点认为，这里的人物一定是知名人士。在今天看来，普通人士的有代表性行为，也可以成为述写的内容，只要它们关联着生活的实质意涵。

(2)人物的表意述写要个性化，千篇一律的东西永远令人厌烦。

(3)可以在外形、言语、思维、关系网中求证一个人物的独立性。强调有意思的特征永远是人物消息的秉性，记者在此绝不应满足于最基本的5个W。

(4)行文要简洁、明快。尽力避免将“广博的知识面”“可敬的”之类的词汇用于你所描述的对象。这种运用不仅使写作拙劣，也违反了新闻传播的精神。

(5)人物消息的导语也要苦心经营。它要容纳5个W和人物的身份等要素。

(6)更多地依赖叙述而不是描绘，叙述能使读者了解人物的特点，了解他干了些什么。

---

① 哈瑞斯，等.全能记者必备[M].北京：中国新闻出版社，1988.

八、经验性消息

经验性消息一般情况下是一种非事件性新闻,它可以是单一的经验报道,也可以是综合的经验报道,只要它们具有推广介绍之必要性。

经验性消息的确有它的推介性,但成功的经验新闻却不是简单的宣传,它有尖锐的穿透力,在整体上尚未完全明朗时,往往给人一种刻骨铭心的记忆、刺激,让行动随之产生。

启示可能来自许多方面,这是写经验性消息的作者们应当特别予以注意的。政治教育、学生工作、干部提拔任免、发家致富、计划生育……都会有它的足迹。这就提出一个如何认识的问题,你总不能将法西斯管理模式作为企业扭亏为赢的法术来大肆推广吧!健全的观念、系统的眼光,十分紧要。

另外要注意的是,经验性消息毕竟是新闻。所以,千万不要用工作总结的方式述写。事实上,典型的、有说服力的新闻事实永远是经验性消息的核心。对这些事实的选择、编排结构也应以实际的需要为出发点,找出一个理想的叙述视角,给出相应的背景。

消息的革命在悄悄发生,一些新的形态正以不同的态势到来,又悄然退出;一些新的概念风云涌现,这是多元文化交汇的结果。但是,在新的形态中,有一个极端明显的特征是不可忽视的,那就是交互融合——文体的纯粹性正在悄然退出,让位于那些难以分辨独立特征意涵的新文体。

第二节　通讯体裁

随着阅读能力的提高、阅读过程的深入,也随着人类对社会发展的纵深介入,人们要求看到一种能够全面、系统、周瞻、深入地开掘每一新闻事件的新文体,通讯就这样产生在新闻传播的家园里。

若按报道的内容划分,通讯主要分为:人物通讯、事件通讯、概貌通讯、工作通讯、人物专访、特写等。

若按表现形式划分,通讯可以划分为:记事通讯(可被视为消息的扩展与补充,叙述时有顺叙、插叙、倒叙、夹叙夹议等手法,描写则包括了人物描写、场景描写、细节描写等)、访问记、巡礼、速写、特写、侧记、散记、记者来信、采访札记。

通讯一般由标题、导语、正文、结尾等组成。

通讯的结构类型一般有：纵式结构、横式结构、纵横交叉结构、跳动穿插式结构、集纳式结构等。

多年来，通讯体裁的形态不断得到繁衍，一些新的杂交体也已经得到了读者的阵阵喝彩。但是，其基本的形态仍然是进步与发展的基础，仍然需要我们来认真对待。

一、人物通讯

写人，自来就是新闻通讯的基本任务之一，从一个人到一群人，从男人到女人，从老人到小孩，人物通讯立体地构建着一幅人类的画像：优秀与糟粕、善良与邪恶、美与丑、自由与奴性。借此，人类密切地关注着自身的生存状况，尤其是人性的延续工作，重申人性的品格与尊严。

人物通讯就是这样一种通讯形态，它担承着由人的角度、人的勾勒来追寻健全性社会的神圣使命。这几乎可以视为人物通讯的存在理由。虽然，有的人一生全是热烈轻快的节奏，但绝大多数的生命体都生活过，奋斗过，受过磨难并看到旁人受苦。生命的成长总是多元的，包括人物通讯在内的一切写作都是对这多元的人生与人性的拥抱。

人物通讯也以它的方案执行着繁重的使命。所以，有对英雄的赞歌，有对恶棍的挞伐，有对普通人生存艰涩的报告，有对弱势群体的帮扶，有独立个体的，有合体群像的，五花八门，不一而足。人物通讯的写作要求在一般通讯写作的基础上，更倾心注意如下几个方面：

1.写出独立的个性

人物通讯记者应当努力学习传记作家的手法，透过许多表象直指人物心灵，这是一切优秀通讯共有的特征，也是许多二三流通讯所缺失的。

《县委书记的榜样——焦裕禄》是影响一代人成长的作品。这里的焦裕禄不只是一位县委书记、中共党员，他更是一种精神的载体——正直、善良、无私、独立、热情、艺术的伦理性的典范。他以微小的能量对抗着来自历史、现实的重重阻力。作为一个有意识的个人，他经由努力发现真理没有捷径，寻求个人和他人的幸福没有灵丹妙药；对于我们总是遇到的问题，解决它们的方式只能是行动，对于人群是这样的，对于自然也如此。他感人的一面是他最终的以死抗争，为了对抗“命运”，他付出了宝贵的生命。因此，也有了作为人在生存过程中悲怆的诗意。焦裕禄没有空洞地叫嚣，没有失去人性的普通特质，他只是通过一个个具体的事务、工作告诉人们：我们不能占有真理，而只能逼近真理。每次抗争都是一种为人的创造力的争辩，而且是真诚的、公正的。该作品的作者在刻画焦裕禄的形象时,总是结合着恶劣的语境来进行的,这就是明证。

2.写出独立的人物

这几乎是最为人关注的一点。为此,人们主张从以下几方面实现目标:

写出活的人物肖像,以形传神;写出活的语言表现人物的个性;写出人物的特有举动;写出感人的细节;写出一个人的多层面、多侧面;通过侧面或寓言等手段,烘托人物;写透人物的内心世界。

3.聚焦结构

人物通讯的结构形态也是多样的,但最为笨拙的是从头至尾的时间顺序结构。理想的结构是将人物放在一个故事之中,由穿插艺术来围绕着主题结构空间。

4.巧用视角

比如用第一人称、第二人称,或者是第三人称,都能使文本形成独立的特征。但切记不可贸然置换视角。

5.艺术的结构

在此一方面,有直接的开门见山方法可资利用,有那种以悬念导入其中的方法,也有故事结构法,更为人们乐道的可能是"金字塔结构"。

二、事件通讯

事件通讯是一种围绕新闻事件进行形象、立体的报告的新闻文体。它要尽力使社会了解每一个新闻事件——道德的、非道德的、自然的、社会制度的——并以个人的感知、行动保护社会的健全发展。

新闻事件总是一个符号,它显在的一面其实是隐在一面的集中爆发而已,就如同疾病是病菌与身体机关抗争的一种最终显示一样。新闻事件背后总有值得关注的社会背景,例如价值转换、生命认知、科技与文明不平衡发展的关系、人性的萎化、战争的遗患、灰色的心理幻影、环境污染……让事件的发生发展过程与其内在的背景建立联系,并由其中开掘深层的社会、命运意涵,就是事件通讯的主要特质,具有让许多人着迷的魅力。

新闻事件自然有新闻传播的品质,例如它有新闻性、时效性、具体性、典型性。所以,事件通讯总是给人以严肃的气质。一般而言,事件通讯总是以写事为主的,其他的因素都为了写事而来,决不可喧宾夺主。

但是,值得我们注意的是,事件通讯稍不留神,它就"成了"人物通讯。写好事件通讯的关键步骤如下：

(1)周详地掌握材料和资讯

这是事件通讯能否建立基本框架的前提，也是整个工作展开的基本需要。它包括必要的细节材料，甚至一些数据和相关资讯，它们或者支撑框架，或者建构理想的阅读空间。

(2)让事件在社会背景下暴露其内在意涵

新闻事件通讯要求记者尽可能地客观叙事，但这并不排斥它的深入开掘。相反，优秀的作品总是在深刻上显露它的价值。事件通讯的思想要比修辞重要！让人心旌摇曳的总是那些与民生民意相关联的事情。

(3)这样的欲求必然要求记者对事件的“阅读”，也即心灵碰撞有一个极大的空间，就事论事的报道不会震撼心灵。

三、概貌通讯

概貌通讯又叫作风貌通讯、旅途通讯、旅行通讯。它以反映环境对象具体风貌为表象，以写出人类生息的空间概貌为目的。它可以是社会环境中某个方面、某个地区、某个单位的发展变化之概述，亦可以是自然环境中的某些风景面貌、风土人情之总印象。

概貌通讯通过一幅幅活生生的“风俗画”“风貌画”“风土画”“场景”给人们一个广袤世界万千景象的感受，使我们对世界的结构有新的、接近真实的认识。概貌通讯传达生态信息，有增长知识、增加趣味、打通隔膜的功效。它可以介绍风貌，也可以介绍宗教、习俗，简直是一个灿烂的文本世界。

概貌通讯的选材，应当特别着眼于它的新闻性，使它们乐于为人们所阅读。

由于它的篇幅限制，它不能面面俱到。所以，选择与切入就十分紧要。解决的有效方法是抓取它们突出的特点。概貌通讯不应是笼统的叙述，也不能是一些抽象枯燥的数字。它应当由事实、细节来支撑。由作者的亲验来渗入一种感念之情。它应当是各种笔法、修辞的综合运用的产物。

关于概貌通讯的结构方法如下：

1.先总后分结构

即先用概述的方法，总括全貌，再分述若干重点，最后照应开头。

2.移步换形结构

即随着脚步的移动、空间的变化，逐步展开文章。这种结构，每到一个角度，便会出现一个新的画面和新的感觉。多数参观记、访问记,缘此方法。其重点镜头,可详细描绘。

3.片段侧写

即截取片段、横断面、侧面而写,从一个或几个片段洞观全貌。

4.巡视结构

这是一种印象式的结构法,以目光所及的镜头为材料主干。一般来说,“巡礼”“掠影”“一瞥”缘此方法。它类似“移步换形”法,但视野不以移步为准,而更开阔自由。但有的地方不如“移步换形”法细致、深入。

5.纵横交叉结构

这种结构适用于较重大的题材。涉及的时间、空间都较宽,材料较多的通讯适合采用此法。

6.对比结构

这是用于概貌变化体裁的一种比较直截了当的方法。可用历史与今天作对比,也可从空间上、感受上对比。

7.跳跃性结构

在这种结构的通讯中,若干镜头之间距离较大,不依次按部就班地介绍见闻,而是用主题将几个跳跃性较大的片段连接起来。

8.笔记小品结构

即取其一点,顺笔成章,一气呵成,情景汇一,结构自然而精巧,篇幅短小,结尾戛然而余音袅袅。①

上述结构并不是一种完全的总结。事实上,概貌通讯并没有固定的程式,因为它允许强烈的个人视角的介入,是个性化程度极高的一种文体类型。

四、工作通讯

工作通讯是中国新闻体裁的特有品种,类似于西方的政论性通讯。这是一种以工作事务的进展、收获、争议等为报道对象的通讯文体。

工作通讯有问题型、经验型、批评型等几种具体形态。经验型主要是对一些先进

---

① 张惠仁.新闻写作学[M].成都:四川人民出版社,1986.

的典型工作经验进行总结、介绍，批评型则针对一些反面典型作揭露与批评，问题型以提出当前工作中急需解决的矛盾、问题为主要内容。

不论它属于何种，目的却一律在于促进实际的工作进程，提升工作质量。工作通讯因此具备特殊的品格：政策性、指导性。工作通讯的形式包括工作研究、问题探讨、采访札记、记者见闻等。但是，工作通讯不同于工作总结，它是新闻传播承载工作分析的一种文体，一种边缘性通讯体裁。因此，它对工作的分析辩证，必须合着新闻事实来进行。否则，它的新闻性将受到损伤。

写好工作通讯一般应注意以下两点：

第一，针对社会当下状况，敏感地把握焦点方向，从而在真正的层面上提出问题、总结经验。这是工作通讯写作中最为根本的所在。它全面地考量着记者的政治意识、新闻敏感。因为只有二者合作，才会有大文章。

第二，发现问题、掌握材料之后的工作难点是如何进行表述。表述清楚在这里相当重要，这是工作通讯的指导性所要求的。

表述过程中自然要有一个分寸的问题。许多记者以他们的客观介绍和适当的背景分析来处理这一矛盾。具体的表述技法当然重要。优秀的记者总是在熟悉与全面把握资料的基础上将工作通讯写得自如轻松，原委叙述简洁准确，资料引证周全细致，议论说理得当有力。工作通讯的表现形式多种多样——见闻式、日记式、谈话式、对话式、故事式、点评式、访问记式、随笔式、书信式、小品式等，优秀的记者可自由择取，圆熟驾驭，把一个工作通讯写得通体透明，笔底生风。

五、人物专访

人物专访是一场有趣味的活动，是生命体之间的交流与碰撞。

有关人物专访的定义，至今也没有统一过，但大多数人还是同意将它视为就某个采访对象进行的专题性访问。在这样的活动中，记者的任务就是忠诚纪实，记录当时的情境、过程、交锋，给人们一种特定人物、特定场合、特定问题的专门交流、碰撞的全貌，以它特殊的"近距离交流"韵味，造成一种记者、被访人、读者同时在场的时空效果。而且，人们也认为，人物专访具有简洁明快、自由开放的特征，在文体结构上，它可以显示记者的一份特定自由感，例如像法拉奇那样：既有放松的个人表达，又有严格到绝对忠诚的对话实录，并且是分开来陈述和展示的。

人物专访分为人物专访和问题专访。人物专访——重在写人，经由某一专题的谈话，由许多侧面考查反映一个人物形象。问题专访是对某些专门性问题所做的访问。

人物访谈绝不是机械地记录见闻,在这里,甚至超然的态度也不合适,它必须用心血、用魂灵去浇灌。带着记者个人的认知、知识、问题与对象进行交流,这是新闻报道的尊严。

除此之外,你得选择那些值得你去专门访问的对象,并进行大量的准备,大量阅读一些能收集到的资料,记者才能胸有成竹,准备好科学的问题,对访谈充满信心,并与对方保持人格上的平等。需要注意的问题还包括访问地点、场合等问题。

美国著名记者——休・马利根有一个忠告:"假设让你选择访问的场地,要设法做到在后台约见演员、在车站约见侦探、在会议室里约见法官、在室外竞选讲台上约见政治家、在栏圈而不是在棚圈里约见野牛骑士……要避免在旅馆的房间里约见被访人。"[①]

整个采访过程都应当在控制之中,这是需要特别注意的事项。

首先,你的目的要十分明晰,不能被访谈对象牵着走。

其次,你要用心经营访谈氛围。一些记者采取与访谈对象相融洽的态度,另一些则采用挑战法,让人物处于被激怒后的兴奋中。

再次,提问题时不管是尖锐抑或温和,都要到位,不到位的问题往往会抑制整个访谈。

最后,记录工作要有艺术性。一定要善于使用录音机来记录整个访谈。在谈话结束后,只要整理一下录音,再加以观察及感觉,写出一个个性化十足的导言。这种方法基本上点出了访谈记录的工作艺术:客观记录,不但记住访谈内容,甚至语气、表情、习惯用语、身体语言之变化都要写出来。也不要忘了写环境和氛围。

六、特写

特写是对记者敏感性、文学性意识的考验,它是以精警之笔、突出的形象化描绘,再现新闻事件细部状况的一种新闻文体。

一篇特写首要关注的应该是集中的文学性和创造性。美国新闻学者斯台格曼认为:"特写作者不仅在报道事实,须将事实予以戏剧化。""仅只事实,只能描绘出一幅毫无生气的画面,读者需要色彩、戏剧与悬念。"《丹佛邮报》的阿力斯・麦金来则认为:"一篇文字超越范围,不受'五个 W 和'一个 H'的限制。它虽涉及想象,然不与事实脱节。它透过想象,深入事实中的足以引起人民好奇、同情、悬疑、幽默、惊诧之处。"

当然,特写是一种包容广泛的体裁。例如,事件特写、场面特写、人物特写、景物特写、旅途特写、个人经历特写等,都是它的基本成员。但不论是什么,其撷取一花一木、

---

① 马利根.掌握事情的全部资料[M]//美国名记者谈采访工作经验.北京:新华出版社,1981.

一举一动来写照全体的特色则是共同的。这种通讯文体(消息特写已做论述)以“放大”为手段,最生动而集中地再现人、物、场面,并搅动各种感觉为一体,让灵巧占据每一个元素与空间。

写好特写的条件是相当之高的,这缘于它的“会通”特点,例如广袤的“生命空间”、充足的同情心、超绝的新闻敏感、一流的文字功力。

特写总是以细腻见称的,因此,记者们必须对那些重要的过程、场面、表情作出细笔刻画,让它们永远铸进读者的灵魂好了!

第三节　评论体裁

新闻评论体裁的类型多样化,分类不统一。西方传播界多有广、狭两种划分,即将社论、短评、专栏评论归为狭义新闻评论范畴,将政治漫画、民意调查、读者投书、社论、短评、专栏评论等统归为广义的新闻评论。台湾学者王民在他的《新闻评论写作》一书中,却将新闻评论从叙述修辞上分为八种构成:解说型、辩论型、启发型、研判型(研究判断)、劝导型、褒贬型、纪念型、建议型。另一台湾学者林大椿的《新闻评论学》,则以专业划分新闻评论,分为军事评论、国际评论、政治评论、社会评论、文教评论、经济评论。范荣康先生则主张分为社论、本报评论员文章、短评、编者按、专栏评论之类。在我们看来,这似乎不能适应当下的广泛需要与实际批评的状况,有进一步扩张的必要。例如,点评、答评等最新表述方式,就有纳入研究讨论的价值。①

一、社论

社论是报刊编辑部重要的言论形式,它集中地表达了媒体对一种问题或一个现象的立场、观点和主张。英文韦氏大词典认为:“社论是一个报纸或杂志表明其总主笔或领导人意见之文章。”美国出版的《有效社论写作》(*Effective Editorial Writing*)一书认为:“社论是一个报纸或杂志对于某一问题所发表的意见……它是一种经过考虑的观点或对政策的揭露。这种观点或政策,发自此出版品言论方面的主持者。”②这种解释未能代表中国社论的特色,却能简明地表示社论意见性的特征。在中国,社论是集体性意见的一种表达,传达的是政府的精神与方针,具有鲜明的针对性和指导性。

社论的类型也多种多样。美国学者莫特在他的《新闻学概论》中将它分为如下十

① 张举玺.俄中现代新闻文体的同异研究[M].莫斯科:俄罗斯人民友谊大学出版社,2005.

② 范荣康.新闻评论学[M].北京:人民日报出版社,1988.

类:提供情报的社论、说明作用的社论、有解释作用的优级社论、争辩性的社论、督促行动的社论、突击任务的社论、说服性的社论、评价性的社论、宣布政策的社论、提供文娱的社论。中国学者则将社论大体分为五大类:政治性社论、务虚性社论、务实性社论、时事性社论、论战性社论。[①] 另一种划分是基于演变意识,例如范荣康先生就将社论分为社论、专论、代论、编辑部文章几大类。

不管怎样,社论的写作要求作者要胸怀全局,眼光远大,以简洁生动的语言申辩理性的价值,以它的穿透力说服受众。广博的社会发展意识,严谨的理性思辨力,才是至为关键的支撑性力量。

二、评论员文章

这是一种介于社论和短评之间的中型评论。在内容和写作特点上,评论员文章与社论并无严格区别,必要时,可直接升格为社论发表。

这种评论在面貌上并不像社论那样直接代表编辑部或同级党组织的意见,但却反映着相同的观点和倾向,具有一定的权威性。

评论员文章的刊发较为自由。一些文章单独发表,一些则依托有关典型报道而配合发表。

评论员文章的种类多样,常见的有如下几种:

(1)本报评论员文章。分为署名和不署名两种。这是一种自由度较高的文章,往往选择某些侧面进入论评,体制短小,穿透力强。

(2)本报特约评论员文章。这是一种"超重型评论员文章",显示着一种强悍的震动力。这种文章篇幅较长,多侧面、多层次地展开论述。

(3)观察家评论。同本报评论员文章性质相似,写法上着重分析,寓评论于"观察"之中。观察形势、观察变动是它的重心。

(4)述评。既报告事实又发表评议,包括工作述评、形势述评、事件述评、军事述评等。

三、短评

短评是小言论的一种形式。它篇幅短小,内容单一,分析简明扼要,使用灵活,是有生气、有活力、意见明确的一种论说文体。

---

① 胡文龙,等.新闻评论学[M].北京:中国人民大学出版社,1987.

与社论相比较，短评有显著的独立特征。社论通常代表编辑部或同级党组织的意见，而短评则一般为编辑部的意见；社论阐释重大方针、政策，短评则加深对重大问题宣传的影响，比较具体地指导实际工作；社论宏观系统，短评则击其一点；社论通常不署名，短评却有署名与不署名两种；社论篇幅稍大，短评往往在千字之内。社论发表前须送审，短评却不需要送检审阅。

短评常与如下新闻信息相配合：批评性新闻、方向性新闻、倾向性新闻、对比性新闻。它要依托于具体的事实，在理性精神的支持下，发表言论。

短评自然追求它的短小精悍，它是超浓缩的评论。因此，在选择材料时，要精、细，它短小的篇幅容不了大量的材料，也不允许漫无边际地堆砌。1984 年 8 月 2 日，《体育报》的一篇短评《中国——万德夫》只有 3 句话：

> 许海峰获得奥运会第一枚金牌后，有些外国报刊不约而同地写道："中国——万德夫。"

"万德夫"就是"真棒""真行""妙极了"的意思。

从 1932 年中国第一位奥运会运动员刘长春跑步参加奥运会开幕式开始，外国报刊说"看中国人明日如何跑"，一直到 52 年之后的"万德夫"，这是一个多么大的变化。

这 36 个字的短评，在历史性框架中透视了许海峰夺金之后的历史性突破，短小却深刻。

短评写作的要求大体上同于一般评论，但更要集中、尖锐。

四、编者按

编者按是最简短、最为轻便的评论文体，通常为 100—200 字，短时则在百字之内。它直白明快，一针见血，以最为尖锐、明晓之语言表达编辑部的意见。这种评论可以是对新闻报道信息的评介，也可以是一种批注、建议或说明。它可以针对稿件而发，也可以针对稿件所示信息而发。

编者按大致有两种分类：一是位置分类法，一是性质和内容分类法。

依着位置之别，编者按可以分为文前按、文中按和文后按。文前按位置在文章之前，片言居要，以提纲挈领之话语，或说明，或论断，引导读者关注报道的信息或反思其广泛的社会意涵。文中按即在行文过程中插入一段议论，它通常更为短小，在插入文章时，标上括号，附在某句话、某一小段文字后面。这类按语是随时随地发表感触的一种表现，所谓有感即发、有错即批、有疑即注，直截了当，灵活醒目。文后按又称"编后"

“编后小议”“编者附记”“编余”“新闻点睛”等,它是编者在文章后面所作的有关抒情、联想、议论的一些文字。比如:

编者按:现代社会是历史辙痕的延伸。当浓浓的乡愁挥之不去,当人们通过对方块字的读写来描摹先贤的心意,传统文化带着它的温度,融入每位国人的生命。传统文明与现代中国有哪些关联,历史的根脉如何植根现代土壤,又怎样找寻活的传统?今天起,我们陆续推出同济大学“复兴古典书院”的师生们对传统文化的思考,或许有助于激发大家对这些问题的解答。①

编者按的写作要注意如下几点:

(1)依附而不拘于新闻报道。

(2)点到为止,文字精粹。

(3)及时、轻便、灵活。

(4)语言组织要不拘一格。

五、新闻随笔

借新闻事实就事论理的评论文章中有新闻随笔这样的形式。它夹叙夹议,寓意于事,思想深邃;文笔或轻松或雅致或犀利或泼辣,却每每雅俗共赏,实在有力。

一般认为,新闻随笔是个人化的产物,它是有感而发的一种文体。体现着新闻与思辨的融合,新闻与个性的融合,新闻与文学的融合。

新闻随笔的写作是借题发挥。因此,它的表现手法多半与事外空间相联系。它意在此“闻”,更在“闻”外,常在实事之中寻出匪夷所思之理,让信息挣脱各种遮掩。

例如,《南方周末》1999 年 9 月 10 日刊出的《待我一本本吃将来》一文援引的事实是“各位看官,我们终于迎来了吃《金瓶梅》这一激动人心的时刻。海峡两岸最近不约而同地推出了各自的‘金瓶梅宴’”,云云。文章随后剖析了“吃名著”的特点,对匪夷所思的脱离大众日常生活的“绝招”提出异议。文章就实论理,每有妙论。例如,因怕犯忌,山东“版本”不叫“金瓶梅宴”而易名曰“明金宴”。作者讥刺借机生出:“其实,只要仿效人民文学出版社上一次出版《金瓶梅》的做法,声明此乃删去19 161字的‘洁本金瓶梅饮食宴’,只做10 000席,仅供处级以上吃喝,‘偏见’就会自动消失。”论及“金瓶梅宴”中“宋蕙莲烧猪首”一道菜,作者则引《金瓶梅》对此菜之描述,忽发奇想,突兀地掼

① 沈奕.在经典中追寻生命质感[N].人民日报,2015-03-24.

出一句:“上述文字……不知能不能支持‘晚明时代的中国环保主义的绿色思想萌芽,关于节省资源’这一论题:烧烂偌大一个猪头,只用了‘一根柴’。”

复习思考题:

1.中国现代新闻体裁分作几大类?

2.消息体裁包括哪些体裁类型?

3.通讯体裁包括哪些体裁类型?

4.评论体裁包括哪些体裁类型?

第三章 新闻写作的发展趋势

▶本章学习目标

了解新闻写作的发展趋向,掌握新闻写作与时俱进的发展动态,提高新闻作品的表现力。

▶学习重点

新闻写作的走向,短新闻、新闻特写的相关知识,用散文笔法写新闻,新闻与文学“合流”的现象。

第一节 新闻写作的走向

一、浓缩化和敏捷化

这也就是短和快两个字。短与快,浓缩化和敏捷化,是相辅相成的。只有短,才能快;为了快,必须短。“现场短新闻热”方兴未艾。现场短新闻是个“宝”,要努力抓紧、抓好、抓出成绩。而新闻并非都需要写现场。①

这由新闻题材的重要性和特色决定。大量的新闻并不适宜写现场,那么怎么办?要不要改?要。

改的方向就是短和快。短新闻之所以要再“短”,就是因为它很需要又很难。难就难在它以少胜多,信息量大,指导性强。短而不精的新闻是容易写的,但这不是我们追求的短新闻。短要短得有质量、有水平。这绝非易事。

新闻的短,是一门学问,是一种艺术,是记者和编辑的真功夫。

二、实用化和服务化

新闻的发展,不是趋向于务虚,而是趋向于务实。不要追求形式上的宣传功能(或

---

① 周胜林.高级新闻写作[M].上海:复旦大学出版社,2000.

者说淡化一点“说教味”)，而要不断拓宽和优化服务功能。从经济到文化，从工作到生活，都要加强服务性，全方位地为人民服务。不要鄙薄新闻的实用性、服务性。人们看报纸、看电视、听广播，很重要的目的就在于寻找对自己有用的东西。

要注重实用，用提供情况、提供信息、提供知识的办法为受众服务，通过服务达到宣传、鼓动、启迪的实效。服务化和实用化，不只是一篇文章、一个栏目、一块版面、一档节目的要求，而是对整个报纸、电台、电视台的要求，要求他们把立足点放在新闻媒介与群众的接近性上，努力做到可近、可亲、可信、可用。新闻写作要做到“目中有人”，记者编辑要做到“设身处地”。这样，就会有大量好新闻涌现。

三、视觉化和特写化

发展特写性新闻、视觉新闻、实录性新闻、通感新闻、立体新闻……名目繁多，实则相近。新闻向视觉化、特写化、镜头化发展，给人以形象的、直感的启示和教育，广播电视等形象化新闻手段迅速成为报纸新闻改革发展的方向。报纸文字通过这种改革，以适应人们在新条件下产生的“疏远文字的倾向”。

现实生活是丰富多彩的，反映现实生活的新闻报道也要多姿多彩。再现场景就是使新闻丰富多彩、吸引人的好方法。为此，新闻要向文学吸取营养，但又不能洋洋洒洒，搞得太铺张。

小特写必将繁荣起来。“大特写”这个名词在中国上海用得多，还有“广角镜”“长镜头”等，许多报纸还开展“大特写征文竞赛”。这个名词是否科学，这种“文体”在报纸上的地位究竟如何，还有待进一步实践和研讨。“新闻文学”这一提法是否确切，亦有待进一步研究和实践。不要简单地说什么是“危机”或“转机”，且看其实践走向，先吸收其合理成分，以改进当前的新闻写作。同时应注意其已经产生的和可能产生的种种弊病，可以多向群众作新闻调查。

四、连续化和深刻化

新闻要反映客观事物的发展变化，要短要快，必然会有越来越多的连续报道出现。连续报道是新闻规律所要求的，也是群众所需求的。连续，就有可能将报道引向深入，达到深刻化。连续报道、组合报道和系列报道是深度报道的几种形式。深度报道有利于发挥报纸的某种优势，以便与广播电视新闻竞争。深度报道也可以说是新闻竞争的产物。深度报道不宜过分被强调，要有选择、有控制地发展深度报道，要探索既短又深，且有弦外之音的报道。

新闻写作要提倡一点风格和“流派”,要活跃一下气氛,要多做一些业务研讨。在中国,过去有人提出“京派新闻”“海派新闻”“岭南新闻”,这种提法不一定确切,但它表明有不同风格的新闻作品存在。不能简单地认为“京派新闻”就是指北京报纸的新闻,“海派新闻”就是指上海报纸的新闻,“岭南新闻”就是指广州报纸的新闻。新闻业务领域要多一些议论,多一些研讨交流,多一些发展创新。

第二节 提倡短新闻

一、提倡短新闻的现实意义

新闻信息类报刊必须强调多写多发短新闻,这一宗旨永远不会改变。

什么是短新闻?

短新闻是报刊上的一个品种,而不是一种体裁。它主要是一个量的概念;字数少,篇幅短。一般来说,短消息应把字数控制在500字以内,短通讯和短评论在800字以内,最长不超过1 000字。

新闻为什么一定要短?一是由新闻规律决定的。新闻就是告知信息。当今信息时代,信息越多越好,越快越好,越灵敏越好,新闻短了才能在有限的版面内多发多登。二是由读者需要决定的。人们在现代化社会中生活节奏快了,信息需求大了。他们要求在百忙中用最少的时间获取最丰富的信息。三是由新闻竞争的形势发展决定的。短了能快,捷足先登,先声夺人。

所以,我们要研究短的艺术,研究以少胜多的技巧,研究“文字经济学”。报刊上的长篇大论使人感到沉闷。有人做过调查,凡一分钟能够读完的作品,读者最多;5分钟读完的作品,读者次之;需10分钟读完的作品,读者大为减少;而要花20分钟至半个小时才能读完的作品,多数读者只好敬而远之了。

彭真先生早年在担任北京市领导时,有一次到《北京日报》视察。他问编辑记者:一斤棉花和一斤铁块,有什么相同,又有什么不同?答:重量相同,占的地方棉花比铁大得多。彭真说:对了,你们写的新闻,就像棉花一样,占的地方很大。一斤铁块,体积小。你挤不出什么空气和水分。一斤棉花,放在那里一大堆,用手一挤,多是空气,虚的。新闻要写实的,文字要精炼,要学会写铁块式的短新闻,反对空空洞洞的“棉花式”的长新闻。

写短新闻不是像木匠一样简单地把木头锯短,而是像铁匠一样,千锤百炼,把文章炼得精粹。短了还要好，才是奋斗的目标。要做到：短而新，有新意，主题、题材、角度、结构、语言都不陈旧、雷同，能给人以新的信息、新的启迪；短而精，能抓住事物的核心、要点或本质；精彩，色、香、声、味俱全，有生活气息，文笔清新活泼，可读性强；短而真实，如实、翔实、充实，有扎扎实实的内容，用无可辩驳的事实说话，不搞假大空。

二、短新闻的几种形式

1.现场短新闻

现场短新闻，就是作者深入新闻事件发生的现场进行采访，用目击式或目击和感受相结合的方式来反映新闻事件的短小精粹的新闻报道。它以消息为主，包括小通讯、小特写。可以写事件，可以写场面，也可以写人物。可以表扬，也可以批评。

其特点：一是现场，二是短。现场短新闻的独特效果是使读者如临其境，如经其事，如闻其声，如见其人，感染力和说服力强，能调动读者的感情与参与意识。

现场短新闻必须具备四个要素：

一是新闻价值较大。现场短新闻的题材，应有信息性、思想性、感染力，“文约而事丰”。要在时代的大潮中抓住潮头，要从生活的深处挖掘珠宝，要在平凡纷纭的小事中淘金，要克服新闻的粗、浅、陋、俗、淡。

二是时效性强。新近的现场情景往往紧扣时代脉搏，牵动万人之心。这种新近现场稍纵即逝，必须快抓快发，“情景一失再难描”。在可能的条件下，要同步采访，同步写作，同步传播，这样感染力特强。

现场而不新近，新闻即使再生动，吸引力、感染力也会减弱。没有时效，只能是回忆、回顾式的“现场旧闻”。所以，要注意运用灵感思维、超前思维，有时要预见现场的发生、发展。要主动出击，而不是守株待兔。

三是具有现场感。现场短新闻不是一般新闻那种反映式，而是再现式，再现生活的画面。现场在发展变化之中，要再现它，就不能是一般的再现，而是动态的再现，进行的再现。也就是说，现场短新闻不是单独的、静止的镜头，而是连续性镜头、多镜头组成的生活画面。它最能真切地反映实际生活，具有直观性、客观性，在一些重要问题上还具有证实性。

四是短小精粹。高度概括与精选细节相结合，重点之处充分展示，一般过程几笔带过。有粗有细，粗中有细。不粗则不短，不细则不活。现场短新闻的短，需从内容到形式努力锤炼，锤炼成小小的精品。

2.标题新闻

标题新闻,又称“眼睛新闻”,即有题无文、题文合一,让标题在报刊上成为独立传递信息的手段、单独发挥一篇新闻的功能和作用的一种报道形式。

标题新闻既是强化新闻信息的手段,又是丰富、活跃版面的手段,给人们一种突出感、强调感、郑重感、活跃感,有较好的宣传效果。

它是时代的产物,新产品。其发展过程为:消息→简讯→一句话新闻→标题新闻。

标题新闻的特点和优势在于以下几个方面:

(1)突出精华,强化信息

标题新闻是新闻事实的集中和概括,它摘取新闻的核心和精华,一下子推向读者,让人一眼瞥见其内容,一目了然。据心理学家实验证明:人在阅读时,眼球出现一种忽动忽停的跳动状态,而每一次眼停,最多只能看清六七个字。所以标题新闻强于一句话新闻(大字、黑字新闻)。

标题新闻一般都用实题,或虚实结合题,不能全虚。

(2)内容单一,结构简明

标题新闻适用于不大不小的题材,大了宜详细报道,小了可作一句话新闻或简讯,不需以标题新闻的形式予以突出强调。标题新闻一般应具备谁和为什么两个要素,其他要素相机而行。标题新闻短小轻便,节约了版面,增加了信息量。

其形式上多为主副题、主肩题,少数是主肩副题,一般不用单行题,这样太简化了,读者不知发生了什么事。

(3)充分运用版面语言,增强宣传效果

空间运用:疏密相间,开窗透气,补白版面,调节文字。所占位置可大可小,可横可竖。

字号适中:主标题一般不大于二号字,因标题新闻是“轻武器”,传播的信息有限,不适用于传播重大、复杂的新闻内容。字号大了与其玲珑身躯不相称,小了不能起到强化新闻的作用。

字体搭配。不同字体有轻重浓淡之分,有不同视觉效果,加上花边、线条、横竖安排变形等,可有效地点缀美化版面,文字调节有时可得到奇特效果。

标题新闻的种类有以下几种:

(1)报道式标题新闻

浓缩通讯社或作者的稿件。如:《人生七十不稀奇 广州人平均寿命:男 70.6,女 75.6》。转摘他报新闻。

(2)提示性标题新闻

提示后面的重要新闻或文章。摘录有关资料、文献。需要注意几点:应标明“标题新闻”字样;不宜编组发表,最好不超过两条;尽可能标明出处、时间,为读者进一步了解情况提供线索和方便。

(3)花絮新闻

花絮新闻,又称花边新闻,是短小、轻松、活泼、风趣的零碎新闻,一般五六十字或一二百字,它对主要消息起一种拾遗补阙的作用。花絮一词来自英语——interesting side lights,直译为“有趣的侧光”,常常是撷取生活中富有情趣的细节,飞花点翠,奉献读者。它是满足读者多方面信息需要、丰富版面、增强可读性的一种好形式。要求作者眼观六面,耳听八方,对小事有兴趣,既抓西瓜又抓芝麻,写出事物的方方面面,点点滴滴,一鳞半爪,一枝一叶。

第三节　新闻特写镜头化

目前,我国新闻写作趋势是一边提倡短新闻,一边追求新闻特写镜头化。

一、新闻特写

特写这个概念,有两种类型:

一种是文艺性特写。这在50年代的苏联格外流行,当时广泛使用特写这个词。文艺性特写今天被称为报告文学。

一种是新闻性特写。新闻性特写亦称特写新闻或新闻特写。它又具体分为两种:特写性消息和特写性通讯(通讯特写)。平时我们讲新闻特写或新闻,是把特写性消息和特写性通讯归入一类。

现代广播、电视等形象化的直观新闻手段的迅速发展,对报纸的新闻、通讯写作有着很大的影响。广大读者越来越喜欢形象的描述和形象的感受,新闻、通讯写作势必更加注意“镜头化”。除了单镜头之外,有时还有连续性镜头集纳。所以,特写、速写、素描等写作形式在新闻报道领域中,将有着日益重要的地位和作用。

新闻特写的特点,可以具体地从以下几个方面来看。

1.选材

一般的新闻通讯,主要是告诉读者发生了一件什么事情;为了把这件事情交代清楚,就需要写明新闻的五个要素。也就是说,一般新闻通讯所反映的事实应具有完整性。特写则注重于再现生活的画面,放大新闻事实诸要素中有意义、有情趣、有影响的一两个要素或片段,它主要是向读者说明事情是如何发生的,当时的情景是怎样的。

新闻通讯往往要反映较完整的事件、较长的过程,向人们展示生活的纵剖面;新闻特写则抓取现实生活中的一两个场面,以一两个镜头充分地展示生活的横剖面。因此,特写比通讯显得更集中、细腻、活泼、绘声绘色、感染力强。

曾获中国好新闻奖的《飞天凌空》一文,作者抓住跳水姑娘站在跳水高台前沿往下跳的一刹那,充分描绘和烘托,仿佛把读者带到现场,一起领略了这美的瞬间:

> 轻舒双臂,向上高举,只见吕伟轻轻一蹬,就向空中飞去。有一瞬间,她那修长美妙的身体犹如被空气托住了,衬着蓝天白云,酷似敦煌壁画中凌空翔舞的"飞天"。紧接着,是向前翻腾一周半,同时伴随着旋风般的空中转体三周,动作疾如流星,又潇洒自如,一秒七的时间对她似乎特别慷慨,让她从容不迫地展示身体优美的线条:从前伸的手指,一直延续到绷直的足尖。
>
> 还没等观众从眼花缭乱中反应过来,她已经又展开身体,笔直得像轻盈的箭,"哧"地插进碧波之中,几股白色的气泡拥抱了这位自天而降的仙女,四面水花悄然不惊。

该文作者很懂得特写的取材,在该重点突出描绘之处,不惜笔墨,充分把事物本身的动人之处传达给读者。写得那样细致,不仅是近镜头,也是慢镜头,读者可以慢慢欣赏品味,得到比电影电视画面上更多的东西。

2.结构

一般的新闻,多数采用"倒金字塔"式结构,按事实重要的程度依次排列:最重要→次重要→次要。

或者说,按读者对报道内容是否有兴趣及兴趣大小程度依次排列,把最吸引人的部分突出在前面,即高潮→次级趣味→详情经过。

新闻特写的结构,既不同于一般新闻,也不同于一般文艺作品,而是取二者之长,常常以一个概括性的导语开头,点出部分事实要点,或从生动的情节、场面、引语入笔,但不透露太多,真正最重要、最精彩的东西放在后面,使人读完全篇产生一种"满足感"。

也有从高潮开始的作品,如获得中国好新闻奖的《三舅还账》一文,开头是:

我的三舅叫朱守孝，今年64岁，家是统城县黄集公社沙岭大队。多年没有见面了，今年10月19日突然来到我家，我以为又是来向我要钱花的。哪知刚刚坐下劈头就说："外甥，你舅这次是来还账的。"说着从怀里掏出200元崭新的钞票，"啪"地往桌子上一放，搞得我莫名其妙。

这样从特写镜头开始，然后过渡到对事情实质的叙述，最后把主题突出出来。

3.角度

新闻特写切忌从头至尾地报流水账，也忌一二三四地开中药铺。作者不采取鸟瞰全貌、尽收景色的笔法，而选择一个特定的角度，细察局部，从一点、一个侧面、一个口子插入放大，出奇制胜，别开生面。

它可以撇开一场球赛的全过程，专写某一球之争，它可以放弃整个会议程序和会场情景，专写对一个问题的讨论，一个提案的提出，一次独特的会面，等等；它可以截取时间进程中的某一瞬，充分展示和描绘，给人以深刻的印象，甚至可以从某一个富有情趣或人情味浓厚的细节开掘进去，追前溯后，写出立体化的新闻。

新闻特写的写作，要注意抓住生动的形象，抓住事物特征，抓住情节的高潮。首先在事实本身确实值得特别突出的地方进行描绘，然后再用相应的、恰当的手法把它表现出来，呈现在读者眼前。如果不在"抓镜头"上下功夫，那么，尽管你精雕细刻也没有用，产生不了魅力，反而会弄巧成拙。

二、大特写

1.大特写的特点

"大特写"，这个名词是在中国上海叫响的。"大特写"，这一文体，是在上海的报坛上走红的，上海好多报纸上有大块大块的新闻报道类文章，大都是"大特写"。也有的标上"长镜头""长焦距""广角镜"等。这一类特写，不仅走红上海，而且在许多省市出现，可见它具有相当的生命力。

什么叫"大特写"？它是抓住社会热点中的事件、人物或现象，对新闻事实全方位、多侧面地进行报道，用优美的文笔、新颖的题饰、突出的照片吸引读者的一种报道形式。

大特写具有以下四个特点：

(1)新闻性

所写内容大都为最新的新闻事件、人物或现象,能够成为人们关注和议论的中心。

(2)社会性

即题材内容渗透到社会生活的方方面面,且多写群体,涉及面广,读者众多,往往能引起强烈反响。

(3)深刻性

作者大都具有宏观的视角,能对题材内容有一定程度的挖掘,提供事实的详情,提供较充分的背景,或能够较深层次地反映人物心态。

(4)艺术性

即在写作上讲究技巧,讲究情节,讲究语言,讲究标题,讲究作者的主体意识和情感的表达等。

大特写是一种都市的产物。特别是大都市,生活变化快,社会热点多,生活五彩斑斓,人物多姿多彩。大特写在大都市走红,实在并非偶然。摩托车热、港台歌星热、卡拉OK热、股票热、房地产热、期货热、电脑热、装修热、下海热、健美热……层出不穷的社会热点,为大特写提供了极好的素材。于是,新闻报道不再满足于信息型,而常常追求信息密集型。大视角、大跨度、大篇幅,“追踪时风,写真社会”。有人称这种报道为“亚文学,超级新闻”,也就是说,它处在新闻的前沿,在向文学靠拢,但归根结底还是属于新闻范畴。所以它出现在报纸的新闻版上,而不是在文艺性副刊上。它的力量所在,首先在于它的真实性。

大特写已非传统意义上的特写。传统意义上的特写,是指通过形象化描绘,再现新闻事件片段的一种新闻体裁。其特点是“放大”和“再现”。特写只要有重点、有细节、有场面就行,并不要求对题材的深度和广度有多少开掘。

而大特写则不同,它重在对题材的深度和广度有所开掘,唯此,才能成为信息密集型报道,才能为读者所欢迎,读者才愿意耐心地看完一大篇文章。大特写是深度报道的一种形式。都市读者一般文化程度也比较高,独立思考的能力也较强,他们最能接受大特写这种形式。

但是,大特写也不是与特写毫无关系,有一部分大特写也采用传统特写的形式和手法,但大特写的实质并不在于此。大特写的“大”,也并非就是“新闻竞争的惯用做法”,而是确有其真实的内涵,即题材的广度与深度。它常常表现大时间、大空间、大跨度、大问题,表现事物的全方位、多角度、多侧面、多色彩。

2.发展“大特写”

大特写在西方很盛行。许多人是把西方新闻写作中的“特稿”称为“大特写”了。

这种说法值得商榷。

西方新闻写作中，关于消息的研究是很细致的，可以借鉴之处甚多。他们往往将消息之外的新闻报道统称为“特稿”“专稿”等。其含义颇为广泛，其所指各不一致。

美国丹尼尔·威廉森教授的《特写写作技巧》一书中确实是把特写与特稿混在一起了。该书第3页上写道：“一位老记者曾下过一个更为简洁的定义：‘除新闻报道之外的任何报道都是特写。’这个定义是正确的，例外情况绝无仅有。”这种说法，既不利于我们对特写的研究，也不利于我们对大特写的研究，该书第2至3页还说：“特写是一种带有创造性的，有时也带有主观性的文章，旨在给读者以精神享受，并使他们对某件事、某种情况或对生活中某个侧面有所了解。”“特写不一定带有新闻价值。”“特写同新闻报道不同，它差不多允许记者随心所欲地发挥自己的创造力。”

这些论断，笔者以为很值得商榷。

中国现代新闻实践和理论研究比西方晚了许多，我们应该好好学习西方有用的东西，但我们不必搬用或套用他们的理论。中国新闻工作实践在蓬勃发展，其中新情况、新经验、新问题很多。中国有自己的东西，有自己的发展。“大特写”也许就是一种新的发展，这种文体也许正是改革开放条件下的产物。

“大特写”，究竟是一种报道手法、手段，还是一种文体。这个问题还需要我们进一步研究和探讨。

总之，“大特写”是中国新闻近年来出现的新事物，至少是在原有新闻报道手法、手段、体裁基础上的新发展，它已有丰富的实践资料，应该在理论上给予确认。

就像任何新事物都不可能十全十美一样，大特写也有一些欠佳的方面，这些方面也还值得我们研究。

3.克服大特写的弊病

大特写在新闻工作实践中也产生了一些弊病，主要如下：

(1)片面追求时髦，搜奇猎异，偏离大方向和主旋律。如，过分热衷于报道“大款大腕”，津津有味地详写宠物市场、女性吸烟、男性美容，乃至于“三陪”和变性手术等。

(2)为追求“轰动效应”而渲染夸张，哗众取宠，甚至摆噱头(这也是大都市的“特产”)。

(3)为与其他媒体争夺读者而竞相抛出内幕材料，甚至不惜侵犯个人隐私。有的媒体错误地认为这就是“深度”。

(4)浮光掠影，缺少真正的透视。“视而不透”，对新潮事物、现象、人物缺少分析和冷峻的审视，甚至把一些错误的东西随便传播。如，“情人潮”被称为现代人的精神消费,第三者还有什么俱乐部,还有什么都市新一族——伴舞男郎……

(5)真真假假,模模糊糊,朦朦胧胧,洋洋洒洒。文字一大片,事实很少见。把新闻五要素中的何人、何时、何地写得隐隐约约,似有若无。A 先生、B 小姐、X 城市满天飞;而把何事、何因和怎么样要素尽情放大描绘,绘声绘色,娓娓动听,煞有介事,实际上缺少扎实的材料、深刻的思想。

第四节 用散文笔法写新闻

一、散文概念

散文概念,古往今来有过很大的变化。总的来说,人们对于散文概念有广义和狭义两种理解。

广义的散文,是相对于韵文而言的。凡不押韵的,均称为散文。有人说,散文是一种容量最大、内容最广阔、形式最自由活泼的无韵文,包括随笔、游记、新闻通讯、特写速写、日记序言、杂交政论、报告文学、小说等。

狭义的散文,单指形式灵活、篇幅小、笔调自由的记叙文和抒情文。狭义的散文虽然范围缩小了许多,其内容仍相当广泛。人称"海阔天空的散文领域",可以"观古今于须臾,抚四海于一瞬"。

狭义的散文和广义的散文是密切相关、不可截然分割的。正如作家徐迟所说:"广义的散文好比狭义散文的塔身、塔基,狭义的散文好比广义散文的塔顶、塔尖。"大家知道,塔顶和塔尖是不能离开塔身、塔基而独立存在的。

二、新闻通讯与散文之区别

按广义散文的理解,新闻通讯就包括在散文之列,无所谓"区别"的问题。但人们一般口头上说的散文,是指狭义的散文。所以,研究新闻通讯与散文的区别就是必要的了。

新闻通讯与散文(狭义)之间的区别表现在哪些方面呢?

其一,新闻通讯讲时间性、新闻性,它直接为当前的工作、生活服务;散文则不限,时间可远可近,只要作者在生活中有感触、有启迪,即可抒写成篇。

其二,新闻通讯结构紧凑,篇幅有限,文字简明;散文则松散自由,"形散神聚",篇幅可长可短,文字优美。新闻一般不宜采用从容不迫的文体,散文则大多需要从容不迫，才有韵味，才能出意境。

其三，新闻通讯大都用第三人称，散文大都用第一人称。通讯抒情成分、议论成分很少，强调用事实说话；散文则抒情成分多，议论成分也多，且代表个人，突出个性。一个是喉舌，一个是表现个性，体现创作自由。一个是缘物寄情，一个是因情生文。

其四，新闻通讯有严格的真实性，一般都要具体交代五个要素，散文却可以在真人真事的基础上适当进行艺术加工，可以不写具体的姓名、单位、地点等。

总之，一个属于新闻范畴，一个属于文学范畴。虽然它们的“祖先”是同一个，但在人们长期的写作实践中，已经形成了两个“家族”。

三、新闻“散文化”的由来

前几年新闻界引起广泛兴趣和热烈争论的新闻“散文化”问题，实际上由来已久。

1963 年，寄晨在《新闻业务》杂志第一期上，发表了《在工作中感到的几个问题》一文。该文指出：

“现在我们在新闻写作上碰到一个很值得探讨的问题。这就是过去我们所肯定的一套新闻写作的理论，在实际运用中对某些新闻已不完全适合。如新闻的五个要素（即五个 W）、把最重要的事情写在最前面、在新闻中不能有议论、要有最新的事实作为新闻根据、要有概括性的导语等，这些原则从道理上来说，都是对的，用来指导事件性新闻的写作，也是完全适用的。但是，我们感到，还有一类新闻不能完全用这个框框去套。”

这里所指的主要是一部分非事件性的新闻。

“……有的同志现在尝试着用散文的笔法来写新闻，也是力求创新的一种努力。我个人是赞成这种尝试的。我觉得，从广义上说，新闻是散文的一种。因为新闻无非是告诉读者发生了什么事，这件事有什么意义，散文中的叙事文不也是如此吗？既然叙事文可以这样写，也可以那样写，为什么新闻就非受一定的格式束缚不可呢？为什么散文可以有个人的风格，而新闻就只能按照死板的公式去套呢？”

1982 年，穆青在新华社四川分社的讲话《关于新闻改革的一点设想》中，进一步提出和发挥了这一业务思想和学术观点：

“我们要鼓励和支持记者捕捉社会生活中最重要、最生动、最活泼的新事物，鼓励记者探索最能反映丰富多彩的社会生活的新闻形式。我们的时代，应当是新闻、速写、特写比较发达的时代。但实际上还不够发达。不知你们注意到没有？在资产阶级世界，新闻报道的形式正在发生很大的变化，在向散文的方向，向松散的、自由的、不那么规格化的方向发展。现在，他们中有些人主张，新闻中最重要的东西不一定放在前面。

他们说,我要把自己最精彩的东西献给能忠实读完我的报道的读者。这个意见对不对还可以研究,但至少说明长期以来当作新闻规范的'倒金字塔'的形式正在被突破;新闻报道不仅要注意开头,还要注意结尾……我认为,我们的新闻报道的形式和结构,也应向自由的活泼的散文式的方向发展。改变那种沉重的死板的形式,而代之以清新的明快的形式。"①

从前后近20年穆青对同一问题的叙述和阐说看,他的观点至少有两点发展:

其一,从提倡尝试"用散文的笔法来写新闻",到主张新闻报道的形式和结构"向自由的、活泼的、散文式的方向发展",这是跨了一大步。

其二,从主张非事件性新闻要突破传统的写作规范,到主张整个新闻要突破传统的写作规范,这又是跨了一大步。

这两大步,正好是在中国新闻界热衷于从事新闻改革的时候提出的,加上穆青名记者和新华社主要领导人的身份,这两大步的提出自然就引起了新闻界人士的广泛注意。由此,引起了一场热烈的讨论。人们把这一场学术论争称为"新闻散文化"之争。争了很久,至今似乎仍是各说各的,未有定论。

四、一分为二地看待"新闻散文化"

关于"新闻散文化"之说,在学术论争中大体上有两种对立的意见,一种是赞成"散文化",一种是反对"散文化"。

笔者认为这两种意见都有些简单化,失之偏颇。要做一些具体的分析,而不是简单地肯定或简单地否定。

为什么不能简单地肯定呢?

"新闻散文化"一说,提法本身是有弊病的,是缺少具体分析的。

穆青在一些文章中,都没有明确地用"新闻散文化"这一说法,但也不能说没有这个意思。有的同志写文章,说"散文化"之说不是穆青的本意,似也无此必要。提倡新闻要向散文的方向发展,是多少包含了散文化的意思的。

这里,关键是要具体分析,要有限制词。即有不少新闻,仍需用传统的新闻格式来写,讲究五个W,把最重要、最新鲜的事实放在最前面,运用"倒金字塔"式结构,按重要性的次序来安排事实。有一部分新闻,如故事性强、人情味浓的社会新闻,现场感强、"镜头化"的特写新闻(视觉新闻),提供大量背景着重于分析事实的解释性新闻,以及经验性、述评性、问题性、批评性的新闻等,有时可以较多地运用散文笔法,不必拘泥

---

① 穆青.关于新闻改革的一点设想[J].新闻业务,1982(2).

于五个W和“倒金字塔”式结构，也不必拘泥于导语的一般写作方法等。我们一定要从实际出发，多作具体分析，不要简单化、一刀切、一窝蜂、一个样。

也许正因为这些原因吧，穆青在把自己有关新闻的一些研究文章汇集成《新闻工作散论》一书时，把1982年《关于新闻改革的一点设想》一文中，“松散的，自由的”删去了，“应向自由的活泼的散文式的方向发展”也删去了，而代之以“可以增加自由活泼的散文形式”，这样对提倡的内容和范围略加限制，可以减少一些争议，也可以避免误导。另外，在这一段末尾，把“形式”二字，改成了“写法”，也是一种限制。这都体现了穆青在学术研究上的郑重态度。从整篇文章看，观点未变。

为什么对“新闻散文化”也不能简单地否定呢？

因为我们讨论问题，不能只看名称，看用词，而要综观“新闻散文化”提出的全部内容和现实背景。

长期以来，新闻写作中的死板、老套、枯燥乏味甚至于充塞政治术语等现象是客观存在的。还有什么“三段式”“排浪式”新闻，实在令人望而生畏。读者不愿意看，有志于改革的新闻工作者也不愿意写、不愿意编。因此，提出冲破陈旧格式，活跃新闻的形式，吸取其他文体之优点，这是事物发展的必然规律。

“散文化”一说，也正是在这个背景之下提出的。特别是在广播电视等形象化的新闻手段迅速发展的情况下，报纸文字新闻为了扬长避短，比较多地向特写性和解释性方面努力，以争取读者。而这种新闻的结构形式，又势必突破“倒金字塔”等一般模式，以适合内容的需要。新闻散文化一说的提出，一方面暴露了它的弊病，一方面也显示了它的积极的一面。至少，这是一次思想上的解放，新闻工作者也由此进行了一些可贵的探索，在实践中取得了一些好的效果。事实上，并没有把所有的新闻都“化”成散文，而是把一部分新闻“化”活了。

新闻“散文化”，其主要特点是：

(1)内容讲究深度，讲究意境，不只是简单地、直接地反映一个事实；

(2)结构多样化，自由活泼，按散文“形散神不散”的原则安排组织新闻素材；

(3)文字优美，表情达意较好，可读性强。

这些正是不少新闻写作所缺乏的。如果我们运用得好，适当掌握一个“度”，那将使一部分新闻的写作大大改进，从而受到广大读者的欢迎。

“散文化”向何处发展？答曰：在新闻写作趋向浓缩性、连续性、特写性、服务性、深刻性的过程中，“散文化”的精神部分实现了。

所以，笔者主张今后不要再提什么“散文化”，只说“用散文笔法写新闻”，而且只是一部分新闻适宜用“散文笔法”。

第五节　新闻与文学“合流”

一、“合流”现象产生的背景

尽管不少新闻界人士一再呼吁新闻不要向文学靠拢，文学界也有人批评一些作品缺少艺术性，“像新闻作品”。但新闻与文学的互相靠拢、相互渗透以至于某种程度的“合流”现象，却是客观存在的，而且有发展的势头。对此，我们应当怎么认识和评价呢？

要回答这个问题，我们必须分析一下新闻与文学怎么会产生“合流”现象？

这不是某些人的个人意志决定的，而是社会环境、社会需要以及新闻与文学本身内在的客观需要决定的。说社会需要，不必多加论证，只要看看这一类作品在社会上广受欢迎，就是证明。

先看新闻的需要。中国经过多年的新闻改革，在强调和重视新闻的短、快、多之后，人们一方面感到信息量多了，可读性强了；同时又感到信息量不够多，可读性不够强。这不是矛盾吗？不矛盾。前一种感觉是相对过去而言的。信息量确实是多了，可读性确实是强了；后一种感觉是就今天和未来的需求而言的，人们感到不那么满足。因为当今世界，信息“爆炸”，而且万事纷繁复杂，人们不满足于肤浅的、有限的信息，而要求多方面的、深层次的、内涵丰富的、更有价值的信息，要求看到更多“新闻背后的新闻”，需要深度报道。

电视、广播新闻媒介的普及与发展，向报纸文字新闻提出了挑战，要求报纸文字新闻向深度和形象化方面发展，否则就不足以与电视、广播展开新闻竞争。这种改革是“逼上梁山”，不得不寻求出路，以开拓求生存、求发展。

再看文学的需要。近几年来不少作家在潜心从事各种艺术的探索，一般读者的欣赏习惯和欣赏水平与之有一定差距，因而有一种疏远纯文学的倾向。“高格调”作品令人望而却步，通俗文学趁机崛起，而受“商品价值”的影响，通俗文学往往流于过“俗”，为严肃的作家所不屑屈就。但反映现实的真正伟大的艺术品又难以出现，因为现实生活变化大，不易把握，需隔一定时期才能诞生作品。在这种情况下，文学与新闻靠拢，寻找一些现实感强的、扣人心弦的、真人真事的题材，不失为一个好出路。它快速粗略而又稍有艺术地反映现实，切近生活，贴近读者，赢得了读者的青睐。这对文学来说，也是一种以开拓求生存、求发展的手段。

二、“合流”的三种情况

新闻与文学在一定程度上的“合流”，大致可分为三种情况。

1.大合流

即题材重大、篇幅较长的重头文章。如关于唐山大地震、关于大兴安岭森林火灾等题材，都有具有影响力的重头作品。这一类作品有人称之为报告文学，有人称之为纪实文学，也有人说是“报告小说”。

这一类作品无论中外都早已有之，不过这几年特别时兴起来。在美国，有一种“非虚构小说”，也称“生活实录小说”，大体上也属于这一类作品。1973 年，美国名记者汤姆·沃尔夫编选出版了这一类作品，书名为《新新闻报道》。从此，“新新闻报道”成为引人注目的、横跨新闻与文学界的新名词、新文体。这种文体的艺术特点是：一个场景接着一个场景的结构，用生动的形象反映事实；以第三者的观点观察人物的思想感情，深入到人物的内心世界，跟人物一起体验当时当地的真实感情；使用精辟的对话；有匠心独运的细节描写。① 这一类大合流的作品，大多作为文学著作出版，也可在报纸上连载，它与报纸新闻的关系较小。

2.中合流

这一类作品介于通讯和报告文学之间，近年来大量见之于报纸新闻版，有的冠以“大特写”，有的则用“广角镜”“长镜头”等。它是一种文艺性较强的深度报道。近年来新闻界大力推崇的深度报道，无非是两种倾向：一种是向政论靠拢，如《中国改革的历史方位》；一种是向文学靠拢，像《鲁布革冲击》等。后一种倾向是大量的。新闻向文学靠拢，又分两种情况，一种是以故事情节取胜，还有一种则以文学手法处理有相当广度的新闻素材。对于“大特写”，可以说这二者兼而有之。

这一类文体的特点是：

(1)新闻性。所写内容大多为最新的新闻事件或紧扣当前人们注意的中心，是重点、热点、焦点上的题材。

(2)社会性。即题材内容渗透社会生活的各个领域、各个角落，趣味性、人情味比较浓，拥有广泛的读者群，容易引起社会舆论的强烈反响。

(3)深刻性。即作者对题材内容有一定程度的挖掘，能提供事件的详情，提供较充分的背景材料，能较深层次地反映人物的心态。

---

① 卡波蒂.残杀[M].西安：陕西人民出版社，1987.

(4)文学性。即写作上讲究技巧,讲究情节,讲究语言,讲究作者主体意识和情感的表达,等等。

前一时期,关于房地产热、股票热、期货热、美容热、健身热、追捕逃犯、火车相撞、职称、乞丐、私奔、未婚先孕等特写之类形式见报,很吸引读者。这也成为周报与日报竞争的一个重要武器,因为周报不易做到新闻的短、快、多,于是就在深、活、细上做文章。

3.小合流

即题材较小、篇幅较小的新闻文学作品。

最近,一些报纸的副刊倡导"新闻文学"体裁,这是鉴于近年报告文学作品向长篇幅发展和时有失实情况出现,报纸副刊缺少有生命力的文章,读者阅读心理在不断变化,从而提出的改革举措。编辑们把新闻文学的主要特点概括为——时代感,快节奏,新闻性,文学手法,可读性。

这些,都贴近现实,贴近群众,也切合报纸尤其是小报的实际。它实际上是一种小型的报告文学,或者是一种文艺性的通讯。处在新闻与文学的中间地带而更接近于新闻。有些题材纯粹以新闻手法去写,失之可惜,难以引人入胜;纯粹以文学手法来写,又失之铺张,没有必要。于是,人们寻找一种二者兼有、轻便灵活的表达方法,自然会得到读者认可。特别是诸多小报面对的广大普通读者,更乐于接受。所以"新闻文学"在报纸上确有用武之地。不过这个提法似有一定的副作用。

上述情况是一种客观存在,不论人们主观上承认不承认,喜欢不喜欢,事实就是事实。

三、对"合流"现象的评判

怎样认识和评价这种新闻与文学合流的现象呢?

首先,必须明确一个最基本的问题:新闻与文学是两种文体,两种行当,它们有本质的区别——新闻是真实的,文学则可以也应当有虚构。这种本质的界限,不能模糊,不能被忘记。凡发表在报纸上(包括副刊)的、有名有姓有地址有单位的各种报道,都必须具有严格的真实性,经得起实践的检验,这样才能维护新闻媒介在广大读者中的信誉。

所谓新闻与文学的合流,是指题材上、技巧上的合流,不是性质上的混同。中、小型的合流作品都以报纸为发表阵地,它的本质属性应是新闻而不是文学。至于大型的合流作品,如在报纸上连载,也应遵守真实性的原则,而不能真真假假、虚虚实实。

由于采访和写作上的原因，大型合流作品较难确保完全真实，所以以出版书籍和在文艺杂志上刊登为好。问题在于有些作品本来是出版为书籍和登载在文艺杂志上的，后来因为看到内容较受群众欢迎，报纸就予以转载、连载。这种情况特别要把握好，要对作品中的事实进行查核，不能为了抢读者而抢作品，忘记了真实性是报纸的生命。

有人认为，既然"合流"了，还管这些做啥？这是很危险的，新闻工作者怎能拿报纸的信誉、拿事业的生命开玩笑呢？新闻与文学的"合流"，只是一种外在表现，一种"现象"，在事物的性质上并没有"重合"和"混同"。

其次，新闻与文学的合流既然是一种客观存在，就不要回避它，不能采取"不承认主义"。而要承认它，并对此采取具体分析的态度。我们不妨注意它、观察它、研究它，"聊备一格"，"以观后效"。这也是"摸着石头过河"的态度。

最后，对于新闻与文学合流的作品，要用一分为二的观点进行分析，然后用其所长，避其所短。"合流"作品的读者群显示了它的长处，无长处就难以生存和发展。所以，在大家热心于搞"合流"作品的时候，重点要注意其可能产生的弊病。

总之，对于新闻与文学的"合流"现象，要运用辩证唯物主义的观点和方法来认识它，评价它。要实事求是，从实际出发，用发展的而不是停滞的眼光来看待它，避免过高和过低的评价。它既不是新闻的"转机"，也不是新闻的"危机"。

它的价值究竟如何？它的流向究竟如何？只好等待时间和实践来进一步做出回答。

复习思考题：

1.新闻写作的发展趋势包括什么内容？

2.新闻特写的特点是什么？

3.为什么要用散文笔法写新闻？

4.新闻与文学合流存在哪些情况？

5.你怎么看待新闻与文学合流现象？

第四章　新闻写作的重要环节

▶**本章学习目标**

了解新闻写作的重要环节，认识新闻背景、新闻细节、新闻语言和新闻标题的作用和运用方法，掌握写作要求。

▶**学习重点**

背景材料在新闻写作中的运用、细节描写的基本要求、新闻语言的写作要求和新闻标题的写作要求。

第一节　新闻背景

一、新闻背景的作用与类型

时下，不少记者写消息没有或疏于交代新闻背景。

所谓新闻背景，是指在新闻事实之外，对所报道的新闻事实或新闻事实的某一部分进行解释、补充、烘托的材料。但严格意义上，这只是狭义的新闻背景。广义的新闻背景是就导致新闻事件发生的广阔时代背景而言的。综合而言，一篇消息，少不了交代一些背景材料来证明新闻事实发生的历史、环境和原因，解释其发生或发展的前因后果、来龙去脉，交代新闻事件或人物同周围事物的关系，补充有关知识性、趣味性的材料。这些并非新闻事实本身却与新闻事实有密切关系的材料，称为背景材料。一篇好的消息，离不开背景材料的烘托。好的背景材料，足以增加消息的历史厚度，提升消息的主题思想，帮助读者加深理解新闻内容。

1.新闻背景的作用

新闻背景很重要，它是消息中的“维生素”，也是消息中的“调味素”，没有背景，新闻消息就索然无“味”。消息中的人和事的历史与现实情况不甚明了，若隐若现，自然就会影响到消息的质量。具体来说，新闻背景的作用表现在以下四个方面。

一是有助于突出主题，点明事物的意义，提升新闻价值。

如，《我在莫斯科执勤》这则消息在运用背景材料方面具有特色。提到记者在莫斯科执勤的特殊经历时，文中有这样两段文字：

随着俄罗斯军队开进车臣，并一步步划界为营，逼近车臣首府格罗兹尼，车臣总统马斯哈多夫宣布："车臣战争已经开始。"他号召车臣人民开始"圣战"。车臣游击队首领巴洛耶夫也发出警告，要发动新一轮恐怖活动，袭击莫斯科及全俄罗斯，制造更多更酷的恐怖事件，以报复俄军对车臣的进攻。

在接二连三的恐怖事件中，数百名莫斯科居民及外地居民献出了宝贵的生命。面对残酷的事实，莫斯科居民彻底觉醒，自发地行动起来，主动配合警局，展开了一场敌死我活的反恐怖斗争。[①]

这些背景材料的运用，使人们对作者为什么在莫斯科执勤有了清楚的认识，对那次特殊经历的重大意义有了深入了解。

二是可以补充情况，让新闻事实更加"丰满"起来，使之更加充实。

如曾获"中国新闻奖"的消息《昔日伐木建功 今朝栽树还债》的主体部分，就有一段专门叙述主人公马永顺背景的文字：

马永顺是新中国第一代林业工人，曾靠弯把子锯在一个冬天采伐木材1 200立方米，1人完成6人的工作量，创下全国手工伐木产量最高纪录。时至今日，马永顺还忘不了1959年全国群英会上周总理对他说的一番话，"林业工人不但要多生产木材，还要多栽树"。总理的教诲印在他的心底，从那时起，栽还债树成了他念念不忘的心事。[②]

消息的主体是老马22年种了几万株还债树，但背景材料交代了他过去伐木建功的情况和周总理的嘱托。

三是用背景材料为读者提供一些相关知识，使读者对新闻产生兴趣。

如获第二十七届"中国新闻奖"的文字消息《1 445种全新病毒科被发现》，讲的是中国疾病预防控制中心传染病研究所在病毒起源和进化研究中取得重大突破——发现了1 445种全新的病毒科，并从遗传进化的角度揭示了RNA病毒发生和进化的基

---

① 张举玺.我在莫斯科执勤[N].莫斯科华人报，1999-09-22.

② 刘保全，彭朝丞.消息范文评析[M].北京：新华出版社，2001.

本规律。作者在文中将专业性很强医学词汇变得口语化、通俗化:RNA 病毒是生物病毒的一种。常见的 RNA 病毒中就有公众很熟悉又避之不及的,诸如艾滋病病毒、“非典”病毒、埃博拉病毒、禽流感病毒等。其在病毒复制过程中变异很快,所以很难研制出相应的疫苗。

四是借用背景,表明观点。

一般的消息写作,作者要用事实说话,不宜自己跳出来发表议论。怎么解决这个问题?就是借用背景材料来表明作者的观点或倾向。

如《霍多尔科夫斯基庭审目击》一文是这样借用背景资料表明作者观点的:

> 据知情人士透露,霍氏目前被羁押的监狱叫“肃静的水手”,位于莫斯科市区北部,是俄罗斯目前条件最好的监狱,主要用来关押国家级要犯。2000 年 6 月,俄媒体大王古辛斯基就被临时关押在这里。该监狱的特护牢房相当于三星级宾馆的标准客房,面积大,而且各种服务设施一应俱全,监狱内的伙食也很不错。①

霍多尔科夫斯基是俄罗斯总统普京治下的一介金融寡头,虽然没有任何政府官员背景,却被当作国家级要犯,住在相当于三星级宾馆的特护牢房。作者用上述背景资料表明了霍氏不是一般的经济案犯,而是普京的“客人”或“对手”等观点,所以才享受到国家级要犯的待遇。

2.新闻背景的类型

新闻背景材料从内容上可分为四类,即历史背景、地理背景、人物背景、事物背景。

(1)历史背景

即在报道新近发生的新闻事实时,交代消息中事实或人物过去的一些情况。这个历史背景可以是在久远的古代,也可以是在几个月以前,甚至是刚刚过去的几个小时的情况。毛泽东在《中原我军占领南阳》中讲了两个历史典故,一是曹操与张绣在宛城发生争夺战,一是刘秀在此地起兵及他的 28 宿多出身此地。这是古代的历史背景。《我在莫斯科执勤》中讲述莫斯科人自发组织起来,夜里轮流执勤的背景,同时也是作者偶尔参与执勤的历史背景。

(2)地理背景

有的消息涉及国内外地名、地形、地貌等,读者不一定知道,有必要向读者交代清楚。如《中俄争夺朝鲜铁路外接方案,俄罗斯要兼得“鱼与熊掌”》一文首先介绍了朝鲜

---

① 张举玺.霍多尔科夫斯基庭审目击[N].21 世纪经济报道,2004-04-01.

半岛的特殊地理位置，让读者了解朝鲜铁路外接方案的重大意义。

> 朝鲜半岛地处中日之间，北与俄罗斯既陆地相连，又隔海相望，朝鲜半岛南端的海峡是俄罗斯太平洋舰队进出南太平洋和印度洋的重要海上通道之一，如果在经济上控制了朝鲜半岛，俄罗斯将取得对中、日两个亚洲大国的政治和经济战略优势。①

(3)人物背景

新闻报道的主体离不开人，报道时涉及的人物读者不熟悉，记者有必要对他的背景加以介绍，这就叫人物背景。《21 世纪环球报道》曾发表《康立中：异乡行路难》，报道了来自开封的康立中在莫斯科商海创业的故事。广大读者不熟悉康立中，这就有必要交代人物背景。文中开篇和结尾分别写道：

> 在莫斯科的华人圈里，一提起来自河南开封的康立中，就会有许多人竖起大拇指。他有一身好武功，他有一手好书法，他会写一手好文章。他曾在莫斯科商海里几起几伏。
>
> …………
>
> 康立中档案——姓名：康立中；年龄：48；现在所在地：莫斯科；职业：餐厅老板；大约年收入：不详；预计过年消费额：不详；羊年最大愿望：建莫斯科最好的中餐厅。②

有时，消息涉及的新闻人物曾经很有名，但由于时间久了，已被不少读者淡忘，这时也有必要交代背景材料。如过去一度很有名的劳模时传祥、张秉贵，由于去世多年，可能不少年轻人对他们就不太了解，写作消息时可以做些简单的介绍。

(4)事物背景

消息报道免不了要涉及事物，新事物每天层出不穷，读者未必了解，这就有必要介绍这些事物的相关背景材料，使读者了解其新闻意义与价值。2003 年俄罗斯人民友谊大学发生的特大火灾事故，导致 40 多名外国留学生死亡，张举玺在《外国留学生 蒙难莫斯科》一文中间用一段背景材料，使新闻报道的主题得到升华：

---

① 中俄争夺朝鲜铁路外接方案，俄罗斯要兼得“鱼与熊掌”[N].21 世纪环球报道，2002-09-16.

② 张举玺.异乡行路难[N].21 世纪环球报道，2003-01-30.

今年,友谊大学已经发生过三次火灾。第一次把1号宿舍B楼2层几个房间烧了个精光。第二次是把5号宿舍的一个房间烧着。这两次火灾都是由于扑救及时,避免了严重的后果。6号宿舍火灾是第三次,也是近10年来发生在莫斯科人员损失最重的一次火灾。①

如果不用这段背景材料,读者就不会有纵向的了解,就不会知道外国留学生在俄罗斯的处境堪忧到一个什么程度。再如,新华社报道美国“挑战号”航天飞机爆炸的消息《美“挑战号”航天飞机爆炸》,提供了很多事物背景材料,交代了过去研制航天器出事、死亡的情况:

在美国迄今为止的56次载人航天飞行中,航天器发生爆炸,这是第一次。美国宇航员在航天飞行中死亡,这是第二次。上一次是1967年1月27日,三名宇航员是在“阿波罗”航天器的密封舱里进行地面试验时被烧死的。

3.新闻背景的交代方式

如何交代背景材料?交代的方式是多种多样的,下面介绍常见的四种。

(1)对比与衬托

对一件事情的认识,不管是记者还是读者,都是从比较中获得的。怎样对比呢?有前后之比、左右之比、正反之比、纵向之比、横向之比等。如上面提及的《美“挑战号”航天飞机爆炸》一文中的背景材料运用的就是对比手法,一个是这一次“挑战号”爆炸造成的损失与伤亡,一个是1967年“阿波罗”进行地面试验时的伤亡情况,对比鲜明,有助于读者认识问题,也有助于说明问题和提升主题。

有时运用一些对比性材料,还会给新闻带来一些戏剧性的效果,提高读者阅读新闻的兴趣。如有一次世界乒乓球锦标赛在平壤举行,朝美两队狭路相逢,这本来是一场体育竞赛,但合众社记者有意插进一段历史背景,使报道这次比赛的消息更有趣了:

25年前,美国和北朝鲜②在现在的大同江畔巨大的平壤体育馆矗立的地方互相射击和投弹。星期四晚上,两国再次正面对抗,这次使用的武器是乒乓球拍,互相打给对方的是赛璐珞球,战场是第三十五届乒乓球赛场地。③

---

① 张举玺.外国留学生 蒙难莫斯科[N].莫斯科华人报,2003-11-28.

② 编者按:引文中的北朝鲜现指朝鲜。

③ 尹德刚,周胜.当代新闻写作[M].上海:复旦大学出版社,1997.

(2)说明与注释

一件新闻事实,有它产生的原因、条件、环境等,记者需要通过说明与注释性材料把事情的来龙去脉、因果关系给读者交代清楚。如《南海发现巨大宝藏"可燃冰"》一文中有这样一段文字:

> "可燃冰"外形似冰,能够燃烧,学名叫"天然气水合物"。与石油和天然气相比,可燃冰优点更为突出。1 立方米的可燃冰所释放的能量相当于 164 立方米的天然气。①

什么是"可燃冰"?它有什么用处?能量有多大?背景材料里说得一清二楚。

(3)交代与补充

有一篇报道天津"狗不理"包子的消息里写道:

> 狗不理的历史可谓久矣,它的创始人高中友开办此店是在 140 年前,由于手艺独到,袁世凯曾将他的包子进贡给慈禧太后并获得"龙颜大悦"。当初店铺的字号"德聚"也逐渐被掌柜的小名"狗不理"所代替了。

不少人在吃"狗不理"包子时,都奇怪它的名字为什么叫得这么古怪,经消息一交代补充,"狗不理"的历史和名称由来就广为人知了。

(4)分析与揭示

有一些消息所涉及的问题错综复杂,非一般读者所能通晓明了,这就需要一些分析揭示性背景材料来指点迷津、揭示真谛,这在评述性消息中运用较多。1997 年,东南亚国家出现金融动荡,当地货币纷纷贬值。中国怎么样?会不会步其后尘?这是许多读者关心的,但要分析其走势,难度相当大,不少报刊采取放一放的做法。《中国日报》记者先后采访了中国人民银行、外汇管理局,他们感到不好把握,没有接受采访。记者又找到一位资深专家,并查阅了大量资料,从外资、外债、宏观经济、储备、人民币汇率等方面对中国金融业作了全方位的分析、评价,写出了《中国拒绝金融风暴登陆》,获得中国新闻奖一等奖。不少外国媒介纷纷转载。

二、背景材料在新闻写作中的运用

在新闻写作过程中,选择、交代背景材料时要注意四个问题。

---

① 南海发现巨大宝藏"可燃冰"[N].中国商报,2000-08-15.

1.明确目的,抓住重点,精选材料

记者写消息交代背景时不要随意运用背景材料,以免文不对题,应当再三掂量背景材料,以是否有利于衬托新闻事实消息、是否能为表现主题服务为原则。注意要精选,明确目的,抓住重点。如一篇刊发在新疆某报上的消息,内容是一位港商给新疆维吾尔族孩子捐资助学,活动是“希望工程”发起的,钱是港商捐的。这条消息却介绍了“希望工程”的背景,而没有介绍这位港商的背景。不是“希望工程”不能介绍,关键是这条消息背景主要应该写什么?消息报道的基本点是港商捐资助学,这位港商是一位什么样的人物?和新疆有何情结?为什么要给新疆孩子捐款?这是新疆的读者想了解的。而“希望工程”作为贫困孩子的后盾,同样功不可没,值得在背景里介绍,但重点仍是港商,“希望工程”的背景材料可一笔带过。

2.注意背景材料的来源

记者仅靠临时性的资料不足以应付大千世界变化多端的事物,平时应多加积累。背景材料一是来源于正规教育及日常阅读的积累,记者要善于建立自己的“小资料室”;二是来源于各种字典、辞海、手册、类书、方志等工具书;三是来自各种档案材料。可作背景的材料五花八门,既可以是某人的口述,也可以是文献资料、统计数字、史籍典故、民谣歌曲等。据说20世纪70年代末,美国纽约出现青年志愿者组织“人民守护神”,其成员穿着印有“向雷锋学习”的圆领衫在地铁巡逻,以保护市民免受流氓伤害。美国报纸在报道这一现象时,引用了中国歌曲中的两句歌词“学习雷锋好榜样,忠于革命忠于党”。再如消息《二郎山“天堑变通途”》,运用了歌曲、民谣“二郎山高万丈”“车到二郎山,如过鬼门关”等。

3.动人春色不需多

并不是每条消息都必须使用背景材料,快讯及众所周知的人和事就可不用背景材料,以免画蛇添足。如开展学雷锋活动,雷锋这个人物就没必要再作介绍。否则,消息主体就会变得比较臃肿。

4.文字要精练传神

背景材料说得再重要,但仍然只是消息的从属部分,是为主体服务的。要确定这个大局,文字要简练,干净利索,不要啰唆一大堆,喧宾夺主,反而冲淡了消息主体。如1964年10月16日,我国爆炸了第一颗原子弹,路透社记者发了一条消息,背景只有一句话:

这项宣布中国已成为爆炸了自己的原子弹的第五个国家的声明，是在莫斯科宣布赫鲁晓夫辞职后24小时之内发表的。

一句背景材料，使这次原子弹爆炸意义不同寻常。精练之外，还要传神，不能短而无味。如《文汇报》1981年发表过一篇消息，报道了500多位日本游客在除夕夜专程赶到苏州，聆听寒山寺的新年钟声。背景材料是这样写的：

日本民间相传，除夕之夜敲钟108下，就能解除人世烦恼，迎来锦绣前程，由于唐代诗人张继的诗《枫桥夜泊》在日本广为流传，"姑苏城外寒山寺，夜半钟声到客船"的诗句蜚声扶桑，许多日本人梦寐以求在除夕夜聆听寒山寺钟声……

百十个字，一段民间传说，两句优美的唐诗，真是传神之句，情韵、意蕴尽透纸背，给消息增添了不少色彩，消息因此而"活"起来。

5.运用方式

前面已经讲到，背景材料最好不要一次性集中在一起，最好像"天女散花"，巧妙穿插。当然，一次性集中写法也是一种办法，不能绝对排斥。因此可以这样说，背景是为说明、补充、烘托新闻事实而服务的，一切根据事实需要而定，哪里需要背景，背景就到哪里去，并无固定位置。具体写作中，有以下几种运用背景材料的方式：

（1）插入标题。背景可以通过引题、主题、副题引出来。标题要求准确、生动、精练、传神，一般情况下，不要强行插入标题，但如果安排合适，那就是一条非常精彩的标题。如《金陵晚报》1997年的一条消息标题为《（引题）踢平沙特阿拉伯 无缘法国世界杯（主题）中国足球队彻底没戏》。再如《俄罗斯——前进中的困扰》①中，作者用了六个插入标题向读者展示俄罗斯是在什么环境中前进的。这六个插入标题分别是：困扰之一、国际石油市场对俄罗斯经济发展的影响；困扰之二、企业无法从银行获得贷款；困扰之三、企业受能源的束缚；困扰之四、薄弱的民族工业体系难受外国商潮冲击；困扰之五、"影子经济"影响国家税收；困扰之六、公用住房成为政府的沉重负担。

（2）插入导语。在导语中突出背景，是揭示新闻价值最有效的办法。但导语提倡文字简练，开门见山，如果不好插入导语就不要硬性插入，以免导语过于冗长。如"俄罗斯总统普京今天抵达伦敦，对英国进行一百年来的第一次正式访问"。该导语使用

---

① 张举玺.俄罗斯——前进中的困扰[N].莫斯科华人报，2002-04-16.

一个诠释性背景材料,有效地唤起读者的关注。再如张举玺的《透析莫斯科红灯区》,一开始作者就先交代了透析红灯区的背景,以彰显其意义。

> 三十年代的苏联,女人不允许堕胎,违者将被流放到西伯利亚,接受繁重的劳动。那时候的社会道德观念,把妓女看作洪水猛兽般的怪物和瘟疫。
>
> 半个多世纪过去了。开放,从西方"拿来"一切的俄罗斯"引进"了西方的"性解放"。欲望和性充斥着莫斯科的大街小巷,"红灯区"很亮,"红灯区"很火,比比皆是。"红灯区"和"性开放"像瘟疫一样,吞噬着俄罗斯人民的传统道德观念,大肆传播着各种性病和艾滋病。[①]

(3)导语之后接背景段,这是一种常见的写法,也是我们痛斥过的"多余的第二段"。并不是第二段不能写背景,关键是不要成为一种套路。当然,这种方法也不能彻底被否定,尤其在导语中出现了事关主题的人、事、词急需被解释的情况,拖得太长反而会影响读者对新闻的认识,也影响主体的展开。因此,这种导语之后要立即插入背景。如《钱学森获小罗克维尔奖章》《黄河出现"河清"景观》《南海发现巨大宝藏"可燃冰"》等,看到导语后,读者会问:小罗克维尔奖章是什么奖章?千古以来浊浪滚滚的黄河为什么会变清?"可燃冰"是什么东西?这就需要记者立即在导语之后回答。还有一点,有的消息导语提示了新闻事实的结果或要点后,读者马上会想到何以出现这种情况?起因是什么?读者要求溯源,如不交代背景,行文将很难继续下去。

(4)分散插入主体之中。常见写法有二:一是在主体中分散穿插独立的背景段。如消息有五段,第二段和第五段是背景段。二是将背景材料与主干新闻事实融为一体。

外国记者很喜欢采取这种"天女散花"的方式,好处是自然、没有人为的痕迹。如美联社消息《里根的儿子是1 130万失业者之一》,全文如下:

> **美联社10月14日电** 就在罗纳德·里根总统对全国说"美国正在走向经济复苏"之前几小时,他的儿子普雷斯科特·里根却在这里同失业者一道领救济金。
>
> 白宫副新闻秘书斯比克斯13日承认,这位33岁的芭蕾舞演员自从被费雷芭蕾舞团解雇后,近几周中领过两三次失业救济金。

---

① 张举玺.透析莫斯科红灯区[N].世纪日报,2000-10-10.

这个芭蕾舞团已解散一个月，小里根和妻子多丽亚住在曼哈顿的格林威(尼)治村。

斯比克斯解释了总统的儿子为什么拒绝他父亲提出的在他失业期间给予帮助的表示，他说："里根夫妇表示愿意帮助他们渡过难关，但尊重他们要独立生活的权利。"

小里根加入了美国1 130万领取救济金的美国人的队伍。这个国家的失业率上周达到10.1%，这是自30年代大萧条以来的最高数字。[①]

第二节 新闻细节

一、细节描写的重要性

从消息写作的现状来看，平铺直叙、千篇一律、单调乏味的消息依然统治着一些报纸的版面。许多人以消息篇幅短、时效快等为由，将新闻细节拒之千里。实际上，国内外不少消息佳作，都因为有具体、形象、生动、传神的细节描写而光彩照人，令读者读起来兴味盎然。早在1945年9月3日，美国记者写了一篇消息《日本签字投降》，虽然近70年过去了，但他描写日本外相重光葵在无条件投降书上签字的细节依然栩栩如生，让我们看到了重光葵的丑态：

重光葵步履蹒跚，拖着木质假腿走到铺着粗呢台布的桌子旁，桌子上放着投降文件，等着他签字。

他把全身重量都压在手杖上，好不容易才坐下来。他把手杖靠在桌子旁，然而，在他签字的时候，这根手杖倒在了甲板上。

道格拉斯·麦克阿瑟将军致词(辞)后，做了一个手势要重光葵签字。他们两人没有说一句话。

日本代表团由11人组成。他们衣着整洁，表情悲哀。重光葵身穿早礼服大衣和带条纹的裤子，头戴丝质高帽，双手戴着黄色手套。在"密苏里"号军舰上，参

---

① 尹德刚，周胜．当代新闻写作[M]．上海：复旦大学出版社，1997．

加整个仪式的任何一方都没有同日本人打招呼,唯一的例外是日本外相助手,有人同他打招呼,是因为要告诉在哪里放着日本请求无条件投降的文件。

当重光葵爬到右舷梯顶端,登上"密苏里"号甲板时,脱掉了他的高帽子。①

在对重光葵整个签字过程的描写中,没有什么"狼狈不堪""跳梁小丑"之类的形容词。但作者观察细腻,通过重光葵的木质假腿和手杖描写了一系列细节,入木三分地刻画出重光葵的虚弱狼狈相,如他"步履蹒跚","把全身重量都压在手杖上,好不容易才坐下来"。在他签字时,靠在桌子旁的手杖倒了。再如战胜国将军麦克阿瑟,此时必定春风得意、颐指气使,记者只通过麦克阿瑟一个手势的细节,就将这位将军春风得意的倔傲神态表现得惟妙惟肖。另如签字现场的气氛,记者并没有用什么"庄严""肃穆"等词,而是抓了一个细节,"任何一方都没有同日本人打招呼",将现场气氛一下子就烘托出来,沉闷中还透露出一丝杀气,也反映了各国代表对日本军国主义者的痛恨。包括重光葵脱掉高帽子的细节,也是对现场气氛的一种渲染。

由此可以看出,细节的描写是多么重要,它可以让一篇消息"动"起来、"活"起来。如果这篇消息通篇都用叙述的语言说话,大而化之地写一下场景,肯定不会有如此抓住人心的效果。细节的力量永远不能忽视,要把读者带到现场去,使读者能听到、看到、感觉到甚至"闻"到当时所发生的一切。有时,一个细节的力量胜过千言万语。新闻写作最基本的要求是用事实说话,用事实说话主要体现在用典型材料、用现场材料、用背景材料、用数字、用直接当事人说话,也体现在用细节说话。

现在,我们所写的不少消息往往是以叙述为主,大而统之,千篇一律,没有细节,没有个性,没有色彩,好像一片灰蒙蒙的天地,什么也看不到。不少消息很难见到细致具体的笔墨,即使有必要作描述和交代,也往往是一笔带过,连最简单的、粗线条的描写都没有。这样的消息写起来很省力,但却抓不住读者的眼球;如果能具体生动地写上一两个细节,所描写的事物就立体化了,活动起来了,读者也觉得如闻如见,兴味盎然。有人说这是"闲笔",其实,细节描写并不是闲来之笔,而是传神的"极笔"。

二、细节的类型

常见的细节描写可分为五种类型。

---

① 黎信,曹文秀.西方新闻作品选读[M].北京:中国广播电视出版社,1984.

1.动作细节

新闻消息以人为主角，当出现人物时，不要过多铺垫细节，只要准确地抓取关键时刻人物所表现出来的一两个有意义的动作即可。这动作必须能“传神”，可以展示一个人物刹那间的心理状态，更好地为突出主题服务。关于俄罗斯人民友谊大学火灾的报道《外国留学生 蒙难莫斯科》中，有一段对一名消防警察的描写：

借着火光，看见两行泪珠从他脸上淌了下来。

当记者询问楼上是否还会有幸存的学生时，他遗憾地垂下脑袋，一屁股坐到雪地上，什么也不肯再说啦……①

一连串几个动作都是细节，这些具有代表性的细节渲染了现场救援警察特有的神情，传达了新闻事实中只可意会的内涵。

2.穿着细节

新闻人物是读者在消息里关注的焦点。这个人物的衣着打扮如何，关系到这个人的风度、修养、品德，在什么场合穿什么衣服也有一定的含义。当然，消息里此类细节要用简略的笔墨勾勒而出，不必大段描写。如关于中美建交的报道，合众国际社记者在一篇消息里有这样一个细节：

六十八岁的蒋经国从床上被叫起来，穿着绿色灯芯绒上衣和便裤会见了他的仍穿着晚礼服的客人。

记者用简洁的笔触勾勒了蒋经国会见美驻台大使时的时间和穿着，匆忙、焦急、震动等意尽含其中。堂堂总统，此时便衣便装，其意不言自明。在这里，作者没有直接用“引起震动”“巨大打击”“惊惶失措”之类的形容词，但效果十分好。

还有《外国留学生 蒙难莫斯科》中对火里逃生的李社鹏的描写，作者用了一个细节：

他只穿了一件分不清颜色的运动衣外套。②

①② 张举玺.外国留学生 蒙难莫斯科[N].莫斯科华人报，2003-11-28.

短短一句话,把当时火灾中被围困的留学生的紧张状况展现在了读者面前。

3.言谈细节

新闻消息里人物对话言谈的细节可增强消息的活力。

一问一答,诙谐幽默,消息的主题思想尽在其中。

如获第二十六届"中国新闻奖"一等奖的通讯作品《马氏"兄弟"跨越二十年的诚信》一文中的一段言谈细节:

> "哥,你还记得我吗?我是保东,欠你5万多元的保东啊……你让我找得好苦啊!"电话里的马保东激动得语无伦次。"哥,我终于能还你钱了。我要还本钱!还利息!还要加感情!我要还你100万!"马保东一口气说了好几个"还"。
>
> 电话那头的马奋勇也十分激动,连说:"使不得,兄弟,使不得。说真的,失而复得的朋友比失而复得的金钱更珍贵。"①

失联多年而又重新取得联系的两个人,在电话里的一问一答,激动人心,让消息的主题思想——寻人、还账、诚信尽在其中。

4.景物细节

通过描写现场景物,与报道主题联系起来,这样的细节就不是一般的细节,而是大有文章可作的细节。如获第十二届"中国新闻奖"一等奖的《武汉百里长堤巍然锁大江》的第五自然段,有这样一段景物描写:

> 汉口滨江公园里雄伟的武汉防汛纪念碑巍然矗立。暴雨将碑上镌刻的毛泽东同志题词冲刷得更加锃亮:庆贺武汉人民战胜了一九五四年洪水,还要准备战胜今后可能发生的同样严重的洪水。②

乍一看,这一段景物细节与现在抗洪没有什么关系,但仔细想一想,武汉人民战胜了历史上的特大洪水,还有什么不能战胜的呢?二者之间有一种必然联系。

5.场面细节

记者深入现场,细心观察、捕捉现场有说服力的细节,可以烘托事物的规模与气

① 马氏"兄弟"跨越二十年的诚信[N].河南日报,2015-02-15.

② 刘保全,彭朝丞.消息范文评析[M].北京:新华出版社,2001.

氛,使人如临其境,如闻其声,如见其景。《北京日报》1998 年 7 月 13 日刊登了一篇新闻,写法国人庆祝自己的足球队夺冠,文中有几段场面上的细节描写:

> 在法国队以 3 比 0 战胜巴西队,首次夺得世界杯冠军后,整个法国顿时陷入一片狂热的气氛中,四十多万名球迷将巴黎著名的香榭丽舍大街挤得水泄不通。
>
> 当来自摩洛哥的主裁判吹响终场哨声后,圣母尼斯法兰西体育场内法国球迷兴奋地吹响一切能发出声响的东西。随后这股庆贺的浪潮迅速扩展到巴黎整个市区……鞭炮声、青年大喊大叫声……一家电视台主持人脸上也涂上了三色旗颜色,工作人员叫"阿勒,阿勒"……大街上,球迷大多脸上画着红白蓝三种颜色,手中挥舞着法国国旗,不少人手拉手边走边跳起舞。

放鞭炮声、大喊大叫声,主持人脸上涂三色旗,工作人员在电视上大叫"阿勒",人们挥舞着国旗,边走边跳……这些细节将法国人庆祝夺冠的盛大场面烘托出来,使读者看到法国人兴奋的状态。用事实说话,而不是用"欣喜若狂"之类的形容词说话,由此可见,法国足球队夺冠是如何牵动着法国人的民族感情的。

上面所说的只是一些常见细节,还有肖像细节、对比细节、悬念细节,这里就不赘述了。值得注意的是,消息中的细节必须真实准确,来不得半点"客里空",绝对不能无中生有,添油加醋,臆造细节,"合理想象"。

三、细节描写的基本要求

1.选择最富有特色的细节

消息与通讯不同,由于篇幅、时效的限制,它要求用尽可能简洁的笔墨把事物最主要的方面告诉读者。比起通讯特写的细节描写,它愈加需要珍惜笔墨。但是这并不排斥消息中必要的细致具体的描写,关键是二者对于"细"的要求是不同的。通讯可以具体细致地反映一件事发生、发展的过程,而在消息中则要求对事物有意义、有特色、读者关心的某些点和细节部分作具体交代。这就要求记者在采访过程中全神贯注地注视事物的进程,捕捉人物每个微小的动作和心理变化,善于抓住有特色的细节。1945 年 8 月,日本投降,延安军民聚会庆祝,《解放日报》对此进行了报道。记者在表现"万众欢腾"的场面时,有这样一个细节令人难忘:

一个卖瓜果的小贩欢喜得跳起来,把筐子里的桃梨,一枚一枚地向空中抛掷,高呼:"不要钱的胜利果,请大家自由吃呀!"[①]

这一富有特色的细节,胜过多少"欣喜若狂""心花怒放""喜极而泣"的形容词堆砌。再如《湖北公安县中医院长与县委书记共餐前服毒身亡》:

心肺按压、注射肾上腺素、启用呼吸机……3分钟、10分钟、50分钟、一个小时、二个小时……尽管所有的人都期盼奇迹发生,但高辉权全身冰凉,无丝毫反应。[②]

这样的细节展示,比单独强调医生是如何对高辉权进行紧张抢救更具有现场感,更能打动读者,仿佛把读者拉到了抢救现场,让读者的心紧随抢救的节奏跳动。

2.选择最有利于突出主题的细节

写消息时我们都要确定一个主题,全文的一切都要围绕主题进行。细节也是如此,应为突出主题服务,要选取最能凝聚新闻信息量的事实,以强化主题思想。如《俄罗斯电视剧重树警察形象》中的几段:

在佐尔格大街10号楼前,漆黑的院子里隐隐约约停放着一辆老型"扎波罗热"轿车。有个人正在拿着手电对它进行"修理"。警察斯杰潘从一个车库后闪出,快步来到这辆车前。他就是卖主"瓦利捷拉"正在等的人。

"东西带来了吗?""哪还能不带来。诺,接着!""不对吧,这不是一把瓦斯枪吗?"黑暗中传来一阵低声细语的交谈声。一场好戏就在双方小心翼翼中开始上演。

"什么?瓦斯枪?您没弄错吧,这可是一把货真价实的军用手枪。"说话者原来还是个孩子。由于激动和紧张,声音有些发颤。"你从哪儿弄来的?"斯杰潘继续问道。"从我父亲那儿拿的。"卖主一把接过斯杰潘递过去的钱,一边借着微弱的灯光点钱,一边说道。接着就像所有的侦探电影一样,斯杰潘给卖主戴上了手铐。当这位15岁的男孩还没明白过来出啥事时,已被斯杰潘推着走向停在不远处的警车。[③]

---

① 程天敏,杨兰瑛.中外新闻选[M].广州:暨南大学出版社,1992.

② 湖北公安县中医院长与县委书记共餐前服毒身亡[N].长江商报,2008-04-17.

③ 张举玺.俄罗斯电视剧重树警察形象[N].路迅参考,2001-12-21.

这篇消息的主题是什么？是塑造俄罗斯警察的英勇形象，不断发现他们的高尚品质，大力弘扬社会正气。文章通过一些典型的动作和语言等细节把一个优秀的侦探写活了，有力地突出了主题。

3.选择富有人情味的细节

新闻消息主体是人，要想打动读者，就要选择富有人情味的情节。如《在俄罗斯的中国留学生面面观》，其中的细节就透露出不少人情味：

有件事给柳颖留下很深的印象。在过三八妇女节的前夕，为了答谢一位女教师在她身上下的功夫，她特意上街给老师买了一盒巧克力，趁着教研室没有别人时进屋放到她的跟前。老师一脸严肃瞪着她问：你这是干什么？当她用流利的俄语告诉她，为了感谢她对她的关心和帮助时，老师竟然冷淡地说：不用谢！这是我应尽的责任和义务。要是真想感谢我，你就好好学习，等通过考试后再来谢我。我之所以要帮助你，是因为你学得太差，我可怜你……

当她亲耳听到这些话，当时就傻了，不明白老师为什么这么说。过了好久，她才弄明白有的中国学生学习成绩不好，就按国内的习惯给老师送礼，老师很高兴地收下了。等到期末考试时，学生就要求老师给加分，使老师很尴尬。……①

读了这些精彩、富有人情味的细节，你会感受到俄罗斯拒绝接受礼品的老师将会给那位中国留学生留下怎样的印象。正是因为有了这些富有人情味的细节，该新闻报道才变得生动起来。

综上所述，消息中的细节，并非由随手拈来的那些鸡毛蒜皮的材料堆砌而来，而是选取那些既能说明问题又有典型意义的“镜头”或“掌故”，不论是现场的一情一景、一草一木，还是人物活动的一颦一笑、一举一动，都应与消息主题有密切关系，否则，就应毫不手软地删去，宁可不用，也不能画蛇添足。消息写作的原则是宜惜墨，不宜泼墨。采访时要“贪婪”，写作时应“吝啬”。

第三节　新闻语言

根据新闻学的原理：通过新闻媒介，向受众报道新近发生的事实，传播具有新闻价

① 石流.在俄罗斯的中国留学生面面观[N].莫斯科华人报，2004-04-13.

值的信息时所使用的文字语言就叫作新闻语言。

根据大众传播学的原理:新闻传播是媒介与广泛、分散、隐匿的受众为传递最新的、真实的信息而进行的"对话"。这种"对话",按照传播学的术语即编码、解码的互动,必须遵从合作的原则,使受众在解码时尽可能多地还原出传者的意图来。新闻语言就是这种文字符号的编码方式。

"清水出芙蓉,天然去雕饰。"新闻语言提倡"白描",提倡质朴平实、通俗易懂、生动形象、准确鲜明。具体地说,有三方面要求。

一、不尚修饰,通俗质朴

时下,最关键的是和"新闻腔"展开一场殊死战斗。何谓"新闻腔"? 其实就是"官腔"在新闻报道中的反映。这种语言读者不爱看,但不少记者好像驾轻就熟。"新闻腔"不除,媒介无法生存,这是关系到媒介生死存亡的大问题。怎么去除"新闻腔",其实很简单,用鲁迅的话说,就是"有真意,去粉饰,少做作,勿卖弄"。即用老百姓喜闻乐见的话写稿子,用大白话写稿子。报纸是给老百姓看的,满纸官腔,老百姓怎么看得懂? 这就要求我们用最接近老百姓的口语去写,要"老少咸宜"。

如南方周末的一篇新闻《每道菜,都是一味人生——癌症病友厨房》一文中开头是这么写的:

刀剁在菜板,勺碰着锅沿,一把小红辣椒碎末跃进大铁锅的热油中,刺啦,像当红的花旦咿呀开了嗓……清晨 6 点,万佐成炸完一千根油条,煤炉里的 12 个蜂窝煤仍通红发亮,排队等着炒菜的病人和家属就开始动手了。①

再如,《俄罗斯:迟到的觉醒——浅析"除了我们自己,谁也救不了俄罗斯"等标语》一文中对"休克疗法"后果的介绍,就是运用通俗质朴的文笔,将抽象的东西写得直观明了。

偏听偏信西方国家的俄罗斯政府改革激进派,以盖达尔为首在俄罗斯采用"休克疗法",满以为会很快就能根治苏联几十年遗留下来的社会百病,使俄罗斯经济一下子完成转轨机制。可没想到,实行仅几年就把苏联 70 年间建成的完整工

① 每道菜,都是一味人生——癌症病友厨房[N].南方周末,2017-08-31.

业体系给葬送得一干二净，使俄罗斯的经济蒙受的损失比进行半个世纪的军备竞赛还要严重。①

深奥的道理用如此浅显的语言表述出来，通俗易懂。老舍说："世界上最好的文字，就是最亲切的文字，所谓亲切，就是普通的话，大家这么说，我也这么说，不是用一大车大家不了解的词汇字汇。"用群众语言写消息，这是新闻工作者努力的方向，但要注意，口语不是地方方言，还是要用普通话的口语。

二、具体形象，小处着手

20 多年前出版的《外国新闻选评》中有一篇外国记者写的消息《北京夜市》，虽然已过去了 20 多年，但外国记者描写北京刚刚诞生的夜市的笔触是那么具体细腻，所描写的事情都是从小处着眼的，给人的感觉是真实的、客观的。请看其中的几段语言：

夜市里有些东西可以讨价还价，一个 14 磅重的新疆哈密瓜只卖两元钱，小片的哈密瓜只要两角钱，可以就地吃。一个妇女出售内蒙古制造的小型收音机，生意很兴隆。每一台带有耳机的收音机只要三元九角钱。……一个老头儿身边放着一个磅秤和一个广告牌，提醒顾客，天气渐凉，体重将会增加。广告牌上写着："量量你的体重增加了多少？""母亲们，看看你的小宝贝长胖了吗？""量一次体重一分钱。量身高再交一分钱。"中国做的男裤，口袋多，腿肥，售价六元四角四分钱。但赶时髦的北京青年人宁愿花 20 元买一条由广州来的地道的香港西式男裤。②

这些看起来琐碎、具体的"小镜头"，构成了北京夜市的真实场面，让人读来感觉如临其境。而国内一些媒体报道此类题材的消息，不外乎用"商品琳琅满目，令人目不暇接"等语句，让人读后没有深刻的印象。由此可见，多用具体的语言去写作，多从小处着眼，消息语言就会变得生动起来。因此，真实的东西都是具体的，具体的东西往往才是生动的。在消息写作语言中，越从小处着手效果越好，美联社就对语言的具体化有一定的要求。《美联社日志》上有一段示例：

---

① 张举玺.俄罗斯：迟到的觉醒——浅析"除了我们自己，谁也救不了俄罗斯"等标语[N].路迅参考，1999-01-30.

② 宁夏大学图书馆.外国新闻选评[M].银川：宁夏大学出版社，1984.

不要去说乔治·华莱士"神经紧张",要像某一篇稿子那样描写:"在一次10分钟的飞行中间,他嚼了21根口香糖,他洗了一副牌,数了数,又洗了一遍。他看了看头上和脚下的云彩,紧紧安全带,又把它松开了。"

由文中可见要求的具体,它要求通过具体的小动作来表达乔治·华莱士紧张,而不是用"神经紧张"四字一笔带过。笔者在这里想起有一篇中国好新闻奖《直升机代替了马拉爬犁》导语的最后一句话:"战士们看到祖国的飞机第一次在边防降落,无不欢欣若狂。"太抽象了,既不具体,又不是从小处着手,假如写出战士们高兴得把帽子抛上了天,或追着直升机狂跑,或在雪地上打滚等,那就会把现场气氛活脱脱地呈现在读者面前。

对场面的氛围、景物、人物的心理活动和外貌衣着打扮的描写可以从小处着手,让消息语言更具体一些,反对大话、空话,这需要我们从所写的每一条消息做起。如美联社一篇关于寒流袭击美国东北部的消息是这样描写"冷"的:

人们鼻涕哩啦。汽车不能发动。狗狂叫着不出门。在纽约州的一个地方,天冷得简直连冰都冻不成。

这篇报道没有一个关于寒冷的词语,而是把寒冷由大化小,分解为一个个具体可感的概念,让具体事实说话。

三、富有动态,多用动词

文艺作品多用点形容词没关系,而在新闻写作中主要依赖"动词"来增添消息的动感。准确地说,消息写作,当为"动感地带"。动词是语言中最有力的词语,主要用于陈述人物和事物的动作、行为、变化等。精心使用动词,是消息故事化的必由之路,也是写活新闻的一个出路。有动感的消息能给人以现场感和视觉感。

西方新闻写作非常讲究动词的运用,不少教材中对此有明确的规定。如《美联社语法和用词的十条规定》中的第六条就明确规定:"牢记一个句子至少有一个实体动词,这个词语应该是句子里最重要的词。"近年来,电视新闻对文字新闻形成了强有力的挑战,面对这种严峻的形势,报纸新闻改革很重要的一点就是多用动词,使消息更加形象、生动,具有立体感、镜头感、现场感。毛泽东同志写的消息《我30万大军胜利南渡长江》,就是运用动词的典范,语言极富跳跃感。全文如下:

新华社长江前线一九四九年四月二十二日二时电 英勇的人民解放军二十一日已有大约三十万人渡过长江。渡江战争于二十日午夜开始，地点在芜湖、安庆之间。国民党反动派经营了三个半月的长江防线，遇到人民解放军好似摧枯拉朽，军无斗志，纷纷溃退。长江风平浪静，我军万船齐发，直取对岸，不到二十四小时，三十万人民解放军即已突破防阵，占领南岸广大地区，现正向繁昌、铜陵、青阳、荻港、鲁港诸城进击中。人民解放军正以自己的英雄式的战斗，坚决执行毛主席朱总司令的命令。①

文中，一是使用了"齐发""直取""突破""占领""进击"等一系列动词，写出了动感，勾勒出"百万雄师过大江"的壮丽场面，为结尾的"英雄式的战斗"提供了有力的支撑，也使人受到巨大的鼓舞；二是运用了现在进行式，如"渡过大江""现正……进击中""正以自己的英雄式的战斗"等句式，增加了消息的动感。

再如《我在莫斯科执勤》中的一段：

他腰上束着一条警带，别着一把手枪。左手拿着一个手电筒、右手拄着一条警棍。俨然一位荷枪实弹的警察。趁他不注意，我一下摘过手枪，掂在手里还挺沉。我极快地取下弹夹，里面竟填满了黄灿灿的子弹。米哈伊尔看见我在玩他的手枪，很生气。立刻从我手中夺了过去，装上弹夹，扣上了保险。这时才顾上问我："你不睡觉下楼来干什么？今天真丢面子。才几杯酒下肚，你就醉成那样。至于吗？平时在公司里，你看你的酒量，似乎不把我们俄国人放在眼里。"……他自顾自地唠叨着，伸手到窗台上拿过酒瓶，抿上一口。②

在短短的200余字中，多处用到动词，如"束""别""拿""拄""夺""摘""掂""取""装""扣"等一系列动词，把米哈伊尔执勤时的认真、警觉神态写活了。

第四节　新闻标题的写作

大多数人都会认为，标题是文章的眼睛，而实际情况还要更复杂、深入一些。标题不但以它的简洁、艺术凝聚着整个报道的信息，而且它也是应对多元化时代传播难题

---

① 毛泽东.毛泽东新闻工作文选[M].北京：新华出版社，1983.

② 张举玺.我在莫斯科执勤[N].莫斯科华人报，1999-09-22.

的重要法宝之一。1990年出版的波因特媒介研究所和盖洛普“追踪眼”研究所的一项联合调查发现,参与调查的读者们读过56%的标题,相比之下,他们只读过25%的新闻报道正文。

过去的观念认为,制作标题是编辑的任务而与记者无关,或者说记者和编辑会从各自角度考虑标题。例如,版面布局与吸引阅读是编辑的思维重点,而记者的考虑则侧重于展示报道并打动编辑。到了今天,新闻记者也应该具有相当的复合意识,他可以借助既考虑展示精华又吸引编辑的艺术手段来摹写标题,以缩短他的稿件的发表时间。

拟定新闻标题是记者、编辑工作平台上必须展开的工作。

一、新闻标题的作用

新闻标题的作用主要体现在以下几方面:

1.增加报纸的竞争力

报纸报道的新闻事实再生动,如果标题不吸引读者的注意,那么它所刊载的信息就失去了存在的价值,这张报纸也往往会失去竞争力。

2.吸引读者,评价新闻事实

新闻标题字号大,版面编辑一般都给标题加上装饰图案,加之现在标题多用黑体,庄重醒目,让读者一目了然。同时,标题还对所报道的事实有评价作用。比如:

> (主题)俄罗斯——迟到的觉醒;
> (副题)浅析“除了我们自己,谁也救不了俄罗斯”等标语[①]

再比如:

> 俄中金融接轨具有战略价值[②]

3.帮助读者尽快选择信息

人们总是根据自己的需要有选择地接收信息。哪些看,哪些不看;哪些先看,哪些

① 路迅参考,1999-01-30.
② 莫斯科华人报,2001-10-05.

后看;哪些粗看,哪些细看,各人不同。标题,由于它是新闻事实的浓缩,所以能够满足读者选择的需要。

4.满足读者了解基本新闻事实的需要

有的读者由于时间很紧迫,不可能把一张报纸从头看到尾,浏览标题则可以使他们尽快了解一天中的大事,了解一张报纸的主要信息。一些完全式标题所陈述的往往是消息的核心,看一眼这样的标题,也就了解了消息的基本内容。

5.突出重点,美化版面,便于阅读

标题是新闻的“眼睛”,一则新闻的“眼睛”加上栏题、通栏题,构成了报纸版面的“眼睛”。倘若没有这些“眼睛”,整版文字黑压压一片,则令人感觉沉重,分不清眉目。各种标题大小相应,疏密相间,错落有致,再加上文字符号变化,线条、图像以及色彩等手段的运用,使版面主次分明,富于变化,呈现动态,既能给读者以美的感受,又能方便阅读。

一般情况下,报纸的正文都是用五号或小五号宋体排印,显得洁净、庄重,阅读时的视觉感也比较舒服,不易疲劳。但是,如果标题也这样,就太死板了。消息标题的排印,字体字号和版式都十分丰富多彩。仅从字体上说,目前常用的就是标宋、黑体、楷体、魏碑、准圆、舒体、隶书、隶变、行楷、琥珀、水柱、综艺等,再加上字号大小的变化,版面显得十分活泼美观。

一个版面上如果有几个精彩的标题,马上就能吸引读者的注意力,使他迫不及待地开始阅读。

二、新闻标题的分类

标题由肩题、主题、副题等构成。肩题的位置在主题之上,又称“引题”“眉题”,它用来介绍背景,渲染气氛,揭示意义,引出主题。主题是新闻标题的本体,用来概括新闻中的主要事实,揭示其意义;它提携新闻全文,又浓缩文意,要求明确、简练、突出。副题居于主题之下,又叫“辅题”,它紧随主题,常常对主题所概括的事实做一些补充性的说明,或交代主题的来源,或补充新闻要素,或点明新闻的意义以加强表达效果。

新闻标题一般分为四类:

1.完全式标题

这类标题既有主标题,也有肩题(也叫引题)和副题。完全式标题多用于报道重大事件、重要因素较多的消息。例如:

(肩题) 坚决惩治腐败 带头廉洁奉公

振奋党心民心 保证改革开放

(主题) 中共中央国务院决定近期做七件群众关心的事

(副题) 中共中央政治局全体会议通过要做的七件事是:……

在一些重大题材的报道中,有时在副题之外还加提要题,提示消息的主要内容,放在副题之后,也以串文方式安排,既可运用于单篇消息报道,也可运用于组合性报道。

例如,2017 年 7 月 2 日《人民日报》头版刊登的庆祝香港回归祖国 20 周年大会暨香港特别行政区第五任行政长官就职的新闻,其标题是:

(主题)庆祝香港回归祖国 20 周年大会暨香港特别行政区第五届政府就职典礼隆重举行

(副题)习近平出席并发表重要讲话 香港特别行政区第五任行政长官林郑月娥及特别行政区政府主要官员等宣誓就职

(提要题)习近平强调,"一国两制"是中国的一个伟大创举,是中国为国际社会解决类似问题提供的一个新思路新方案,是中华民族为世界和平与发展做出的新贡献,凝结了海纳百川、有容乃大的中国智慧。……

2.主肩式标题

由主题和肩题构成。例如:

(肩题)俄罗斯最大的天然气加工项目正式开工,将成为中俄东线天然气管道项目的源头

(主题)中俄能源合作驶入快车道[①]

肩题,有两种情况,一种比较实,或者是对主要新闻事实的概括,或者交代新闻事件的条件或新闻事件中的主要人物等。例如:

(肩题)深港通正式开通意味着沪深港三地证券市场成功联通

(主题)我国资本市场开放迈上新台阶[②]

---

① 人民日报,2017-08-04.

② 经济日报,2016-12-06.

另一种比较虚，是从主要新闻事件中引申出来的思想、观念等。例如：

(肩)庄严的承诺 历史的跨越

(主)党的十八大以来以习近平同志为核心的党中央引领脱贫攻坚纪实

3.主副式标题

由主标题和副标题构成。例如：

(主)把“金砖大道”铺得更远

(副)国际社会热议习近平主席在新兴市场国家与发展中国家对话会上的讲话①

4.主标式标题

只有一个主标题，这是短讯、国际消息采用得最多的标题形式。

例如：

中俄军事交流渐入新境②

一般说来，主标题较短、实在，标明的是消息最主要的内容。

三、新闻标题的写作要求

1.准确

这是写作新闻标题最基本的要求，即要准确概括新闻的内涵，或传达信息，或揭示核心事实。一要题文一致，不要题文脱节；二要掌握分寸，不能“以词害义”；三要水到渠成，不能牵强附会。要注意辨析词义，切忌生造谁也不懂的词，也不能乱用简化词。

如：把开封刀具厂简化成“开刀”，把上海吊车厂简化成“上吊”，把开封搪瓷厂简化成“开搪”等。再如：《不恋“天南海北” 主动申请到“新西兰”》，看了标题，让人腾云驾雾，不知所然。其实，这里的“天南海北”，是指天津、南京、上海、北京。“新西兰”是指

① 俄罗斯龙报，2003-11-11.

② 南方周末，2005-09-15.

新疆、西藏、兰州。但这样组合到标题中显然是不合适的。

2.简洁

标题是点睛之笔,用墨不需多,但要精练,以最少的言语传达尽可能多的信息。标题是新闻的眉目,更应该做到简洁。作者要以精简的语言勾勒出新闻的精华,使人一目了然。如:《我在莫斯科执勤》①、《普京访华"联络感情"》②。

3.生动

标题要力求生动。生动性表现为形象性,要善于运用各种修辞方法、表现手法。有道是:螺蛳壳做道场,尺水之上可兴波。应在新闻标题中显示文意的曲折和回环,让读者一见钟情,拍案叫绝。要善于巧用动词,捕捉动态,增加新闻标题的生动性。要善于巧用修辞,使语言表达的内容生动,更有说服力和感染力。如:《俄石油线拐回中国》和《"安大"线起死回生》③。

4.鲜明

媒介对新闻事实的态度,就体现了鲜明的导向性。不是所有的标题都态度鲜明,一般要公平客观,但对一些具有鲜明政治新闻题材的报道,其标题应是非分明。如:《"西方"不是俄罗斯的帮手》④。

四、标题的主要表现形式

1.新闻标题的表现形式主要有四种:

(1)叙述式

叙述式即把新闻中最重要的、最有价值的东西,直截了当地标出来,平实但很准确。如:

> (引题)违规水电站
>
> (主题)三分之二完成整改
>
> (副题)两年内全面完成整改⑤

---

① 莫斯科华人报,1999-09-22.

② 21世纪环球报道,2002-11-25.

③ 南方周末,2003-06-19.

④ 莫斯科华人报,2002-03-03.

⑤ 人民日报,2008-04-19.

运用叙述式标题应注意表述的准确性，否则会引起歧义，如：

(引题)台湾围棋界要求当局
(主题)准许聂卫平赴台比赛

单看主题，似乎台湾当局已准许聂卫平赴台比赛，但实际情况是台湾围棋界提出要求。《人民日报》则取一行体制式："台湾围棋界要求当局准许聂卫平赴台比赛"。

(引题)3 000元买凶杀夫
(主题)一个优秀警察的悲剧①

优秀警察叫章友谊，被其妻叶玲爱雇人杀害。但标题给人的印象是：这个警察是女的，是她雇人杀害了自己的丈夫。

(2)描述式

描写新闻场景，传达消息内涵。如：

万马萧萧待渡江
哥萨克骑兵饮马易北河

(3)抒情式

饱含作者感情，寓情于事，寓情于景，感人肺腑。如：

(主题)万家灯火点亮，他却在阑珊处
(副题)浙江乐清90后电力线路工张思远追记②

(4)议论式

(肩题)美国政府绕开联合国，不顾中俄德法等多国的反应
(主题)悍然对伊拉克发动军事侵略

---

① 服务导报，2000-03-20.
② 中国青年报，2017-09-07.

2.常用修辞技巧

修辞,是一个十分丰硕的世界,有万千的奇异色彩,以下是不同的修辞手法在新闻标题中的运用案例:

比喻:“令人自豪的告别!大笔一挥,一个历史时代宣告结束”。该新闻讲的是中英关于香港问题声明签署的事件,以暗喻手法,传神寄意。

借代:“‘小骆驼’跨进大上海”。(骆驼牌电扇)

拟人:“我从妈妈耳上生!世界首例体细胞克隆山羊昨凌晨出世”。

警戒:“敢揩国债油,斩断你黑手”。

映衬:“烂钵头变成了聚宝盆!容寄镇知青农场过去只种水稻和甘蔗;后来农副工都搞,很快就扭亏为盈,生活得到很大改善”。

排比:“风也丝丝,雨也丝丝,人也丝丝,钱也丝丝”。

描摹:“销声匿迹20多年如今重现在街头 笃笃笃,卖糖粥的来了”。

设问:“日本小姑娘,你在哪里?”

化用:“知否,知否,应是‘贱’肥‘贵’瘦!爱吃瘦肉者,请你多付钱!本省8个县市调查调整猪肉品种之间差价”。

回环:“马歇尔歇马 华莱士来华”。

对比:“台上他讲 台下讲他”。

谐音:“副业就是富业 今日华西变富记”。

复习思考题:

1.新闻背景在新闻作品中起什么作用?在新闻写作过程中,选择、交代背景材料时要注意哪些问题?

2.新闻细节有哪些类型?对细节描写的基本要求有哪些?

3.什么是新闻语言?新闻写作对新闻语言的运用有哪些要求?

4.新闻标题有什么作用?

5.新闻标题有哪些分类?

6.写作新闻标题有哪些要求?

第五章　新闻写作的基本原则

▶本章学习目标

了解新闻写作的基本原则，认清新闻追求真实的意义，掌握交代消息来源和秉持客观公正的写作要求。

▶学习重点

保证新闻真实性的原则和方法、准确交代消息来源、谨慎验证和坚持公正客观。

新闻写作具有自身的特殊目的、特殊规律，因此需要遵循一些基本的专业规则。

美国新闻学者梅尔文·门彻在他撰著的被美国300余所大学的新闻院系作为教科书的《新闻报道与写作》一书中写道：

> 如果概括一下我们所观察到的记者们的工作内容，我们也许会得出下面的结论：
>
> 1.试图通过以下途径准确报道事实真相：
>
> A.直接观察。
>
> B.使用权威的、灵通的、可靠的人的消息来源和相关的、可靠的物的消息来源。
>
> 2.努力写出有趣的、及时的、清晰的报道。引语、故事、情节与人情味使得这些报道生动感人。
>
> 如果说新闻工作需要规则，那么，这就是起点。

为了向公众提供真实可信的新闻报道，下面的一些原则是必须遵循的。①

---

① 高钢.新闻写作精要[M].北京：首都经济贸易大学出版社，2006.

第一节 追求真实

- 真实性是新闻报道的最高准则。
- 真实性是新闻报道的终极要求。
- 真实性是新闻得以存在的基本价值、理由和意义。
- 真实性是新闻工作者从事新闻报道过程中所追求的终极目标。

一、新闻的真实性

什么是新闻的真实性?新闻的真实性指的是新闻报道必须反映客观事物的本来面貌。做到这一点并非易事。由于客观事物具有的种种复杂性,由于记者自身认知能力的局限性,由于新闻工作过程中各种利益关系的制约,由于种种阻碍新闻报道正常进行的主观与客观因素的存在,新闻报道对客观事实的反映往往会在经过各种过滤层的过程中发生变形,出现失真。

事实是新闻的本源。新闻是以事实存在为前提的。新闻报道的基本使命就是帮助受众了解客观环境的真实的变动状态,因此,新闻一定要真实地反映客观实情,不能有任何的失实。如果新闻不能够保证真实,就失去了新闻信息投入传播的基本价值,失去了它应该承担的基本的职业责任。因此,新闻界认为,真实性是新闻报道的最高原则。新闻界把新闻报道的真实性置于至高无上的地位。

在新闻报道的写作中,真实性在两个层面得以体现:

其一,新闻报道的所有涉及内容必须确有其事,新闻报道中所涉及的所有事实要素必须真实。首先,新闻报道的具体事实要真实无误。其次,新闻报道概括的事实必须真实。最后,新闻报道要全面地反映事实,就需要经过认真的分析、综合、比较、鉴别,从各个方面把情况弄清之后在做出判断。

其二,新闻报道必须反映社会生活变化状况的本质真实。即从全局出发认识新闻事实的意义,认识事物的本质和内部联系。

因此,追求新闻的真实性,是新闻工作者最起码的思想素质。新闻工作者作为社会信息流通渠道的把关人,他们对信息的选择、意见的取舍,极大地影响着人们对世界的认识和舆论的导向。新闻工作者唯有坚持讲真话、讲真理,全心全意为人民服务,才能担负起社会责任,否则,一旦出现新闻报道失实的情况,则会付出惨痛的代价。

《纽约时报》记者布莱尔从 2002 年 10 月到 2004 年 4 月间所写的 76 篇报道中有

36篇错误百出，并且杜撰、剽窃他人的作品。“布莱尔事件”成为《纽约时报》创刊152年历史上爆出的重大丑闻。2004年5月1日，布莱尔被迫辞职。6月5日，《纽约时报》编辑部最高主管、执行总编辑豪威尔·莱尼斯与总编辑杰拉尔德·博伊德也因为报纸严重违背了新闻真实性的原则而双双宣布辞职。

豪威尔·莱尼斯是一位杰出的新闻人，他在2001年“9·11”恐怖事件发生数天前出任《纽约时报》的执行总编辑，执掌《纽约时报》新闻业务的帅印。2002年4月，《纽约时报》获得7项普利策新闻奖，其中有5项是关于“9·11”恐怖事件的报道，1项是关于阿富汗战争的报道。豪威尔·莱尼斯曾经先后负责《纽约时报》华盛顿和伦敦分社的工作，后来担任社论版的编辑达8年之久。1992年他曾经获得普利策新闻奖。他的一篇发表在《纽约时报》上的特稿，记述了他儿时与亚拉巴马州家中一位黑人管家的友谊，其中起伏的情节、优美的文笔、浓重的人情味赢得了普利策奖评委们的赞赏。尽管豪威尔·莱尼斯在新闻界才能出众、业绩显赫，但是，面对报道失实这样一个在新闻工作的常识领域所犯的“低级错误”，他也不能不付出告别新闻界的惨重代价。

这件事情说明，报道失实，对于新闻工作者来说是性质最为严重的职业过失。

1.假新闻概览

2003年3月29日，中国一家新闻媒体在它的网站上发布了一条骇人听闻的消息：比尔·盖茨在洛杉矶遇刺身亡，而且称消息来源是美国有线新闻网(CNN)的报道。这实际上是一条假新闻。刊登这一假新闻的网站的网址是：http://www.cnn.com@cgrom.com/news/。或者是由于粗心，或者是由于缺乏互联网知识，这家媒体的这位新闻编辑没有从网址上辨别出这不是美国有线新闻网CNN网站的域名。

这位编辑相信了这条假新闻，并将它在自己为之服务的媒体网站上传播出去。导致这位编辑犯下严重职业错误的重要原因是显而易见的，因为这位编辑显然没有执行新闻工作最基本的核实原则，即通过与新闻事件无关的两个以上的独立消息来源，对新闻事实进行核实。

令人遗憾的是，中国许多有影响力的网络媒体纷纷转载了这条假新闻。这条假新闻在中国媒体“登陆”后10分钟内，还被多家门户网站通过手机短信发送给数量庞大的手机用户群。显然，所有这些媒体都相信了发布这条假新闻的那家新闻媒体，而没有坚守新闻工作的原则，即对新闻事实进行验证与核实。

失实报道就在我们身边。《新闻记者》杂志率先对中国媒体上发表的假新闻进行年度清点。他们评选出2001年度的十大假新闻让人瞠目结舌。

2001 年 2 月下旬,一则“上海将建1 121米高的摩天大楼”消息出现在中国各地媒体上。报道说,这座被命名为“比欧尼克塔”的钢筋混凝土建筑高达 300 层,可容纳 10 万人,是西班牙建筑师皮奥斯的杰作。据估计,这座摩天大厦造价高达 150 亿美元(约 1 170多亿元人民币),完成全部工程要 15 年。报道还对这座摩天大厦结构设计的细节进行了种种描绘。并且声称,大楼设计者曾经同上海市市长及城市规划官员会晤,讨论有关构思。

3 月 5 日下午,在全国“两会”召开期间,上海市市长徐匡迪公开澄清事实:“上海没有建造 300 层大楼的计划,我也没有像一些网站说的那样,接见过什么外国专家代表团。一些网站散布的不实之词已经到了混淆视听的程度。”

2001 年 7 月 9 日,陕西西安一家报纸在头版醒目位置报道了陕西省富平县留古镇合家村南腰组刘兆合老汉家发生的一幕悲剧。刘老汉的儿子、儿媳常年在外打工,刘老汉和老伴在家照看一岁半的孙子。7 月 5 日下午,刘老汉下地劳动,老伴带着孙子到对门村民家打麻将。一不留神,小孙子离开奶奶自己回到家里,结果被家里后院一头因为发了情而挣脱绳索的老母猪“咬食”,只剩下一双小腿。刘老汉回家看到惨状,抡起木棒将母猪打死,又一气之下打死老伴。随后,老汉喝了老鼠药自尽。

后来的调查发现,撰写该报道的农民通讯员只是听信街头巷尾的传言便写成了报道。陕西省富平县留古镇党委书记阎华锋说:“留古镇根本没有报道中说的那个村、那个组。”

2001 年 1 月到 11 月,中国各类媒体不间断地刊登一则中国天才少女改写牛津大学 800 年校史的新闻。说的是英国牛津大学颁发第 73 号校长令,把博士学位和 6 万英镑奖学金授予刚刚进入牛津大学二年级学习的中国留学生吴杨,以表彰她在数学和电子计算机学科中获得不同寻常的优异成绩。

报道声称,1997 年 6 月,在齐齐哈尔一中读高二的吴杨赴英国留学。在莱斯顿预科班学习一年后,因成绩超人,于 1998 年 10 月被牛津、剑桥大学同时录取,吴杨最后选择了牛津大学。在大学一年级期末考试中,吴杨在数学、计算机等 11 门功课中全部考得第一,打破了牛津大学建校 800 年的历史记录。

2001 年 11 月 23 日,《北京青年报》发表牛津大学官方声明:关于吴杨参加了 11 门功课考试的说法是不确实的,她的所有功课都取得满分的说法是不可能的。为了表彰吴杨在第一学年取得的优异成绩,学院授予她每年 60 英镑的奖学金(并非 6 万英镑)。而且,在牛津大学,任何人在没有修完第一学位并且进行一段时间的研究工作以及提交相当水平的博士论文之前,都不可能获得博士学位。

2001年11月23日，《中国青年报》发表故事主人公吴杨的声明：一、我没有获得博士学位；二、我所学的学科——数学和计算科学不是百分制；三、所有关于我的新闻报道，记者均未亲自采访过我本人，成稿后也从没有经我核对或同意；四、敬请各新闻媒体、杂志、网站不要再转载关于我的这类文章。

那一年的假新闻还包括：

美国医生将操刀换人头；
女大学生状告爸爸的吻；
男子好色两肾被偷 悉尼频发器官盗窃案；
广西理科状元沦为劫匪；
汤加出现反华风潮等。

以上报道，完全属于无中生有之作。

《新闻记者》杂志在公布2001年度的假新闻评选结果时说：但愿这次评选是第一次也是最后一次。但是随后这些年中国媒体的运行实况并没有让他们如愿，年年都能细数出一些令人匪夷所思的假新闻。

时间发展到了2016年，假新闻并没有绝迹，而且呈现出了新的特点。我们来看一下《新闻记者》杂志公布的2016年十大假新闻：

2016年十大假新闻之一：江西九江发生6.9级地震

1月4日14:30，澎湃新闻发布消息称：2016年01月04日14时30分03秒，江西省九江市浔阳区发生6.9级地震；震中经度：115.52，震中纬度：29.51，震源深度：10千米，震级：6.9。随后，人民日报客户端、网易新闻客户端、一点资讯等也纷纷开始推送这个消息。

事情真相是：1月4日14:43，澎湃新闻发文《更正：中国地震台网称江西九江地震消息不实》：“中国地震台网发布最新消息：江西省九江市浔阳区发生地震，消息不实。其微博也发布消息称：此前澎湃客户端今日推送新闻称，江西九江浔阳区发生6.9级地震。此信息为地震台网自动后台录入信息，后经编辑人工核实，此信息不实，向各位用户致歉。”

2016年十大假新闻之二:上海姑娘逃离江西农村

2月6日晚,网友"想说又说不出口"在某论坛发帖称:自己是正宗上海人,家庭小康,谈了个男朋友是外地人。今年春节假期在男友的要求下和他一起去江西老家过年,但到男友家吃第一顿晚饭时,"一看到这个饭菜我真的想吐了。比我想象的要差一百倍,我接受不了"。因此她决定与男友分手回上海。网帖一出,一下子就成了大家关注的焦点,有人力挺"上海女",也有人支持"江西男",各方激烈讨论。

2月7日,《华西都市报》新浪官方微博发布了《女孩跟男友回农村过年,见到第一顿饭后想分手了》的报道。

2月10日,新浪微博账号"风的世界伊不懂"以"上海女子男友"的身份发表声明,希望网友不要苛责"上海女子"。

该事件真相:这个事件成为网络热点后,很快有网友指出其中存在若干疑点。界面、澎湃等媒体也进行追踪报道,从照片、订火车票、返程时间等一系列细节,推断出帖文存在虚假。2月21日,《江南都市报》刊发《"上海女孩逃离江西农村"事件:假的》,报道称:记者从网络部门获悉,"上海女孩逃离江西农村"事件从头至尾均为虚假内容。根据网络部门的信息梳理,发帖者"想说又说不出口"并非上海人,而是上海周边某省的一位有夫之妇徐某某,春节前夕与丈夫吵架,不愿去丈夫老家过年而独自留守家中,于是发帖宣泄情绪。而之后在网上自称"江西男友"的网友"风的世界伊不懂"和徐某某素不相识。

2016年十大假新闻之三:"礼崩乐坏"的东北村庄

2月14日,一篇名为《春节纪事:一个病情加重的东北村庄丨返乡日记》的文章在《财经》杂志微信公众号发表。作者高胜科在文章开头写道:"我要写的故乡杂记却显得些许残酷和悲戚,可惜这并非杜撰虚构,而是真实的写照。""我的故乡如此沦陷的方式,以及这首难唱曲的哀婉程度,都显得荒诞不经。"文中描绘的东北农村种种现象让人触目惊心,甚至"在家里的老人们生不如死、正遭活罪之时,几个农家妇人在密谋着一场向外省远征的组团'约炮'"。文章一出,光明网、中国青年网、中国网等媒体纷纷转载,引起网友们的热议。

而真相是:2月25日,新华社发文《哪来"礼崩乐坏"的东北村庄?——一则虚构报道的背后》,文中称:记者深入事件发生地调查,发现"返乡日记"并非"返乡之作",文中描绘的礼崩乐坏的“时间、人物、地点都是虚构的”。记者从辽宁省委宣传部获悉，此文为虚构杜撰。

2月26日，《财经》杂志微信公众号发文，对《春节纪事：一个病情加重的东北村庄丨返乡日记》一文做出说明与致歉：这篇文章系《财经》春节期间系列随笔文章中的一篇，组织该系列随笔意在借过年重温习俗、回溯传统、描述家乡变迁。后经了解，高胜科今年并未还乡，文章只是根据过往返乡见闻和今年春节电话采访而成，却发表于“返乡日记”栏目，是不严肃而且错误的；对于随笔中所述家乡的部分故事，在时间、地点、人物名称等细节方面，记者也进行了加工，影响了文章的准确性，文字表述多有失当之处。文章一经发表，随后再经其他媒体修改标题之后转载，立即广泛传播，造成巨大的争议与负面影响。该媒体编辑部称，发稿把关不严，对给文中所提到地区的群众带来负面影响，深表歉意。

2016年十大假新闻另外七条分别是：

2016年3月15日《成都商报》刊发的《北大才女回乡创业 放弃白领 选择快递》；

2016年3月30日《南湖晚报》刊登的《患癌保安资助四川贫困女孩》；

2016年5月5日中国日报中文网转载的《范冰冰母女共侍大佬》；

2016年8月26日环球网报道的《津巴布韦总统因奥运会没能得奖牌下令逮捕代表团》；

2016年10月6日，东方头条、光明网、央广网等媒体转发网络帖子《女员工每日排队吻老板》；

2016年10月13日，一财网、凤凰网、中国日报网等多家媒体发布的《叙利亚诗人阿多尼斯获诺贝尔奖》；

2016年10月15日新京报网刊发的《山西屯留县纪委书记屈世贵被免职》。

2.各类假新闻的新特点

与往年相比，2016年的假新闻呈现出以下特点：

(1)在新媒体和自媒体时代，虚假消息的传播路径形成了鲜明的特点：首先是网络中滋生了大量不实信息，其次是一些媒体未经核实就编发报道，再经过各大主流媒体的纷纷转载，最终扩大了虚假新闻的传播，造成了不良的社会影响。

(2)消息来源多数为网络，并非新闻机构或职业新闻人。如《上海姑娘逃离江西农村》,消息的源头就是一位名叫“想说又说不出口”的网友。又如假新闻《女员工每日排队吻老板》,消息来自铁血社区的帖子,作者不详。

(3)虚假新闻的生命周期变短,网民纷纷参与新闻打假。如假新闻《江西发生6.9级地震》,刊发时间是1月4日14:30,14:43分便被确定为假消息,假新闻仅存活了13分钟,但仍造成了广泛恶劣的影响。又如假新闻《北大才女回乡创业 放弃白领 选择快递》,刊发的时间是3月15日,当天下午就被网友推翻。再如假新闻《津巴布韦总统因奥运会没能得奖牌下令逮捕代表团》刊发时间为8月26日,当天晚上新华社便发文称该新闻纯属子虚乌有。另一个现象是假消息一经刊发,热心的网友纷纷质疑,并拿出证据参与新闻打假;假新闻在引发舆论热议后,主流媒体纷纷进入,调查核实后发布事情真相。

综上所述,我们不需要再列举更多的假新闻案例,就已经能够领教到虚假新闻的威力。这些失实报道中有两个现象特别应该引起我们的关注:

首先,这些假新闻几乎都发表在各地的主流媒体上,或者由主流媒体官方网站转载,这些媒体不仅是合法的出版机构,而且大都拥有庞大的受众群。

其次,这些假新闻往往不是一家的“专利”,而是一经出世便有多种“克隆”版本,各家媒体争相转载,使其传播范围迅速扩大。

这种现象提醒我们:在信息传播日益发达的今天,新闻真实性原则正在受到严重威胁。

二、保证新闻真实性的原则和方法

以下工作原则及方法有助于新闻的真实性得到保证。

1.坚持以事实说话

新闻报道必须坚守以事实说话的原则。这种事实是客观存在的事实,是经过核实验证的真实存在的事实,而不能是道听途说、主观想象、人云亦云的事情。

2.注意观察的全面性

进入任何一个领域的报道,都需要注意全面观察新闻事件,注意倾听不同的意见,采访对立的双方,不能只听一面之词,不能偏听偏信。比如,在进行成就报道时,要注意了解取得这些成就所付出的代价;进行问题报道时,要注意了解这些问题产生的缘由;进行人物报道时,要了解广大人士对新闻人物的看法。

大千世界是由复杂的矛盾组成的,任何一个新闻事件都是由复杂的因素构成的,单一的思维方式、片面的观察方法,只能在客观现实面前形成认识的偏见和歪曲的报道。

3.严禁主观想象

在对客观环境的变化进行观察的过程中，人们已有的生活经验会对人们的认识与判断产生作用与影响。作为记者，需要时时提醒自己，不要凭借主观想象去形成对事物的观察结论，即便是“合理想象”也要坚决摒弃。

4.坚守核实原则

这是说，要有与新闻事件无关的、独立的、两个以上的新闻来源的证实。

现在有一种观点：既然新闻报道是随着客观事件被逐渐认识而推进的，那么，新闻记者在得到消息的第一时间可以尽管报道，而无须过问真假，一旦发现失实，再用后面跟进的报道予以修正。这实在是一种危险的选择。如果你这样做，你就将付出媒体失去传播威信的代价。你只需要这样做一次，就能够让你的读者和观众对你在第一时间所做的报道永远产生怀疑。你的第一时间的报道也会由此永远失去第一时间传播的价值与意义。

在新闻写作中，对于报道中涉及的每一个事实要素都需要经过核实。不仅要对构成新闻的何时、何地、何人、何事、为何这些主要事实要素进行核实，还要对新闻中出现的所有背景资料进行核实。

5.标注新闻来源

新闻报道必须明确标注新闻来源。标注信息来源是向受众说明谁对消息负责。因此，只有标明新闻来源，受众才能判断新闻的可信程度，才能了解新闻的相关价值。新闻来源在新闻报道中往往比记者本人的概述对受众具有更重要的意义。

第二节　保证准确和交代来源

一、保证准确

被称为美国新闻业巨人的约瑟夫·普利策给他的采编人员立下的最重要的规则是：准确！准确！准确！

新闻需要报道的是客观变动的事实，因此准确是新闻写作的基本要求。由于新闻报道不是客观变动本身，而是职业新闻工作者对这一变动的反映，因此受各种因素的制约，新闻报道就有可能在反映事实的过程中出现失真，出现变形。比如：

伊朗又悬赏10万美元追杀拉什迪

伊朗一个鲜为人知的激进组织近日悬赏10万美元，招募志愿者追杀曾被伊朗前宗教领袖霍梅尼判处死刑的英国作家拉什迪。

这一悬赏是在霍梅尼1989年2月14日以宗教裁决判处拉什迪死刑15周年之际提出的。拉什迪因所著小说《撒旦诗篇》被认为亵渎了伊斯兰教而成为被追杀的目标，其本人多年来一直处于英国警方的保护之下。

伊朗总统哈塔米1997年执政后，其改革派政府曾表示不会派人追杀拉什迪，但伊朗民间激进组织仍坚持执行霍梅尼的宗教法令，不断有人出资悬赏追杀拉什迪。

新闻标题为《伊朗又悬赏10万美元追杀拉什迪》，而导语说的是：伊朗一个鲜为人知的激进组织近日悬赏10万美元追杀曾经被伊朗前宗教领袖判处死刑的英国作家拉什迪。

伊朗是一个国家概念，事实上不是伊朗政府悬赏追杀拉什迪，而是伊朗一个鲜为人知的激进组织悬赏追杀拉什迪。这两者之间的差异太大了，新闻标题与新闻内容不相符。

再看其他几条新闻的失误之处：

2016年5月1日，中国新闻网刊登了《世界超模环球大赛华中区总决赛 女大学生折桂》，文中报道称冠军是来自河南师范学院的女大学生鲁亚珂，与实际情况不符。首先，该学生是河南科技学院的学生；其次，河南并没有名叫河南师范学院的大学。这一错误给当事人及其所在学校带来了诸多不便和困扰。

2016年搜狐网站转载发布了一条新闻：《北京西城多名小学生同天流鼻血 白细胞计数不正常》，但原文中并未提及白细胞的任何相关信息，只是讲述了西城区北京第二实验小学白云路分校多名学生同天流鼻血请假的事实。该网站编辑在推荐文章时擅自添加了无中生有、引发读者误解的标题内容。

还有文字说明和照片内容不符的。2007年2月16日，《齐鲁晚报》A23版图片说明为“林丹(左)在表演节目时接受谢杏芳献花，深情对视”。其实图片中两人并未对视，更谈不上深情，两人只是看着其他地方。2007年2月28日A8版图片新闻《人勤春意闹 万亩杏花开》，标题说的是“杏花开”，文字说明也称“近日，枣庄市山亭区水泉镇辛庄村农民正在大棚给杏花人工授粉”，但照片上出现的分明是桃树花开，哪里是什么杏花。

一个新闻机构2003年发布消息：长江水量查明，达到7 000立方米。后来发现丢掉了一个“亿”字。

有一家通讯社某一天按时向全球发送了当天的新闻稿件。但是，发送稿件的人把时间搞错了，他把一年前这一天的稿件发送了一遍。全球新闻界可能都发现了这个错误，没有采用这家通讯社这天发送的任何“新闻”。但是，唯有香港的一家报纸采用了这一组新闻中的一篇报道，《中国政府决定发行500亿元人民币国债》。这是一年前的事情，但是当香港的读者看到报纸上的这条新闻时，误以为是最新消息，就是这样一条一年前的“新闻”，导致香港股市出现大幅波动。

同样，一家中国新闻机构的记者在报道俄罗斯的一次火箭发射时，把国外新闻机构发布的英文稿件中的“blast of”（点火起飞）一词看成了“blast”（爆炸、毁灭），于是报道的内容成了俄罗斯发生火箭爆炸事故。一词之差，谬之千里，由此招致相关方面的不满与责难。

一家新闻媒体驻江西分社的记者，把长江支流的一段堤岸的塌陷写成了长江堤岸发生崩塌，受到中央领导的严肃批评。

保证新闻报道准确无误的工作环节主要有：

第一，保证确有其事。不要把没有发生的事情当成新闻去写作，去报道。别以为这是一个傻瓜式的多余的提醒。2007年4月，《廉政瞭望》杂志刊登的《河南新郑市原副市长出狱后卖烧烤》就是无中生有。

第二，构成新闻的基本要素必须真实。新闻事件发生的时间、地点、过程、涉及的人物以及新闻产生的缘由等这些构成新闻的基本要素必须准确无误。

第三，新闻中引用的各种资料必须真实。新闻中往往需要引用各种文件、史料、数字、报告。所有这些资料，必须准确无误。

第四，新闻中涉及的新闻事件的各种细节必须真实，无论是人物的语言，还是人物的动作；无论是事件环境的展示，还是人的心理活动的描述，都必须准确无误。

保证新闻报道准确的技术建议：

- 直接观察；
- 使用权威的消息提供者；
- 使用可靠的物证；
- 核实、再核实；
- 语言的精确：使用具体的名词和行为动词对事件进行描述；
- 交代信息来源。

警告:任何时候都不要想当然,不要猜测,不要合理想象,永远关注事实,永远依据事实,永远相信通过调查核实得到的事实真相。

二、交代来源

1.交代来源的重要性

交代来源是中国新闻工作者不太重视的一个原则。因为中国新闻媒体所处的特定运行环境和特有的运行方式使媒体和媒体从业者往往把自己视同权威信息来源本身,而不重视交代真正的消息来源。这就使一些新闻看起来不像是新闻,而像是公文或者是公告。

标明新闻来源对于维护新闻的真实性有着特别重要的意义。因为只有当记者指明了消息来源的时候,读者才能根据消息来源的权威性去判断新闻的可信程度,读者也才能根据消息来源的身份去判断记者与新闻事实之间的利益关系,消息来源是帮助读者判断信息的准确性与真实性的重要条件。

交代消息来源是对记者写作新闻报道的一个近乎强制性的规定,是记者必须执行的一个写作原则。在国际主流媒体的工作规定中都会对记者执行这一原则有着明确的要求。美联社规定:除非属于常识,否则必须交代你没有亲眼看到的东西的出处。为了避免虚假新闻产生,《莫斯科华人报》要求记者:凡是有消息点的地方就必须写明消息来源。

我们来看《俄滨海边疆区受淹》的片段:

滨海边疆区的“乌苏里斯克”“十月”和“汗戈伊斯克”三地区正处于紧急状态之中,水灾形势格外严重。抢险人员在救险中首先抢修洪水冲毁的道路、桥梁和堤堰。7月23日,因拉兹多利奈河和乌苏里河流域洪水泛滥而受灾严重的15个村镇,已经恢复供电。

据远东电力公司向记者提供的消息,为了抢修灾区输电电网,恢复供电,该公司技术维修人员几乎全体出动,组成了15个抢险小组,同时奔赴15个村镇灾区现场,进行救险。

据滨海边疆区紧急状态委员会发布的消息,这次遭受洪水灾害面积达到1.9万公顷,近200平方公里的农田被淹,上百公里的道路和一座桥梁被冲毁,受损房屋520余座,受灾人口大约1.5万人。据不完全估计,水灾造成的直接损失为6 000万卢布,约合190万美元(注:1美元≈31.5卢布)。

……………

据滨海边疆区气象台播报，在未来几昼夜内，还将有大雨和暴雨降临。如果预报准确，届时河水又将爆满，可能再次诱发决堤，使22日受淹地区的滞留水位再次向上上涨半米。昨天一夜时间就上涨了35厘米。拉兹多利奈河汛期水位现在超出警戒线2.5米。

滨海区水文监测中心主任——鲍利斯·库拜在电话里对记者说："灾区居民的心情依然特别紧张，担心22日的洪水再次光临。但是我认为，惊慌是多余的。因为洪水已经回落了30～40厘米，即便是再次上涨，充其量也就达到22日的洪水水位。"

滨海边疆区气象局主任分析员认为，在该区的洪水水位不会再比22日恶化。因为造成这次大水灾的今年第5号台风已经过去。笼罩在远东地区，尤其是滨海边疆区上空的降水云系，正在缓慢东移，并进一步减弱。非常幸运的是，在这次水灾中滨海边疆区没有人口伤亡。不像中国和日本那样，在每次台风中都会有人不幸遇险。①

这条新闻典型地反映了消息来源的使用方式及其效果。受灾情况是由滨海边疆区紧急状态委员会提供的，灾区未来几天的天气情况是滨海边疆区气象台提供的，天气对洪水水位的影响是由滨海边疆区气象局主任分析员提供的，洪水水位情况是由滨海区水文监测中心主任告诉记者的。这些情况的提供者都很明确，同时也非常权威。这样的新闻报道具有可信度和公信力。

再看以下这则对我国水利建设工程师在巴基斯坦被绑架后，巴方展开营救过程的报道：

有消息称，一颗子弹穿透一名绑匪的身体，击中了躲在他身后的王鹏，王鹏腹部受伤，在送往医院的途中因失血过多而死。

还有消息称，马哈苏德曾经给绑匪下令，让他们杀死中国人质，在下午四点之前冲破包围，巴军方是在截获了这条无线电发送的信息之后，才发出营救信号的。

这是非常重要的新闻背景报道，然而，这样一种使用不明消息来源的做法，就让报道几乎成为一种不足为信的传闻。报道也没有对为什么使用这些不明消息来源作出

① 张举玺.俄滨海边疆区受淹[N].莫斯科华人报，2002-07-30.

交代,这就更加让读者不明不白。

我们可以看到,当不能明确交代新闻来源的时候,就不要指望受众相信你报道的新闻。这种没有来源的“新闻”至多只是传闻。因为没有人对其真实性负责。而媒体这样做的时候,也在支付高昂的不被信任的代价,并且在受众眼中呈现出不负责任的,至少是不够专业的形象。

当然,报道文字也有欠缺,读了这样的报道,读者会产生这样的疑问:王鹏为什么要躲在绑匪的身后?这中间发生了什么事情?巴军方“发出营救信号”与展开武装营救行动是不是一个意思?

下述情况下可以考虑不注明消息来源:

- 消息来源是公报;
- 众所周知的消息;
- 已经被多种来源证实的消息;
- 记者就是事件目击者;
- 不具有争议性的消息。

在写作新闻报道的过程中,我们始终要有一个清醒的意识:避免因为不使用消息来源而承担不应该承担的责任。

2.关于匿名消息来源的处理

一般说来,新闻媒体通常不接受匿名的要求。因为投入大众传播的新闻信息应该是不被隐藏的、不被掩饰的。美联社就公开声明:通常情况下我们不接受匿名的要求。

但是,在面对一些特殊状况时,媒体不得不接受消息来源匿名的要求。

一种情况是,一旦披露了消息来源的真实身份,可能会对其造成人身伤害和权益损害。为了保护消息来源的人身安全与合法权益,可以采用匿名的方式。

另一种情况是,如果不接受消息来源的匿名要求,就不可能得到重要的信息。在这种情况下,实际上是一种交易。是否进行这种交易,需要在媒体的职业责任和职业道德等各个方面权衡得失利弊,作出适当的决定。

在接受消息来源的匿名要求时,下面的一些工作事项需要注意;

第一,明确告诉消息来源是有限匿名。即消息来源的匿名要求只能在公开报道中得到实现,而他的真实身份至少要报告给媒体的决策层,并且应该告诉消息来源相关的法律方面的规定。

第二,不使用匿名消息来源对具体的人物与机构实施抨击。因为这样的抨击一旦涉及法律纠纷，记者和自己为之服务的媒体就可能陷入完全的被动。要知道，指明消息来源并不能免除媒体在遭遇诽谤指控时可能承担的法律上的连带责任。

第三，使用匿名消息来源对事情进行描述时，应该有第二来源证实匿名消息来源的说法。

怎样处理不能公开的消息来源呢？

• 对于要求不公开报道的材料，记者不能直接使用，除非另外找出消息来源。

比如，据××××单位不愿透露姓名的官员（或者知情人）说，……

这里的"××××"单位名称，一定要使用实名，被采访者可以使用匿名，或者模糊指称。另一种情况是匿名或模糊单位名称，指明消息发布者或来源者。

如，据某单位负责人李明表示，……

• 对于要求不指明消息来源的材料，记者使用它时不能指明出处。

• 背景介绍：记者使用时可以泛称消息来源的头衔。

• 内情参考（深度背景）：记者使用这些材料时要用自己的话加以解说。

现在有些记者在写作新闻时会使用这样的文字描述："据业内人士说"，"相关专家认为"，业内人士是谁？经过追问，记者承认，是记者自己。因为要表述一个观点，就假借了一个来源。这无疑是一种作假行为。这样做的结果可能有二：一是笼统地说业内人士、相关专家是没有任何权威性可言的；二是一旦真相披露，记者与媒体都将支付信誉代价。

有时，为了获取信息，或者是为了保护消息来源的安全与利益，需要以不透露消息来源为代价，只向受众交代一个模糊的来源。但是，他（她）的真实姓名至少要让报社编辑部门的领导知道。

不管怎么说，直接交代消息来源，这是新闻工作的基本规则，是为了保证新闻真实性的基本原则。

3.隐藏记者身份

还有一个原则也应该引起新闻记者的重视，这就是在新闻报道中需要隐藏记者身份。一些记者时常有意无意地把自己放置在新闻报道的显要位置。

这是 2004 年 5 月 20 日我国一家通讯社发布的新闻：

北京 5 月 20 日电　记者今天从公安部获悉，今年 4 月份全国公安交通管理部门共受理一般以上道路交通事故41 970起，共造成7 696人死亡，直接财产损失 2.4 亿元人民币。

再看2004年3月11日我国另一家通讯社发布的新闻：

北京3月11日电 记者11日从环保总局了解到，9日至10日我国北方地区发生的今年以来规模最大的沙尘天气，使11个省、自治区、直辖市受到不同程度的影响，6个重点城市空气受重度污染。

这样的表述在目前中国媒体的报道中司空见惯。

有些新闻记者过于看重自己的地位了，这不是说他们关注自身的责任，而是他们克制不了强烈的个人表现欲，他们把这种个人的炫耀倾泻在新闻报道的写作中，这对新闻写作来说是一个强烈的干扰因素。我们常常可以看到新闻报道中有这样的文字："记者从××处了解到"，"×××激动地对记者说"，"记者在采访中发现"，等等。记者在新闻报道中甚至把自己摆在了高于新闻来源的位置。记者公然将自己安排在新闻报道中是极其不明智的做法。这样做的结果会干扰受众对新闻信息的理解，使新闻报道显得不够专业。

记者应该注意的是事实本身而不是记者本人。读者在阅读新闻时关心的绝对不是记者，他们关心的是记者报道的新闻。因此，记者要做的事情是让读者知道消息的权威度、可信度、重要度。而要做到这一点，就必须注意交代消息来源。

请记住，不会有任何读者会认为由于记者的存在而增加新闻的可信度和可读性。

他们关注的是新闻来源，是新闻事实，是新闻内在的价值，而恰恰不会是记者本人。

记者何时可以在新闻报道中出现？美国新闻学界通常认为，只有当记者成为直接的新闻事件的目击者或者是记者本人构成新闻要素的时候，记者才能现身于报道之中。

第三节 谨慎验证 坚持公正和客观

一、谨慎验证

验证就是核实。它要求记者运用一切手段，通过与最初得到信息的渠道不同的、另外一个甚至是几个信息渠道，对所获取信息的真实度进行验证。

验证是新闻记者的重要工作内容，它会占用记者大量的工作时间，耗费记者极大的智能与体力。然而，正是这一专业工作环节，保证着新闻报道的真实性。验证这一工作追求的全部目标就是获取真实的信息。

美国新闻工作者认为：验证这一工作原则，把新闻与娱乐、宣传、小说和艺术区分开来。

请看下面的新闻：

在我国被世界卫生组织宣布成为无脊髓灰质炎地区一周年之际，卫生部首次向全社会公布这一成果。国务院副总理李岚清今天向在此间召开的“全国消灭脊髓灰质炎工作总结表彰大会”发来了贺信，他高度评价了我国消灭脊髓灰质炎工作所取得的成绩，并希望各级党委、政府及有关部门、广大卫生工作者认真总结经验，继续发奋工作，巩固并不断扩大取得的成果，为我国卫生事业和全人类彻底消灭脊髓灰质炎做出新的贡献。

表彰大会对在消灭脊髓灰质炎工作中做出突出贡献的 403 个先进集体、729 名先进个人进行了表彰，并授予 41 名为消灭脊髓灰质炎工作而献身的卫生工作者“忠诚卫士”的荣誉称号。

脊髓灰质炎又称小儿麻痹症。20 世纪 60 年代初，我国每年报告的脊髓灰质炎病例达 20 000—43 000 例，导致大量儿童残疾。1960 年我国自行研制成功了脊髓灰质炎减毒活疫苗，并逐步在全国推广应用，脊髓灰质炎的发病数和死亡数随之显著下降。从 1994 年至今已连续 7 年未发现本土脊髓灰质炎野病毒病例，去年 10 月被世界卫生组织证明了本土脊髓灰质炎野病毒在我国的传播已被阻断，自此实现了无脊髓灰质炎证实的目标。[①]

中国取得的这个成就是非凡的，但是要使得这个消息更加可信，就需要从其他角度用各个渠道得到的事实资料予以证实。但是，这条新闻就缺乏记者的验证材料。

官方机构是权威机构，但是权威性的机构发布的信息只是公告。新闻记者不应该是任何一个组织的代言人，而应该是社会的瞭望者，新闻记者必须为社会提供可靠的观察，提供真实的报道。因此，新闻记者要有一个强烈的意识：自己从任何一处得到的信息都是需要验证的，没有经过验证的消息只是传闻，不是新闻。

克林顿就任美国总统期间曾经不间断地对伊拉克禁飞区进行轰炸。美国参议院共和党领袖 Trent Lott 认为克林顿是在借此转移人们对他的性丑闻事件的注意力，于是对克林顿政府提出指责说：“当乔治 · 布什总统 1991 年要求得到授权对伊拉克动武时，我认为没有一位民主党议员会投票赞成此举。”根据新闻价值的判断，这一说法

---

① 法制日报，2001-10-30.

的重要性、显著性都已经具备了,它无疑构成了新闻。但美国新闻记者没有简单地引用 Trent Lott 的原话。他们去调查了 1991 年美国参议院和众议院对布什总统要求对伊拉克动武的表决记录。通过调查记者发现,Trent Lott 说的不是事实。新闻记者在引用了 Trent Lott 的说法之后,在报道中继续写道:"事实上,众议院的 86 位民主党人和参议院的 10 位民主党人,当时都投票赞成布什总统对伊拉克动武。"

这就是新闻工作中坚持验证原则的意义。它把真实的情况展现给民众,而不是只限于把任何人的说法展现给民众。

现在,新闻中断言泛滥。验证是解决这一问题的良药。请看下面一则新闻。

××网北京(2003 年)11 月 28 日电　在风云激荡的改革长河中,2003 年无疑是具有标志性意义的一年。

这则新闻的导语使用的不是新闻报道用语,而是评论用语。这是断言。报道应该告诉人们为什么 2003 年对于中国的经济体制改革是非同寻常的,报道应该讲述事实,结论和感慨都应该让读者自己得出。

当遇到不可验证的消息时,新闻记者需要坚持的做法就是全面展示与新闻事件相关的各方,特别是相互对立的各方对新闻事件所持的看法,从而保证报道的客观性,让民众了解新闻事件的矛盾、冲突、对抗、争议,从而对新闻事件的复杂性有充分的认识。

验证要寻找的是事实,让民众通过来自不同渠道的人与物对事实的描述与证实来认识事实的真相。

用一个消息来源的说法去反对另一个消息来源的说法不是验证,那只是平衡,至多只是公正。

验证的核心技巧是:用事实与你所引用的消息来源的说法去做比较。事实是你的全部依靠,而人们的说法只提供催促你去验证的契机。

二、坚持公正

公正的报道原则要求新闻记者必须站在公众的立场上,抱着对社会负责的态度,以新闻事实为依据,公正地对待新闻报道中所涉及的人与事。

坚持公正需要遵循的原则有:全面提供新闻信息,不掩盖任何信息;为新闻事件中冲突的双方提供利用媒体平等发表意见的机会;准确地反映冲突各方的真实主张;给弱势群体和个人信息知晓权和意见申诉权;以公开方式及时修正报道的误差,不滥用媒体权力。

1.平衡性原则

平衡是保证报道公正得以实现的重要途径。

一般情况下,要善于把各种不同的观点编织于新闻报道中,甚至将相互对立的观点集中在报纸的同一个版面上,目的在于让读者自己去鉴别什么是真理。对真理鉴别的过程是对不同意见了解的过程,是在相互对立的观点中比较和思考的过程。

我们通过下列案例,来看看美国《亚利桑那每日星报》对同一事件是如何做出平衡的。

1988 年 7 月 3 日,一个阳光明媚的星期天,当地时间上午 10 时 47 分,伊朗民航公司的 655 次航班从阿巴斯港机场起飞,准备飞往阿联酋的迪拜机场。这架民航客机是欧洲空中客车的 A300,飞机上除了 16 名机组人员外,还有 274 名乘客。当地时间上午 10 时 55 分,这架客机在海湾南部地区上空飞行时,其航线正好与美国海军"文森斯"号导弹巡洋舰的航线相交叉。就在此时,悲剧发生了,在伊朗客机距"文森斯"号约 14 公里时,"文森斯"号突然发射两枚"标准"防空导弹,其中一枚直接命中 A300 客机,客机随即起火,坠落于大海之中,机上 290 人全部遇难,无一生还,其中还包括 60 余名 12 岁以下的儿童。消息一经传开,世界为之震惊。

这是 1988 年美国海军击落伊朗客机的经过。

事件发生后,《亚利桑那每日星报》的评论版面劈成了左、右两半,左半边刊登了支持美国官方对事件解释的观点,此类观点无非是说,对这场造成 290 人生命悲剧的灾难表示沉痛哀悼。但是,这是战争。美军于 1987 年 7 月决定派军舰去海湾护航后,多次与伊朗发生军事冲突,军事紧张局势不断升级。先是 1987 年,伊朗用导弹击中美国油轮和挂美国国旗的科威特油轮多艘,美军则随后进行报复,击沉伊朗登陆舰一艘、采油平台两座。1988 年 4 月,美一艘护卫舰触雷,造成 19 名官兵受伤,美舰随即摧毁伊朗两座采油平台、击沉击伤伊朗军舰 6 艘。因此,在袭击客机事件之前,双方都处于高度紧张状态。何况,在客机被击落前,美海湾部队曾得到情报称,伊朗空军 F-14 战斗机正在海湾地区加强活动,可能要对美军采取行动。因此,A300 客机的悲剧不可避免。既然是战争,美国军人为了维护美国的利益,为了保证美国人的生命,不能不采取最可靠的自卫措施。

而在这同一个版面的右半边却刊登了另外一种与之针锋相对的观点。这篇文章说,看到美国官方的解释,实在感到不能理解,人们不由自主地想到 1983 年发生的另一幕空难悲剧。

1983 年 8 月 31 日,一架韩国航空公司的 KAL-007 号航班从美国阿拉斯加州的安克雷奇国际机场起飞,前往韩国首都汉城。执行这次飞行任务的飞机是波音 747-200B 型宽体客机,007 航班本是从美国纽约飞往汉城的,一共载有 244 名乘客(加上机组人员共 269 人),但由于航程太远,中途必须在安克雷奇国际机场停留加油并更换机组成员。007 航班从安克雷奇国际机场起飞后两小时左右,不知什么原因突然偏航,进入苏联远东沿海,经由鄂霍次克海进入萨哈林岛上空,偏航距离达 500 公里以上。在 007 航班进入苏联领空后不久,便被苏联防空雷达截获,在跟踪了一段时间之后,苏联远东防空军出动了一架值班的 SU-15 战斗机前往拦截。SU-15 战斗机升空约 8 分钟后便发现了目标,在拦截无效的情况下,SU-15 战斗机根据基地指挥的命令,向客机发射了两枚 AA-3“阿纳布”空对空导弹。导弹击中目标后,客机发生爆炸,随即坠毁于莫涅龙岛附近的日本海上,007 航班上的 269 人全部死亡。文章说,这次空难发生后,美国官方是什么态度呢?——激烈地抨击苏联践踏人道主义原则的行为。明明知道是客机还要用导弹把它击毁。美国总统里根亲自上阵,对苏联进行强烈谴责,斥责此举为“一次野蛮的行径”,并宣布对苏联实行经济制裁。

文章作者说,在同样的事件面前,我们看到的是一个国家的两种截然相反的立场。美国这样一个号称为人类命运担负责任、声称要维护全球秩序的大国,如果在国际事务上采取完全不同的价值标准,美国就将在全世界面前失去信义。

诚然,《亚利桑那每日星报》在评论这一事件上,很好地运用了平衡的原则,防止了“片面客观”,保证了新闻报道的公正。然而在实际的新闻报道中,要做到绝对的公正却是一件不易之事。但是新闻工作者要充分发挥主观能动性,运用平衡性原则,保证新闻报道的公正与全面。因为没有它,新闻报道的公正性更无法得以坚守。

2.新闻报道中经常出现的问题

下面的消息会帮助我们看到写作新闻报道时经常会出现的问题,即只讲述一方的观点,没有贯彻平衡性原则。

假的真不了!俄指控美“假装”打击“伊斯兰国”

(××网)2017 年 10 月 12 日电　俄罗斯国防部发言人伊戈尔·科纳申科夫 10 日指控美军“假装”打击极端组织“伊斯兰国”,嘴里喊着反恐,实则减少空袭次数,好让伊拉克境内的极端分子保存实力,涌入叙利亚对付俄罗斯军队支持的叙利亚政府军。

科纳申科夫说:“大家都看到美国主导的国际联盟在假装打击‘伊斯兰国’,尤其是在伊拉克。但在叙利亚,因为某种原因,他们却异常积极。”

科纳申科夫暗示,美军支持的叙利亚库尔德武装正在叙利亚与政府军抢夺地盘。目前,叙利亚政府军正在收复“伊斯兰国”在代尔祖尔省的控制区。与此同时,库尔德武装主导的“叙利亚民主军”也在代尔祖尔省展开打击“伊斯兰国”的军事行动。科纳申科夫说,由于美军放水,大量极端分子从伊拉克涌入叙利亚参加战斗。以代尔祖尔省东南部迈亚丁的战事为例,叙利亚政府军连日来发动总攻,希望把“伊斯兰国”成员赶走,但大量来自伊拉克境内的外国武装人员赶来增援,给叙利亚政府军和俄罗斯军队造成困难。

美国方面尚未回应科纳申科夫的这一说法。

这则新闻在对一个涉及双方利益冲突的事件进行报道时,从头到尾只讲述了一方的观点,只采用了一方的说法。这种消息更像是冲突一方发言人的发言稿,而不像是记者采写的新闻。

在新闻报道中,只要遇到冲突,遇到矛盾,遇到人们有不同看法、不同观点的地方,就一定要倾听双方的意见,报道双方的真实态度与观点,要给冲突、对立的双方表达自己看法的平等机会。即使是一方以“无可奉告”之类的言辞推托,也要把他们的这种说法与态度表现出来。

我们来看一篇《莫斯科华人报》关于《莫斯科人看北京申奥》的文章。作者将在莫斯科随机采访到的不同观点,用小标题的形式提供给受众:

采访可以接受 提问无可奉告;

北京漂亮好客 申奥定能成功;

北京的京剧真迷人 对北京申奥不了解;

中国功夫了不起 北京申奥有希望;

北京虽然很出色 但巴黎可能成功;

巴黎多伦多出丑闻 将给北京帮大忙;

北京申奥是国际奥运会的光荣;

北京申奥有实力 申奥成功有难度;不论北京办不办奥运 中国照样能强盛。[①]

---

① 张举玺.莫斯科人看北京申奥[N].莫斯科华人报,2001-07-04.

作者把这么多观点罗织在一篇文章里,充分展示了莫斯科人对北京申奥的各种态度,提供给受众的是一种全面的、客观的、可信的信息。

报道中坚持平衡性原则的具体操作规范有:提供争论双方的观点,以便识别冲突中对手之间的真实主张;提供代表这些真实主张的确切陈述;直接用引号指明这是消息来源而非记者的陈述;首先依照提供最多事实材料的方式组织报道。

保持报道公正的要则:不能忽略具有关键意义和重要价值的事实;不要让自己的情绪和偏见进入报道;不能有意或者无意地误导和欺骗读者;不要让无辜的人受到伤害。

三、坚守客观

客观报道原则最早是由美国《斯普林菲尔德共和党人报》的主编塞缪尔·鲍尔斯在1855年的一篇社论中提出的,他主张要在事实与观点之间划清界限。

1900年美联社提出"报道事实而不报道观点"的报道宗旨,由此成为世界上第一个将客观报道作为工作宗旨的新闻机构。

1923年美国制定的《新闻规约》第5条规定:"新闻报道不应该掺加观点和任何偏见。"

徐宝璜在1919年出版的《新闻学》中说:"切不可将意见夹杂于新闻之中迷惑读者。""只有事实,可成新闻。事实登载后,阅者自然自有主张。"

新闻报道的内容必须是客观事实,不能虚构、夸张、编造、想象。新闻报道不应该受到记者本人观点的左右,记者的观点和意见应该与新闻报道分离。

今天新闻界所说的客观报道已经不是历史上的"有闻必录"。20世纪五六十年代美国新闻界对客观报道的原则进行了一次深刻的反思,这次反思源于麦卡锡时代给美国历史带来的灾难。

20世纪50年代,一位勇敢的广播电台记者Elmer Davis指出了麦卡锡时期新闻界奉行的"有闻必录"式的客观报道的局限性。他直言记者的失败之处在于:在麦卡锡四处煽风点火散布共产主义威胁的谎言时,记者们明明知道他在撒谎,却不能在报道中指出来。

Elmer Davis说:"假使有人为自己的私利而撒谎,提醒人们注意这一点将是客观的。"这无疑是对新闻报道客观性的新的领悟。

美国新闻出版自由委员会在20世纪40年代后期提出:"应在环境中赋予每日事件以意义,对其进行真实、全面、睿智的报道。仅仅真实地报道事实是不够的,现在需要报道关于事实的真相。”

新闻记者必须在一个新的高度上去理解客观性的原则:要在环境中揭示新闻的真相和本质意义,忠实于事件本质的真实。

“有闻必录”式的“纯客观”报道手法,往往不能真实地反映客观环境的变动状态,不能向公众提供能够让他们为自身利益作出明智抉择的可靠信息。

主观臆想式的报道和“有闻必录”式的报道都是远离事实真相的,因此都是不负责任的报道。记者应该千方百计突破报道事实真相的主观与客观的限制。

执行客观报道原则的工作方法包括:客观地叙述事实而不带有个人的感情和偏见;使用直接引语,提供新闻事实、当事人和知情者的原话;交代消息来源;报道新闻的全貌;记者不发表个人的议论和见解。

下面的方法有助于坚持报道的客观性:为问题提供更多的观察视角,找出事实背后的原因,全面解释新闻。

事实是新闻报道的依据。然而,只有全面考察事实产生的背景和事实存在的环境,我们才能真正认识事实真相。

一位美国新闻工作者说过这样的话:“当我们驶往真相的目的地时,事实是为我们提供指南的星斗,但是它们决不能照亮我们的航程。”

记者必须承担这样的责任:解释新闻产生的环境,发掘新闻蕴含的意义。

复习思考题

1.你认为在新闻写作中应该怎样坚持真实性原则?

2.在新闻报道中交代消息来源的重要性是什么?

3.你认为客观、公正的报道具有什么共有特征?

4.怎样在新闻报道中坚持客观、公正的原则?

第六章 新闻写作的基本方法

▶本章学习目标

了解新闻为何要用事实说话,掌握用事实说话的方法,即选择典型事实说话,通过再现场景说话,运用背景材料说话和借助“直接引语”说话。

▶学习重点

选择典型事实说话,通过再现场景说话,运用背景材料说话和借助“直接引语”说话。

学习新闻写作,首先要掌握新闻写作活动的基本规律。

任何文章的写作,所遇到的基本矛盾都是如何处理材料和观点的矛盾。所谓写作规律指的就是寻求这两者结合与统一的基本方法。新闻写作遇到的矛盾也不例外,它要处理的是新闻事实与记者所要表达的观点之间的矛盾。而解决这个矛盾的基本方法就是“用事实说话”。

本章的中心问题是:新闻报道为何要用事实说话?怎样用事实说话?

第一节 新闻为何要用事实说话

一、什么叫用事实说话

有两种不尽相同的表述。一种说法是:通过客观叙述新闻事实及其背景来体现观点、发表意见。另一种说法是:记者把思想观点藏在精心选择的某些事实里,让受众通过事实自己领悟其中的道理。

无论如何表述,新闻写作的基本方法都离不开两个要素:“事实”和“观点”(即说话)。它的特点在于两者结合的方式。

从形式上看,新闻报道,尤其是动态消息,并不直接论述对事实的观点,不是通过发表有形的意见来说话,而是叙述和再现事实,运用事实本身的逻辑反映现实,采取

“寓论断于叙事之中”的方法，即通过发表无形的意见说话。[①]

中国新闻界的老前辈胡乔木曾说：“我们人人都会发表有关意见，新闻却是一种无形的意见。从文字上看去，说话的人，只要客观地、忠实地、朴素地叙述他所见所闻的事实。但因为每个叙述总是根据一定的观点，接受事实的读者也就会接受叙述中的观点。”[②]

通过事实发表无形的意见，这正是新闻报道特殊的价值和独特的作用，西方新闻学形容“用事实说话”为“记者的舌头是缩在后头的”。因此，新闻写作的这个基本方法又被他们称为“藏舌头的艺术”。

中央电视台《焦点访谈》曾经播出过一档“罚要依法”的节目，对山西公路乱收费现象进行了曝光。画面上记者跟随一位司机的货车进行调查，看到一名交警在毫无理由的情况下，就罚了款。接着记者去采访交警大队副大队长时，他解释为该司机违反了交通规则 75 条的第 3 款，也就是不按规定超让车，实际上这纯粹是无中生有，而记者没有当即去反击，而是以一种客观的态度，让观众自己去看。解说是这样的：“那么让我们来看一下，当时我们搭乘的这辆车是否按规定超让车。”画面是：那辆车在路上行驶，前边根本就没有车。这样，记者不需多讲，孰是孰非已经很清楚了。在这个片子中记者始终是以第三者身份介入，不带任何主观色彩，因而有很强的事实说服力。

二、为什么要用事实说话

1.事实是新闻的本源

新闻是新近发生的事实的报道。这个定义再清楚不过地表明：没有事实就没有新闻。俄国伟大的生理学家巴甫洛夫在《给青年们的一封信》中说过：“鸟的翅膀无论怎样完善，但若不借空气支持，是不能使鸟体上升的。事实是科学家的空气，没有事实，他们永远也飞腾不起来。”这番话同样可用在新闻写作上。事实也是记者的“空气”。离开事实，记者几乎一无所有，没有任何可以撑得起素材的东西。没有事实的支持，就没有新闻报道。

事实是新闻的实体，也是新闻的存在形式。所谓新闻的指导性、政治性等，都是由事实派生出来的，不是独立存在的。也就是说，它们都包含在事实之中，不能贴标签式地外加上去。

---

① 刘明华，徐泓，张征.新闻写作教程[M].北京：中国人民大学出版社，2002.

② 高宁远，等.现代新闻采访写作教程[M].北京：新华出版社，1998.

2.事实胜于雄辩

新闻报道坚持用事实说话,因为事实本身具有强大的说服力。道理很简单:人们认识某种事物,懂得某个道理,总是从具体事实开始的,从具体到抽象,从感性上升到理性,形成概念,然后形成观点。现在要让受众接受你的观点,也就是让他们接受一个抽象的、理性的概念。怎么办?最便捷的办法当然是带他们回到具体和感性中去,也就是说回到事实中去。从这个意义上说,我们讲新闻要坚持用事实说话,就是坚持按照人类的认识规律办事。

毛泽东在1925年亲笔撰写的《政治周报》发刊词中说:

我们反攻敌人的方法,并不多用辩论,只是忠实地报告我们革命工作的事实。敌人说:广东共产,我们说:请看事实;敌人说:广东内讧,我们说:请看事实;敌人说:广州政府勾结俄国丧权辱国,我们说:请看事实;敌人说:广州政府统治下水深火热民不聊生,我们说:请看事实。政治周报的体裁,十分之九是实际事实之叙述,只有十分之一是对于反革命派宣传的辩论。

毛泽东在此所讲的"十分之九是实际事实之叙述",指的当然是新闻报道。可见,新闻报道的作用和威力尽在事实中。

马来西亚航空公司MH370航班从吉隆坡飞往北京途中,于8日凌晨1时20分与地面失去联系,机上239人至今生死未卜,其中有154名中国同胞。截至3月10日凌晨2时,虽经多国努力搜寻,仍无确切消息。①

这篇报道在导语中交代了时间、地点、事件的缘由,以及事件发生所带来的影响。短短几十个字把MH370航班失踪的事实展示得一清二楚。

中国海警3411船于9日13时30分抵达疑似失联海域中心位置,截至19时,搜索面积约200平方公里,尚未发现可疑物,将连夜继续全力搜索。中远集团"泰顺海"轮在疑似海域连续搜寻未发现可疑物标。"南海救115""南海救101""海巡31"等正前往疑似海域参与搜救。经中央军委批准,海军派出绵阳舰、井冈山舰、海

① 余建斌,鲍丹,倪光辉.MH370,你在哪里[N].人民日报,2014-03-10.

> 口舰和昆仑山舰分别前往相关海域。绵阳舰预计10日7时30分前抵达，井冈山舰11日10时前抵达。[①]

上述报道对事故发生后的搜救工作进行了描写，将搜救参与者、搜救面积、搜救进度及搜救现状客观地呈现在读者面前，并不带有个人感情色彩，不发表自己的言论，让读者看到事实后，产生自己的观点。即空难发生后，中国政府和有关方面及时到位，展开搜寻和调查。

3.事实最符合受众的需要

人们读报纸、听广播、看电视、关注传媒，主要想获取信息，知道一些新鲜事，而不是首先想知道一些道理，这与看书学习时的欲望是不同的。而且在读报或者听广播、看电视的过程中，对于越感兴趣的信息，受众就越想知道得具体一些，这个所谓的具体，也不是道理，而是事实。实践证明，新鲜与具体的事实，是传媒市场适销对路的商品之一，受众通过媒体最需要了解的就是新闻事实。

另外，从受众的心理分析，在阅读选择的时候，大多数人愿意接受记者提供的事实，相信通过自己的头脑对事实所做出的判断，而不愿轻易接受别人的观点，更讨厌那种充满大话、空话的宣传和强制性的灌输。随着时代的进步和受众自身素质的不断提高，这种心理趋势会越来越强烈。因此，要把评价事实的权力还给读者。

传播学的理论研究也告诉我们，最好的传播效果是劝服，而不是压服。传播学家勒平格在他所设计的五种劝服策略中，主要的一种叫作认知性设计，这种设计要求通过提供事实、信息和逻辑推理进行劝服。他的口号就是："让事实本身来说话。"

> 今日上午9时许，一名外地来沪歹徒持刀闯入上海市闸北公安分局，连续捅伤多名民警和一名保安，随即被民警当场擒获。[②]

记者用简短客观的话语把事件发生的时间、地点、人物、结果等事实在导语中全部向读者做了交代。这就符合受众的阅读心理，并吸引读者看下去。

---

① 余建斌，鲍丹，倪光辉.MH370，你在哪里[N].人民日报，2014-03-10.

② 包蹇.北京男子上海袭警5死5伤[EB/OL].(2008-07-01)[2017-12-01].http://pic.people.com.cn/GB/1098/7454350.html.

综上所述,正如艾丰在他的《新闻写作方法论》一书中所总结的:新闻写作最基本的内容是事实,新闻写作最基本的素材是事实,新闻写作成败最具决定性的因素是事实。没有过硬的事实,再有过硬的笔头也是白搭。新闻写作最基本的手段就是运用事实。可以说,新闻写作的一切方法和技巧,都是运用事实的方法和技巧,起码都是建立在运用事实上的方法和技巧。

三、是不是所有的新闻报道都在说话

下面,我们继续讨论新闻写作基本方法的第二个要素,即说话。这里所谓的"说话",并不是日常生活中人们聊天、谈话的意思,而是特指有目的地传递信息,通过报道表达某种意见、观点。如果从宏观的角度定义,"说话"就是要达到某种传播目的,也就是我们常说的舆论导向。

1.传播的目的是说话

以传播学的观点回答这个问题很简单,写新闻是为了传播,而传播本身就含有一定的说话的意义。事实一旦被报道了,就变成了"被传播的事实"。事实的传播总是为了某种目的,即使没有明确的特定目的的事实传播,也总要产生某种影响。从大众传播学理论分析,为什么要办报纸?为什么各种新闻传播媒介竞相涌现,并如此兴旺发达?一言以蔽之,就是为了"说话",为了通过新闻传播形成社会舆论,从而产生社会影响。

2008 年 3 月 14 日,我国西藏发生了暴力打砸抢事件。对此,很多外国媒体做了歪曲事实的报道,对我国国家形象产生了消极影响。

例如,3 月 17 日,英国广播公司(BBC)在网站上刊登题为"藏人描述持续骚乱"的报道,所用配图是西藏当地公安武警协助医护人员将骚乱受伤人员送进救护车的场景。然而 BBC 给出的图片说明却写道:"在拉萨有很多军队",似乎完全没有看到救护车上大大的"急救"二字。在《泰晤士报》等媒体的报道当中,"军事镇压""武力管制""藏人被杀数百人"等文字随处可见,全然不顾事件的骚乱本质和事实真相。

外国媒体的报道让很多不明真相的受众对中国产生了很不好的印象。在很多西方受众的心中,中国对西藏采取了不人道的压制,而其中有些受众甚至从未听说过西藏。

为了让国内外受众真正了解这次事件的真相,中国媒体利用图片、视频、文字报道等多种手段对这起事件进行了客观公正的报道,取得了成功,从而改变了受众因之前的不实报道而产生的对中国歪曲的看法。

在西方国家，新闻舆论对整个社会有强大的干预力量。在中国，新闻宣传对引导社会舆论、稳定社会秩序、促进改革开放也起着不可替代的重要作用。

2.选择就是在说话

那么是不是所有的新闻报道都在说话？答案还要从新闻的定义中去寻找。

上文我们已引述过：新闻是对新近发生或发现的事实的报道。这里要注意“报道”两个字。既然是“报道”，就包含有记者的劳动，包含着主观的行为。所谓报道，意味着记者对报道对象的选择、叙述、描写与再现，这就是主体对客体的作用。因此只要你一进入采写新闻的报道过程，主体就开始影响客体。你为什么报道这个事实？报道它什么？怎样报道它？这些都体现了记者的倾向，换句话说，都是记者在“说话”。

在大千世界中无数的事实客观存在着，一个记者为什么报道这个事实，而不报道那个事实？或者为什么他对这个事实浓墨重彩地进行报道，而对另一个事实却轻描淡写？这些选择无疑反映出记者的倾向、记者的观点，也就是他在说话：前者在用选择事实的方式说话，后者在用选择力度的方式说话。即使在报道某一件具体事实时，一个记者选取的报道角度也反映出他的倾向、他的观点，他也在说话——用选择角度的方式说话。因此，客观存在的事实一旦进入新闻报道，只能处于被记者选择的状态，每条新闻都是客观事实被筛选、过滤、组合、再现的结果，也就是说，它是主观的作品。

记者作为媒体的第一道把关人，对新闻事件的选择中就已经包含了他的态度和话语。例如，在西藏打砸抢事件中，从美国主流媒体 CNN 的报道中，我们就可以看到这家媒体对这件事情的态度。

3 月 17 日，CNN 网站上使用了一张拉萨事件的图片，图中两辆军车正向两名平民驶来。事实上，如果完整展示图片的话，可以看到当时军车旁有约 10 名暴徒在向军车投掷石块，显然 CNN 网站的图片故意剪裁了暴徒向军车投掷石块的图像。

为了让新闻事件服从自己的观点和意识形态。CNN 不惜断章取义，截取照片中与自己意愿相符的一部分，混淆受众的视听，并借助这些片面真实的图片，表达出自己的观点。由此可以看出，新闻事件的选择就是媒体对自己的观点的展示。

日本著名记者本多胜一说过：用事实写新闻不是目的，只是最有效的手段。因为直接加入主张和议论，会减弱说服力，而只摆事实，其目的仍然在于表达意见，说服读者。

3.新闻与说话无法分家

从新闻写作的角度讲，写一篇报道，尤其是综合性消息和通讯，总要有一个主题思想，围绕着主题思想才能取舍材料，统率全文。如果在写作新闻时没有这样的一个灵魂或者核心,素材便难以组织,笔下也难以成文。而主题思想就是"说话",就是记者试图通过新闻报道有目的地传达的信息、表达的倾向性与观点。因此在新闻写作的实践过程中,新闻事实与说话也是无法分家的。

综上所述,"事实"是客观存在;"说话"是主观意图。主观和客观的对立统一,形成了新闻写作的基本矛盾。"用事实说话"正是解决这对矛盾的方法。

以往西方新闻界喜欢标榜"纯客观",否认他们的报道具有倾向性。而中国新闻界存在的问题正好相反,许多报道的宣传味太浓,不善于用事实说话。有的新闻用空洞的议论淹没了事实,有的用笼统的叙述代替了事实,有的通篇看下来,几乎没有一个新闻事实,大段引用政策条文或是改头换面的领导讲话摘要。这些都是违反新闻写作的基本规律的,都是没有掌握新闻写作基本方法的表现。

第二节　选择典型事实说话

用事实说话的第一种方法:学会用典型事实说话。

现实生活是复杂的,事实也是大量存在的。选择什么样的事实才能表达记者的观点或倾向,这是记者首先要考虑的事情。在新闻报道中常有这样的情况,一个事实选择得好,它可能有以一当十的作用。反之,如果选择得不准,哪怕列举出不少事实,记者想说的话或希望表达的观点仍然模糊不清,甚至引起歧义。

一、必须选择典型事实

这种以一当十的新闻事实就是典型事实。俗话说,"坡大不如场大,场大不如仓大"。意思是满坡的庄稼经过收割、打场以后,其"精华"全浓缩在仓里。这句谚语很有哲理,它启示我们在大量的事实中,要经过层层集中,选取新闻事实;在新闻事实中还要选取它的精华,即典型事实。在新闻写作时,要学会使用这些"精华"说话。

什么是典型事实呢?我们看下面两条消息,比较一下它们使用的事实有什么不同,不同的事实所产生的报道效果即说话的效果又有什么差异。

本报讯　3月2日下午,北京市政府在国际俱乐部举行情况介绍会,向驻华使馆官员、外国记者等介绍了《北京市城市总体规划》的情况。

作为中国的首都,北京的城市总体规划为中外人士所关注。各国驻华使馆新闻、经济官员和驻华记者等90多人,出席了情况介绍会。

介绍会由市政府副秘书长、新闻发言人丁维峻主持，首都规划建设委员会副主任宣祥鎏、首都规划办公室主任赵知敬、北京市城市规划管理局局长平永泉、北京市城市规划设计院院长柯焕章分别就国务院批复，北京城市总体规划的修改制订和主要内容、实施总体规划、投资环境等作了介绍，并回答了记者提出的问题。①

中新社北京(1994年)3月2日电　北京市在严格控制老市区建筑高度以维护古都风貌的同时，准备网开一面，在东北郊的望京小区内，兴建一批超高层建筑，其中包括一座88层、300米高的巨厦。

北京市规划部门的主要官员，今天向外国驻华使馆经济、新闻官员以及驻京记者介绍国务院新批复的《北京城市总体规划》时，透露了上述信息。

望京小区是北京市近期重点发展的一座新的卫星城镇。城里规划了占地210公顷的商务中心区。

按照新修订的北京城市规划，在未来的20年里，北京将加速发展第三产业，改变过去“有城无市”的不方便状况。除在望京小区开辟商务中心区外，在城市中心的建国门一带还将新建占地约70公顷的商务中心区，在二环路沿线也将建设相当规模的金融、商务、信息等公共建筑，满足第三产业的发展。

据主管北京市规划的这些官员们介绍，望京小区里还预留了第四使馆区的建设用地。现在北京已建成第一、第二使馆区，正在建设第三使馆区。

他们在回答外国记者提出的申办奥运未果，总体规划是否作了调整的问题时，明确地表示对奥运会的体育设施在规划用地上仍然给予了充分的保留。如果说有调整的话，只是其中的一部分体育设施的建设将推后进行，而整个城市基础设施和环境建设方面的规划不仅没有改变，而且将加快实施。

据悉，在今后的七年里，北京市以平均每年100亿人民币的资金投入，重点建设一批城市基础设施和大型骨干工程，包括电力基地、南水北调、陕北天然气进京、地铁和高速路、立交桥等。这些工程将采用建设——经营——转让(BOT)方式，鼓励外商参与。

这是两家不同媒体的记者在同一个情况介绍会上分别采写的消息。他们面对着同样多的事实，但是在报道中的选择却大相径庭。前一篇记者所选择的事实主要是会

① 北京日报，1994-03-03.

议的程序、会议的主办者与参加者,尤其突出了主办者的身份,即他们的政府头衔。这条消息读完,除了让读者得知开过一个什么会、由什么级别的官员主持以外,没有更多具体的内容。记者显然不是面向读者在“说话”,而是向“上边”交代,这是一条比较典型的官本位的会议新闻。

后一篇消息有所不同。记者透过对七八个新闻事实的报道,回答了读者关心的北京城市建设前景的问题。全文并没有一句议论或记者自己出面所作的结论,但他所选择的事实在说话,而且向读者说了内容具体、倾向性明显的话,阐述了北京城市总体规划修订的主要内容及其重要意义。这些事实就是典型事实。

二、典型事实的特征

那么典型事实应具有什么特点?

1.它必须是鲜活的、读者所未知的事实

众所周知,北京作为五朝古都,拥有以故宫为中心的南北 8 公里中轴线建筑群,这是世界级的历史文化遗产。为了保护这个瑰宝,北京的城市规划历来严格限制建筑高度,这是北京与其他城市在规划上的一个很大区别。在很长的时间里,它不允许在二环路以内建设高层建筑,在二环路以外,包括郊区也基本没有放开建设超高层建筑群。而这次新修订的《北京市城市总体规划》,最引人注目的一点就是打破了这个禁区,在保护古城风貌的同时,允许郊区大大突破对建筑高度的限制。第二篇消息把这个典型事实提炼出来,并放在导语中加以强调,还用了“网开一面”这个词来加强力度,形象地交代了这个政策性的突破。

2.它必须具有重要性而且是具体的事实

在这个介绍会上,记者无疑能够获得有关城市规划方方面面的信息。但它们不一定都是新闻,更不一定都是重要的新闻,需要进行筛选。第二篇消息的作者从中选取的几个,如上文所述突破建筑限高,还有重点发展望京这个新的卫星城,加速发展第三产业,改变“有城无市”的状况,以及每年斥巨资建设城市基础设施等,都是这次对北京城市规划进行调整的主要内容。对这些重要事实的报道,不仅体现了修订的指导思想,而且展示了北京正加快建设步伐,向国际现代化都市迈进的前景。这些典型事实又都是具体的:如报道超高层建筑群时,记者举例“其中包括一座 88 层、300 米高的巨厦”。在报道斥巨资建设城市基础设施时,记者具体写道:“平均每年 100 亿人民币的资金投入”,并具体列举出要建设的重大工程:电力基地、陕北天然气进京、地铁、高速路、立交桥等。

3.接近性可以强化典型事实

由于这次介绍会主要面对外国驻华官员和记者，而中国新闻社又是主要从事对外报道的，因此第二篇消息所选用的几个新闻事实，注意了满足境外读者群的需要，寻找与他们的心理接近点。比如北京要建商务中心区、金融街，这是境外投资者感兴趣的；在结尾讲到大型基础设施建设时，记者还注意交代了这些工程将采用国际通行的方式鼓励外商参与投资和建设。第五自然段更明显，记者选取的是与对外宣传有直接关系的事实，用一整段报道了有关使馆区的建设，既有对第四使馆区新址的交代，又有对前三个使馆区的背景介绍，尽管不足70字，但这段文字涉及驻华外国人切身的利益，是他们所关心的。此外，这一段新闻的背后还含有另一层意思：使馆区的不断扩大和建设，说明与中国建交的国家越来越多，外交战线硕果累累。这是记者透过这个典型事实想表达的另一层意思。

4.有的放矢也是选择典型事实的一个标准

外国记者在会上肯定提了不止一个问题，但第二篇消息只选择了其中的一个：关于申奥未果是否影响北京城市总体规划的修订，这在当时是一个热点问题。在申办2000年奥运会的时候，北京为达到申办城市的要求曾向国际奥委会保证，到2000年重点治理好环境污染，基本解决交通拥挤等状况，并为此提出了一系列具体的建设项目。1993年9月，中国以两票之差落败。当时国外舆论就有一种说法，认为北京因争办失利，所许诺的有关工程将不再建设；国内的老百姓也有这个担心。这篇报道选择这个问题给予回答，是很有针对性的。记者用事实释疑解惑，并引用主办者的话表示：整个城市的基础设施与环境建设方面的规划，不仅没有改变，而且将加快进行。通过这个典型事实，记者的倾向与他想说的话也很明确：北京的建设是为了改善人民的生活质量，为人民造福，而不是单纯为了申办奥运会。

典型事实一般应该具有以上几个特点。这些特点实际上就是新闻价值的具体体现。新闻价值凝聚着新闻报道中的社会需要、受众需要，它取决于新闻所传递的信息满足受众的程度。因此，一言以蔽之，用典型事实说话就是选择最有新闻价值的事实说话。

第三节　通过再现场景说话

用事实说话的第二种方法：学会用再现场景来说话。

所谓“再现场景”，就是把新闻事实的某些现场情景具体地描述出来。

新闻中的人和事，一般都是有形可感、有物可托的。俗话说“眼见为实”，把它们逼真地再现,使新闻报道做到有神、有形,使读者仿佛亲历其境、亲眼所见,这种方法自然会加强可信性和说服力。美国著名记者威尔·柯里姆斯曾说过:“最好的写稿人总是把报道写成似乎可以触摸到的有形物体。如果你不这样做,那么你写的报道就会变成过眼烟云。读者也就感觉不到它的存在。”①一般来说,可感性越强,可信度就越高。因为读者对你所报道的事实乐于感知,感知面越广,感知的程度越深刻、越具体,他们对该事实的内涵以及你选择这个事实说话的意图了解得就越明晰、越自然;新闻报道通过场景再现,加大了说话的力度。

“场景再现”在有关新闻写作的一些论述中还被称为“以氛围逼真”,即“让受众犹如身历其境地感受新闻的存在和发展”。这种再现的写作方式虽然难度比较大,但它所增强的可感性显著,对读者的说服效果相应地也显著。

一、第一人称再现法

第一人称再现法,也就是由记者直接把读者带入现场,是“再现场景”常用的一种手法,它具有特殊的真实魅力,使得读者在“请看事实”的过程中,接受与领会了记者传达的信息、想说的话。

请看《21世纪环球报道》2002年10月28日刊发,由记者张举玺从莫斯科发回的报道《车臣寡妇军兵败莫斯科》中再现场景的片段。

> 10月25日,莫斯科人质危机进入第二天。我惦着人质的安危,一大早又来到了案发现场。
>
> 在刺骨的晨风中,文化宫周围依然是人头攒动。除了军、警、救援人员、各国记者之外,最多的就是人质的亲属。……
>
> 上午9点左右,一位满脸络腮胡须、两眼通红的男子,一手拨开执勤警察,冲入警戒圈。他发疯似地从怀里拔出两把菜刀,想冲进馆内同车臣武装分子决斗,以救出自己的妻小。他被赶上来的几名军人硬拉了回来。
>
> 他双眼怒视着军警们:“就你们也有资格拦我?军人的话,我是再也不能相信啦。你们不是说莫夫萨尔已经于去年就给捕杀了吗?你们看,他就在那儿!正在我们的眼皮底下,指挥着他的女兵们,杀戮我那手无寸铁的妻儿!你们救不了他们,难道还不允许我去救吗?”
>
> 看到这种情景,许多人都把忧愁的眼光挪开了。……

---

① 刘海贵,尹德刚.新闻采访写作新编[M].上海:复旦大学出版社,1997.

从这种再现场景中，我们亲身感受到了莫斯科人质事件现场的人声鼎沸、对峙激烈，以及再也无法忍受那种残酷等待的人质家属们的恐慌、对军警的不信任、无奈和绝望的冲动……

二、目击再现法

在批评类的报道中，通过"场景再现"让事实说话，即记者目击记，更是经常使用的一种方法。

从"灰线"出来，经过长长的走廊，进入"红线"地铁站。一阵急促的吵喳声如风灌耳，循声看去，发现站台上有七八位中学生模样的青年人，正围着两位"东亚人"，你一拳他一脚地殴打。许多俄国人都躲得远远的。我担心是自己的同胞在挨打，就拨开人群，不顾一切地要上前看个明白。刚到跟前，听见一位被打者说："哥，你把包扔给他们，快跑吧！"……果然是中国人！心里的火气一下子蹿起老高。俄国人凭啥就能随便欺负中国人？[①]

"再现场景"就是把新闻事实的某些现场情景具体描述出来。在这篇报道中，作者采用了第一人称的手法描述了在地铁站看到同胞被俄罗斯流氓欺负，"见义勇为"站出来帮助同胞抵抗暴力的事情。并且通过运用"目击再现法"："一阵急促的吵喳声如风灌耳，循声看去，发现站台上有七八位中学生模样的青年人，正围着两位"东亚人"，你一拳他一脚地殴打。……"再现了俄罗斯流氓怎样在行人聚集的地铁站中、众目睽睽之下，肆无忌惮地抢劫两个中国小伙子，抢劫不成功又如何对中国人施以拳打脚踢，丝毫不在意自己的犯罪行为，把读者带入现场，以达到使受众身临其境的感受，增强了文章的可感性，增加了用事实说话的力量。

在俄罗斯，中国人遇到的主要问题是缺乏安全感。俄罗斯当时处于转型期，社会治安状况不太好。俄警察、海关、税务等部门的一些腐败分子与黑社会相互勾结，有计划、有组织、经常性、肆无忌惮地敲诈中国人。光头党等极端组织也经常无端攻击中国人。中国人在俄罗斯处境艰难。

俄罗斯媒体对中国人在俄罗斯遇到的主要困难进行过调查，结果显示，有 1/10 在俄中国人曾遭受过俄罗斯人的殴打和辱骂，60％～74％的中国人认为警察的敲诈勒索是遇到的最大困难，22％～37％的人认为俄官员的贪污受贿是他们在俄遇到的最大困

① 一鸣.在地铁站感受"挨打"[N].莫斯科华人报，2002-03-12.

难。报道总结说,中国人在俄罗斯有两个死对头:一个是警察,另一个是流氓。警察对他们进行罚款,流氓则殴打他们。

在此稿中,记者没有发表一句关于俄罗斯流氓和警察的议论,但是通过叙述事实来发表无形的意见,即俄罗斯官匪勾结,欺负中国人的事实。

以上两个例子都属于现场报道、现场目击。而在新闻写作中,不是现场报道类型的稿件,无论消息还是通讯,也都可以在叙述中穿插使用"现场再现"的描写手法,达到使受众身临其境地感受新闻的目的,加强用事实说话的力量。

2004年,黑龙江森工系统加大了对俄罗斯森林资源的开发力度,相关俄罗斯媒体借机大肆渲染中国人在西伯利亚持币购买木材,从而引发乱伐森林资源的混乱局面,俄罗斯有些政客利用舆论工具再次挑起"中国威胁论"。为了弄清楚中国人在西伯利亚进行的木材交易的真实情况,记者专程从莫斯科飞到伊尔库茨克州进行了调查采访,写出了《"中国斧头"与俄罗斯森林》这篇稿子,驳斥了所谓的"中国威胁论"。

我们来看看其中的夜访"中国村"片段。

……记者走下车,经过仔细观察才发现陡坡上开着大约有五六孔窑洞,窑洞口用一根根竖着的原木封着。记者发现窑洞口那一排排原木上还开有小门,但是都紧闭着。记者试着敲了敲,没人应声,只好问:"里面有人吗?我们从这里路过,想讨杯水喝。"

…………

"我们是中国劳务输出的员工。根据这个林场与我们公司签订的合同,我们需要在这里工作2年。我们砍伐的木材将被运往中国。其中很少部分用来抵扣我们的工资和公司的利润,大部分需要由公司向林场支付外汇。"刘伟介绍说,"这里以前是一个护林站。生活设施应有尽有。也许是为了防火吧,俄国人在这里打了几孔窑洞。护林员平时就住在窑洞里。现在这里就成了我们的驻地。我们被林场指定在这里,任务是监伐这周围上千公顷的老化森林。"

…………

刘伟向记者透露,黑龙江森工系统从今年起加大了开发利用俄罗斯森林资源的力度,计划到2008年实现在俄罗斯采伐木材200万立方米、加工木材100万立方米的目标。"目前,来自鹤北、绥阳、清河、海林和东京城等地的6家企业在俄罗斯远东地区有森林采伐和木材加工项目。"刘伟很自豪地对记者说。[①]

---

① 凤笛."中国斧头"与俄罗斯森林[N].21世纪经济报道,2004-04-26.

记者运用“再现场景”的方法，向读者展示了中国劳工在俄罗斯的生活和工作环境，并交替使用直接引语和间接引语，而不参杂记者自己的观点，用事实证明了中国劳工在俄罗斯开采俄罗斯森林资源的合法性。

第四节　运用背景材料说话

用事实说话的第三种方法：学会用背景材料说话。

新闻报道中的背景材料，常被称为“新闻背后的新闻”。对它所下的最简单的定义是“用来说明新事实的旧事实”。由此可见，背景材料本身也是事实，用背景材料说话属于用事实说话的一种方法。

背景材料在新闻报道中有许多作用，其中一个不可忽视的作用，就是通过灵活地使用背景材料，巧妙地表达记者的观点。

西方新闻界所鼓吹的“纯客观报道”是不存在的，但他们所娴熟运用的客观报道的手法，却值得我们借鉴。其中运用背景材料说话，通过背景材料表达记者的倾向，是客观报道的主要手法之一。他们所说的“藏舌头的艺术”，很大程度上是把舌头藏在背景材料中。这确实是在新闻写作中“用事实说话”的一种重要技巧。正如西方记者所说的：越是好的记者，就越善于在新闻内容上表达自己的意见，且越善于在形式上隐蔽自己的意见。

怎样运用背景材料说话呢？

一、善于联想

这是一种通过把所报道的新闻事实，与其他一件或几件事实关联起来陈述的方法，暗示与引导读者进行联想，从而得出结论。

例如在一篇报道第二次世界大战希特勒进攻莫斯科的消息中，记者加入了这样一小段背景材料：

> 希特勒军队进攻莫斯科的路线与季节同1812年拿破仑进攻莫斯科的路线与季节几乎一模一样。

把希特勒军队的作战行动与100多年前的拿破仑军队联系到一起，引导读者回忆起那次战役的结果：拿破仑的军队大败于俄国。现在沿着同样的路线、在同样的季节里进攻莫斯科的希特勒军队,将会得到什么下场?记者把自己的观点“希特勒必败”,就这样不动声色地藏在了背景材料中。

二、善于对比

除了联想的方法,更常用的是通过背景材料进行对比与衬托。俗话说:“不怕不识货,就怕货比货。”讲的是把两件事或更多的事实放在一起对比,横向对比,纵向对比都可以,这样有助于发现问题,认识事物的本质。新闻写作也常常采用这个方法来发表无形的意见。

例如在一篇关于赫鲁晓夫的报道中有这样一段叙述:

赫鲁晓夫昨日深夜派人把斯大林的遗体从红场水晶棺中抬出,烧成灰烬。

赫鲁晓夫任乌克兰第一书记的时候,在党的会议上高呼:斯大林是他的父亲。

第二段是记者加的背景材料。这位记者并没有发表任何意见,也没有作任何褒或者贬的表态,但前后两件事实如此鲜明的反差,已给读者提供了足以做出正确判断的事实依据,同时也使读者心照不宣,完全明白了记者的意图。这显然比记者直接站出来下结论更有力、更有效。

三、不同的背景材料表现不同的观点

新闻事件是复杂多样的,每个新闻事件可以有多方面的相关背景。如何选用背景,选用什么样的背景材料,反映出记者或媒体观察、考虑问题的不同出发点与立场。因此,报道同一件新闻事实,由于选择和运用了不同的背景材料,从阅读的效果分析,会对读者的判断产生不同的影响;从用事实说话的写作方法分析,记者可以表现不同的倾向性和观点。

例如,1994 年 12 月俄罗斯出兵车臣共和国。西方通讯社在报道这一事件时,不同通讯社的记者在自己的稿件中加进了不同的背景材料。

有一家通讯社的消息所加的背景为:

这刚好是苏联出兵阿富汗十周年。

另一家通讯社的消息所加的背景为：

> 1944年，当时的苏联曾把这个被指控勾结纳粹的难以驾驭的民族迁往中亚。

第一条的背景材料把俄罗斯出兵车臣同苏联出兵阿富汗相提并论，其指向很明显，记者想表达的意思是俄罗斯出兵车臣同苏联出兵阿富汗一样，属于一个国家对另一个国家的武力干涉，这是侵略行为。

而第二条的背景材料揭示出车臣的“前科”：它历史上就与中央政府不和，表明俄罗斯的出兵属于解决国内政治问题，而且这个问题有很复杂的民族与历史原因。由此可见，当新闻事实被不同的背景材料加以说明的时候，就会表现出不同的倾向性，进而使读者做出不同的判断或结论。

四、综合立体地使用背景材料加大说话的深度和力度

我们再来比较以下三篇稿件，同样是报道1994年珠海机场建成通航，由于背景材料选择运用的不同，使得这三篇稿件在“用事实说话”的力度与深度上拉开了很大的距离。

新华社对外稿：

> **珠海机场通航**
>
> **新华社珠海(1994年)5月30日电**　华南广东省珠海市的第一个机场建设今天竣工并通航。
>
> 正在珠海视察的李鹏总理出席了机场的通航仪式并为第一个航班剪了彩。
>
> 机场建设历时两年半，耗资20亿元人民币。机场的4 000米长的跑道是全国第二大长跑道，仅次于西藏的拉萨机场。
>
> 这一新机场的导航和地面设备均为世界上最先进的设备。

《人民日报·海外版》稿：

> **大型航空港崛起珠江口**
>
> **本报珠海(1994年)5月30日讯**　珠海机场通过国家验收后，今天上午正式通航。国务院总理李鹏为机场通航剪彩，宣告珠海向国内各省市敞开了空中大门。

珠海机场场名是李鹏总理题写的。第一期建设规模可保证年起降各类飞机10万架次,年旅客吞吐量1 000万人次,年货邮吞吐量40万吨。起步营运就有10多个航空公司开辟了18条航线,每周始发76个航班。

珠海机场所在地原是日本帝国主义侵华时修建的三灶岛军事机场,日本投降时进行了销毁性的破坏,留下1 246个弹坑。为了适应珠海经济特区蓬勃发展的需要,市政府决定改建这个旧机场。1991年5月经国务院、中央军委批准立项,1992年2月动工,仅28个月就抹掉了三灶岛昔日的荒凉和战争的创伤,一座面积为520万平方米的现代化大型航空港巍然屹立在珠江口。

规划中的这个航空港占地30平方公里,首期开发10平方公里,已建成长4 000米、宽60米的跑道一条;长4 000米、宽45米的平行滑道一条;可供目前世界最大型飞机起降,高峰小时起降能力为37架次。候机楼面积9.16万平方米,高峰小时旅客吞吐量5 000人次。机场通信、导航、气象等主要部位和关键设备都是当今世界民航机场采用的先进设备。

美联社稿(译文):

中国视机场建设为地区发展的重要条件

美联社中国珠海(1994年)5月31日电 李鹏总理星期二在中国最富的一个南方省,正式开通了一个大型国内机场。

李在民航高级官员和地方负责人的陪同下参加了珠海机场的通航仪式,并为通航剪了彩。珠海是位于广东省的一个经济特区。

珠海机场是由一个旧军用机场改建而成的,距葡属澳门33公里,是繁荣兴旺的珠江三角洲四大新机场之一。

其他三大机场均为国际机场,它们是:澳门机场,预计今秋晚些时候通航;香港的赤腊角机场,预计1997年或1998年通航;深圳新机场,已经通航。

中国将最终掌管所有的这四大机场,因为香港和澳门的主权将分别于1997年和1999年回归中国。

珠海机场的年吞吐量为1 000万旅客和40万吨货物。旅客候机大楼的面积达9.16万平方米,是目前中国最大的候机楼。

机场将开始部分投入使用,1996年旅客吞吐量将达150万,1997年达280万。珠海市市长梁广大说,珠海地区经济高速发展,早就需要有一个这样的机场。

中国是世界上第三大国，随着70年代后期的经济改革，坐飞机旅游的需求剧增。从1980年到1994年，国内航线客运量年均增长近20%，达4 000万人次，是这一时期世界客运量年均增长的3.5倍。

三篇稿件对比之下，新华社的稿件显然写得过于简单了，包括使用的背景材料也过于单一，只是集中在机场的设施方面，如说明此机场跑道是仅次于拉萨的全国第二大长跑道。《人民日报》海外版的稿件增加了不少背景材料，但局限于历史性的背景材料，虽然可读性加强了，还是没有跳出地方性经济新闻报道的框框，仍然显得单薄。而美联社的报道却从珠海机场这一个点出发，通过充分地、灵活地、综合地调动大量的背景材料，把它的建设意义一步步放大。

首先，这篇报道把珠海机场放在整个珠江三角洲的背景下透视，说明这里“繁荣兴旺”，是中国南方最富的地方，是一个经济特区。然后又把它与香港、澳门、深圳的三大国际机场联系起来，以更大的政治背景来凸显它的地位，谈到香港与澳门机场时，记者特意加了这样一段背景材料：“中国将最终掌管所有的这四大机场，因为香港和澳门的主权将分别于1997年和1999年回归中国。”最后，作者再把珠海机场放到中国旅游业的发展与全国民航客运的大背景下观照：“中国是世界上第三大国，随着70年代后期的经济改革，坐飞机旅游的需求剧增。”“国内航线客运量年均增长近20%，达4 000万人次，是这一时期世界客运量年均增长的3.5倍。”

于是，通过多层次丰富的背景材料，记者回答了“为什么要建设珠海机场”这个问题，表明了中国视机场为地区发展重要条件的新闻主题。这样一篇消息，已经不是一条机场通航的简讯，也不是一条普通的地方经济消息，而是记者对中国经济发展一个方面的观察。由此可见，同一个新闻事实，由于运用的背景材料不同，记者所表达的意见、看法，或者说记者想通过这篇报道说的话，有了很大的差别。

第五节　借助“直接引语”说话

用事实说话的第四种方法：借助“直接引语”说话。

一、直接引语

直接引语是指记者通过采访得来的被采访者的原话。在报道中直接引用原话已经成为现代新闻写作不可或缺的手法，西方新闻教科书把它称为“新闻写作不可分割的组成部分之一”,并辟有专门的章节论述其重要性以及引用的具体技巧。在新闻报道的实践中,西方记者也很重视使用直接引语。1995 年 10 月 1 日,新华社通过电脑系统对美联社和路透社的发稿做了一次调查,结果显示:在两社当天所发的 81 条新闻中,使用了一至三段直接引语的有 23 条,使用了三段以上直接引语的有 25 条,占全部发稿的 60%。

在一家通讯社任职的法迪·扈利说:“这里的人们知道他去世了,但他们知道领导层会在不同时期宣布。”他说:“昨天我在痛苦的打击下哭了。我们眼下都在等待通知。”北部城市杰宁的出租车司机拉西姆·扎鲁尔说:“阿布·阿马尔(阿拉法特)已经去世了。结束了。”他说:“你或许在我们的脸上看不出来,但我们的心在哭泣。所有人真的热爱他。”22 岁的巴拉迪承认:“他的情况显然非常糟糕,我们拿不准他是死是活。这让我感觉很糟。”对 73 岁的基督教徒查利·达赫达赫来说,问题不在于他的死活,而在于谁将接替他。他承认:“我们不知道目前的情况,但我们担心的是阿拉法特去世后会发生什么。”①

这篇报道写于巴勒斯坦民族解放机构主席阿拉法特病逝的当天,中东形势风雨飘摇,拉姆安拉满城风雨,人们议论纷纷,形势非常微妙。记者在报道中巧妙地引用采访对象的原话,客观地反映了当时的形势。从标题“领袖生命垂危 巴勒斯坦人的心在哭泣”到“昨天我在痛苦的打击下哭了……”“你或许在我们的脸上看不出来,但我们的心在哭泣。所有人真的热爱他。”文章多次使用直接引语,反映了巴勒斯坦人民对阿拉法特的敬仰爱戴之情。

二、直接引语在报道中的作用

在新闻报道中,没有任何一个因素能够像直接引语那样,可以在一瞬间将读者置于新闻人物面前,让读者亲身感受新闻的环境与过程。由于直接引语是新闻中所涉及的人物的言谈话语,因此,它对新闻报道具有非同寻常的意义。

1.增加新闻的可信度

当新闻报道中出现直接引语的时候,读者就已经听到新闻中的人物亲自说话了。这种现场感、真实感、贴近感是一般的新闻要素难以创造的。一看到引号标示的直接

---

① 石坚.妙用引语来说话——评法新社消息《我们的心在哭泣》[J].当代传播,2005(3).

引语，人们会本能地意识到自己正在直接倾听新闻中的人物说话，甚至从直觉上就可能相信他们说的是真话。

乐乐多次说起此事，让王先生逐渐意识到事情的严重性。王先生便主动跟班主任、对方家长沟通，他曾告诉对方家长，乐乐不喜欢这种肢体上的接触，包括对方所谓的开玩笑和外号，“我家孩子说起的外号是侮辱性的，是讽刺的语言。”

“老师表示知道了，要去了解一下，但是并没有达到很好的效果。我每天送孩子上学的时候，能感觉到他很无奈，但晚上回家的时候又说某某某又骚扰他了。”王先生说，后来他再一次向学校要求，希望班主任把两个人的座位调开，“老师说效果好多了，之后的一小段时间，乐乐也没说自己在课上受干扰了。”

“孩子现在对我也比较抵触。”王先生说，12 月 9 日晚上孩子突然哭了，浑身都在颤抖，持续了 20 多分钟，他们在一旁毫无办法，孩子不让靠近，最后在母亲的怀抱中慢慢平静下来，“只有真正做好了准备我们才能让他去上学。”

王先生说，前几天，邻居的孩子过来玩，想安慰乐乐，结果两个孩子抱头痛哭，“这件事之前，我从来没有见过他这样的一面，他以前非常阳光”。

2016 年 12 月 9 日，一篇名为《每对母子都是生死之交，我要陪他向校园霸凌说 NO!》的文章在社交媒体上广泛传播。文章称自己在北京市海淀区中关村二小上学的儿子长期受同班同学欺凌，因此出现失眠、易怒等症状，诊断为急性应激反应。上面这则报道就是对该事件的详细介绍，从报道中的直接引语我们可以了解到校园欺凌对受害儿童乐乐造成的巨大影响，乐乐对学校产生厌恶，情绪经常不稳定，甚至抗拒与自己亲近的人，整个人都变得与之前大不相同。直接引用目睹乐乐变化的父亲的话语，让受众更加真实地了解到校园霸凌对一个孩子产生的严重影响。

2.增加新闻的兴趣度

直接引语是现代新闻报道中一个不可缺少的要素，最容易让人相信的原因就是它们可以使读者感到与新闻当事人发生最密切的接触。

一般来说，领导会面都是时政新闻，某月某日，某某在哪里接见了来自哪里的某某某……平淡的叙事，让人感到冷冰冰的，没有人情味。下面这则报道，则一改常态，让人感受到了作为中国领袖的邓小平，在生活中亲切和慈爱的一面。

下面这个案例，报道了 1988 年邓小平会见菲律宾总统科 · 阿基诺的消息：

"欢迎你！你的两个女儿呢?"邓小平一见到阿基诺夫人，就亲切地问道。当姐妹俩走上前来时，邓小平慈爱地说:"可不可以叫我一声邓爷爷?"看到她们含羞点头答应，邓小平发出爽朗的笑声，说:"好，那我们就认亲了！"步入人民大会堂福建厅后，邓小平特地同阿基诺夫人和她的两个女儿照了张合影像。姐妹俩兴奋地说:"谢谢爷爷！"

中菲两位领导人的会见，就是在这种亲如家人的气氛中开始的。①

亲切的话语、细节的描写，把一个在我们心中的伟人鲜为人知、生活中慈爱的一面表现了出来，增加了报道的可读性。

人是具有个性的，人的个性在他们的话语中往往表现得最为突出。直接引语可以让记者作为新闻与读者之间的中介人退居一旁，而让报道中的人物自己说话。这种信息的优势在于，能够让读者直接贴近新闻人物，进入新闻场景，领略新闻的过程。直接引语往往成为新闻报道里人情味的基本构成要素——许多时候，它甚至是首屈一指的唯一要素。

3.有助于澄清冲突与问题

在具有矛盾和冲突的新闻中，用人物的话语来表明冲突各方的观点是最准确的。面对复杂的问题，人物的话语也是最能够清晰表达自己的立场、观点和感情倾向的。当新闻事件涉及矛盾冲突和各方持有争议的问题时，直接引语就会显得特别重要，它会帮助读者了解各方的观点，认识冲突的本质，从而深刻了解新闻的状态与意义。

4.借别人的"舌头"说话

记者可以利用新闻报道中的人物之口，讲出自己希望说出又不便直接出面说的话。按照西方记者的说法，采用直接引语的技巧，就是"把用记者的嘴说话，改为用被报道者的嘴说话"。这样的报道看起来更客观，因而加强了说服力。

中国新闻界也越来越重视直接引语的作用。当然我们在这里指的不是那些报道领导讲话的官样新闻，全文充满了"某某说，某某又说，某某指出，某某强调"等句式。直接引语用得好的报道，恰恰是文趣盎然、生动真实、现场感强，且观点鲜明的新闻作品。

5.能够改变报道的节奏

新闻报道需要起伏，需要有波澜，直接引语是改变报道节奏的有效因素。镶嵌在

---

① 人民日报，1988-04-17.

报道中的不同内容、各种风格的直接引语，会造就文章起伏跌宕、峰回路转的状态，增加报道的跳跃性、丰富性和可读性。

邵拉·甘古利现年27岁，靠拉人力车为生，每天穿梭于新德里的大街小巷，与豪华轿车和公共汽车“同台竞技”。他说：“人力车就是我的生命。对顾客来说，它价格低廉。”

…………

市政官员帕万·凯拉说：“在像月光广场这样的老城区，人力车仍然大量存在，他们会导致大量的交通拥堵。而且，路上各种机动车辆来来往往，也容易出交通事故。”

…………

针对人力车的复苏，国际组织“倡议运输和发展政策”驻新德里办事处官员纳林·辛哈说，鉴于目前的经济形势和环境状况，政府更应大力推广人力车。“它是绝好的替代品，物美价廉，而且不会产生尾气污染，”他说，“油价不断上升，我们应当保护人力车车夫这一资源。”①

由于油价的不断上涨和环境污染日益严重，世界各地都各想奇招。在印度首都新德里就出现了人力车旺盛的场面。对于这种现象，人力车夫、市民和政府各有自己的看法。有人认为它很好，有人认为它存在很多隐患，意见不一，那么到底该不该大量使用人力车作为交通工具呢，作者最后使用专家的话语告诉读者，人力车是一个很好的替代品，不仅便宜，而且环保，值得推广开来。

由此可以看出，该新闻引用不同身份的人物的直接引语，使得该新闻具有跳跃感，铿锵有力，富有节奏感。

三、怎样选择直接引语

直接引语如此重要，我们应该怎样选择直接引语呢？下面是在报道中选择直接引语的一些标准：

① 新德里油贵 人力车走红[N].南方都市报，2008-07-02.

1.采访对象说的是关系到新闻本质的话

> 2001 年“9·11”事件发生后消防员温森特·鲍拉蹒跚着走出世贸大厦的废墟,他泪流满面。“我要回家亲亲我的女儿,”鲍拉说,“她刚刚学会叫‘爸爸’。不幸的是,很多孩子再也叫不成‘爸爸’了。”

美国媒体对“9·11”事件的报道引用了这位消防员这段充满了人情味的感叹之语。温森特·鲍拉的话,从一个侧面反映出恐怖袭击事件伤害无辜生命的本质。

2.带有强烈感情色彩的话

在俄罗斯别斯兰人质事件结束后的第二天,一家媒体的记者在灾难现场采访一名当地青年男子,问他此时此刻有什么感受。青年男子说:

> “我能有什么感受!在这场灾难中,我的一个姐姐死了,妹妹还在医院里抢救,你听到人们的哭声了吧,这就是我的感受。”

人们在感情激荡时说的话往往具有特别的感染力。把这些话真实地记录下来,有助于让读者了解新闻的真相和意义。

3.重要人物说的话

重要人物说的话往往是有新闻价值的。由于他们所处的地位特殊,他们说的话往往与人们的切身利益有着密切联系。

> 朱镕基总理访问美国时说:“我爱中国人民,我也爱美国人民。”
>
> 温家宝总理说:“在这个世界,由于误解引起的冲突往往比由于利益引起的冲突更为剧烈。”

两届中国总理的话反映出他们的感情、立场、观点,这些信息对于人们了解中国领导人的人文品格、思维方式,进而了解中国领导层的决策基础有着重要作用。

4.重要场合中相关人物说的话

北京时间 2016 年 9 月 27 日,美国总统大选第一场电视辩论在美国纽约霍夫斯特拉大学举行。希拉里在辩论中攻击特朗普:“从你公布的为数不多的几年纳税申报情况看,尽管你很有钱,但没有缴纳联邦所得税。”

通过这样的话语，你可以揣测到美国民主党籍政治家和共和党籍政治家在大选过程中争执的焦点和交锋的激烈程度。

人们在不同场合下讲的话因为其环境差异会有不同的意义。因此，关注相关人物在重要场合的讲话，对于新闻报道是非常重要的。

四、使用直接引语的要求

1.要准确

直接引语是特定人物在特定场合对特定事物表达的看法，因此引用时必须准确。否则，不仅会影响新闻本身的真实，也会引起种种难以预料的冲突与麻烦。

2.不要长篇大论地引用

采访对象在接受采访的过程中往往会长篇大论地述说许多事情，记者在使用引语时，要对采访对象的原话进行精挑细选，要引用其中的关键部分、核心部分。那些让记者和读者感到意外的内容往往就是关键与核心所在！

下面的案例是 2008 年奥运会前，路透社对法国总统萨科齐关于出席北京奥运会的一条报道。

> 萨科齐说："下周初我将给出答案。我必须与我的(欧洲)伙伴进行磋商，但是我也是法国总统，不会听命于他人……我们正在就所有这些问题展开讨论，我们正在与达赖喇嘛举行大量会谈。"

萨科齐作为总统，经常有发表言论的机会，但是记者要想使用他的话来表达自己观点的时候，只能截取其中最典型的话语，穿插到自己的报道中去，来展示自己的观点。

萨科齐将接任欧盟轮值主席，对于 8 月是否前往北京出席奥运会，萨科齐十分为难，因为亲西藏的活动分子一直敦促他抵制北京奥运会开幕式，而支持与北京举行政治对话的人则表示，他应该代表欧洲出席开幕式。读者可以从记者选取的萨科齐的话语中，感受到萨科齐不想得罪任何一方，而只能采取骑墙态度，在去不去奥运会的问题上尽量谁也不得罪。

3.明确交代说话者的身份

第一次使用某人的原话时，就要明确交代说话者的身份。如果是使用一段较长的引语,要注意在引语的第一句话后面就交代说话人的身份。让受众清晰地了解谁在说话是非常重要的。根据新闻报道的需要,交代说话人身份的内容应该包括说话人的姓名和职业这样两个最基本的要素。

2004 年,俄罗斯石油巨擘尤科斯公司易主,石油大亨霍多尔科夫斯基身陷囹圄。这件事情对俄罗斯经济产生了很大的影响。当年 7 月 27 日,俄总统办公厅副主任谢琴被任命为俄罗斯石油公司的董事会主席。这次公司易主到底有什么意义呢?

我们来看一个《瓜分尤科斯》的片段,从报道中被采访对象的话语,我们对这次尤科斯公司易主事件,能够有一个深入的了解。

"经过一年多的争吵和游戏,俄政府想瓜分尤科斯公司的时机已经成熟。"8 月 3 日,俄罗斯经济分析家尼古赖在接受记者采访时指出,"政府任命谢琴去领导俄罗斯石油公司,一名政府官员到国营公司去任职。表面看起来没有什么特殊意义。但是,确切地说,谢琴是代表普京的意志来整顿和治理俄罗斯石油行业的。"①

尤科斯公司作为俄罗斯石油公司的巨擘,易主绝非小事,但是一般人很难看出事件背后的新闻,记者通过采访俄罗斯经济分析家尼古赖,让专业人士告诉读者易主背后的事实,增加了报道的可信度。

4.在引用中不要使用污言秽语

引语中尽量不要出现污言秽语。非出现不可的时候,可以用别人都能理解的文字方式或者符号方式取代。因为无论如何,新闻媒体是一种大众传播工具,它对社会的文明环境是有影响和教化作用的。而且,污言秽语也往往不具有实质性的新闻价值。

在使用直接引语时,还要注意:为了呈现生活中的真实,不能把千差万别的人物话语都写成一种风格。这个世界上的每一个人都是独一无二的,因此他们的话语应该充分表现出他们的个性特征。

另外,借新闻事件当事人之外的消息源来进行议论的手法,也被西方新闻记者频繁地使用。在他们的报道中经常出现"有关方面的人士说""据目击者称""权威人士强调""此间观察家认为"等句式,后边的直接引语是对这个新闻事件的评价。与善于运用新闻背景说话一样,这也是西方新闻界客观报道的一种重要手法,实际上就是"借嘴说话",被引用的评价与议论代表了记者所认可的看法,代表了记者的观点。

---

① 张举玺.瓜分尤科斯[N].21 世纪经济报道,2004-08-09.

复习思考题：

1.新闻写作为什么要用事实说话？

2.用事实说话有哪四种方法？

3.典型事实应具有什么特点？

4.运用背景材料说话的手法有哪些？

5.为什么要借用“直接引语”说话？

第七章　新闻写作的基本要求

▶本章学习目标

了解新闻写作的基本要求,掌握提高新闻作品时效性、可读性和针对性的具体写作技术。

▶学习重点

时效性、可读性和针对性。

新闻写作有区别于其他文字写作的一些特殊要求。

这些要求来自新闻报道自身的特点。其中起决定作用的是,新闻报道作为大众传播产品,需要满足大量、广泛传播信息的需要,同时这种传播是在与受众之间通过快速交流实现的。

广泛传播与快速交流对于新闻写作提出了哪些具体的要求?在新闻写作中怎样才能达到这些要求?这是本章重点讨论的问题。

第一节　时效性:新鲜、快速、简短

新闻报道是时效性极强的文字作品。有人把它称为“易碎品”。

它所害怕的压力不是重量,而是时间。有些新闻迟发一步,就可能成为没有价值的旧闻。这是由新闻自身的“一次性消费”特点决定的。

所谓“一次性消费”是指新闻的主要价值和功能在于解决受众“不知道”的问题。一旦人们知道了,新闻的作用也就消失了,而这个“知道”一般情况下是一次性的,有时甚至在很短的时间里,甚至是在一瞬间完成的。

“一次性消费”同时带来“排他性”。所谓“排他性”是指同样内容的新闻,哪一条先到受众那里,解决了他的“不知道”,后续而来的那一条,就不再起什么作用了。实践已多次证明,对同一事件的新闻报道因时间先后的不同,给受众的冲击和印象是不一样的,也就是说传播效果是不同的。先到的新闻好比“雪中送炭”,后到的新闻,充其量起个“锦上添花”的作用。

各种媒体的竞争，实质上是对新闻时效性的竞争，或者说是采访速度、写作速度、播发速度的竞争。谁先抢到新闻，谁就能争取到受众。

过去发生在中国国内的一些新闻事件，尤其是一些带敏感问题的新闻事件，常常被外国驻京记者抢先报道，客观上等于驱使一部分受众去听外国的广播、看外国的电视或报纸。时效晚了一步，我们在政治上就可能被动，是很吃亏的。

在市场经济的环境里，时效的重要性则更加明显，它既是传媒的资源优势，又是资本优势。拥有第一时效的新闻不仅产生社会效应，而且可以产生相应的经济效益：读者买你的报纸，其他传媒买你的稿件。正因为如此，在任何一桩有新闻价值的事件背后，都伴随着各媒体之间在时效性上不见硝烟的“厮杀”，能否捷足先登，能否抢先占领“制高点”，往往成为新闻竞争胜负的关键所在。

《经济日报》一位副总编辑曾经说过：“我办报最主要的策略就是要‘抢’，一定要抢在别人前面先说，先报道，即使报道得比较粗糙，但是我先报道了，大家还是先看我的。”

《人民日报》也提出，对重要的报道应抢先“占窝”。

新闻界把争夺时效性称为“打快拳”。从这个意义上说，时间是价值，也是质量，时效一失，你的稿件写得再细致，文笔再好，也已大大贬值。“明日黄花”是记者无法弥补的遗憾。

在新闻写作中如何体现时效性？

一、新鲜

1.加强今日新闻的采写

新闻姓“新”不姓“旧”。新闻事实发生的时间与把它传播出去的时间两者之差越小越好，越小新闻就越新鲜，越新鲜也就越受读者欢迎。

外国记者忌讳用“昨天”这个词，他们力争发出的是今日新闻。西方新闻界常说：“今天的消息是金子，昨天的消息是银子，前天的消息是垃圾。”而在我们的新闻报道中却常见“最近”“日前”“不久以前”“近日”等时间概念含糊的字眼。严格地说，这种报道不符合新闻写作的要求。

加强今日新闻的采写，对于通讯社来说更加重要。从某种意义上说，时效性是通讯社的生命线。仅以新华社国内新闻报道为例，1982 年的今日新闻只占总发稿量的 16%；10 年以后的 1992 年，今日新闻已占到 80%，也就是说，5 条报道中有 4 条是当天发生的事情或当天得到的消息。

人民网北京9月6日电 中国地震台网正式测定:09月06日01时57分在四川阿坝州九寨沟县(北纬33.24度,东经103.79度)发生3.4级地震,震源深度10千米。①

互联网等新媒体的发展使得新闻可以在24小时内不停地更新,这就给报纸、电视带来了更大的挑战。现在,报纸、电视上已经很少能见到诸如“最近”“日前”……这些模糊的字眼,而像上面的“今日”“几个小时前”等字眼已经成为报纸、电视新闻的主流。随着通信工具的进步,电视上经常有现场直播的画面,让读者在第一时间就能了解到新闻事件,体现了新闻的新鲜性和时效性。

2.报道最新鲜、最精彩的内容

学会在报道中把最新鲜、最精彩的信息或内容“拎”出来,用最明显的形式摆在读者的面前。

我们经常可以见到一些新闻报道把有价值的材料埋在里边,弄得自己灰头土脸,没有光彩。而新闻报道的光彩首先来自新鲜感。因此,要学会从众多的新闻事实中提炼出最新鲜的那一点。有人把这一点称为“新闻眼”,犹如下围棋中的棋眼,一手牵动,全盘皆活。同时还要学会开门见山地从这个“新闻眼”切入,提纲挈领地面对整个新闻事实。也就是说要高度重视写好新闻报道的开头,无论消息,还是通讯,概莫能外。

(北京讯)东北一名官员因“双重生活”不检点,白天当科长,晚上去抢劫当地知名人士,终于被逮捕归案。据《新京报》日前报道,吉林省四平市铁西区统战部副部长于海滨涉嫌在五年期间多次抢劫当地有一定知名度的人士后,今年6月2日在该省四平市被捕。作案十多起的于海滨因此被称是“专抢名人的抢匪”。②

上面这则新闻就是这样的,警察抓捕了一名抢劫犯,这本不是什么大新闻,也许一不注意,这则新闻就从记者身边溜掉了。但是在这条稿件中,记者把抢劫犯和一个官员联系在了一起,这就颇让人匪夷所思,吸引读者进一步探究文章。作者以官员抢劫

① 四川阿坝州九寨沟县发生3.4级地震 震源深度10公里[EB/OL].(2017-09-06)[2017-12-02].http://society.people.com.cn/n1/2017/0906/c1008-29518073.html.

② 白天当官晚上抢名人 东北一官员被捕[EB/OL].(2008-06-30)[2017-12-02].http://a.xcar.com.cn/bbs/thread-7856866-1.html? extend=1zoneclick=103667.

作为“新闻眼”切入，向读者讲述了抢劫犯在白天的身份竟然是一位官员这个事实，使这篇简短的小稿件，大大地吸引了读者的眼球。

3.寻找新闻的最近点

在寻找新闻的最近点过程中，要尽可能找出某件新闻事实在上午、中午、下午、晚上，甚至几时几分等今天发生的依据。

例一：

> **本报呼和浩特9月27日电**　去年12月30日，国家煤矿安全监察局对乌海市去年“11·11”特大瓦斯爆炸事故的调查处理意见进行了批复。但是，至今已过去近9个月，批复中要求对事故煤矿总计2 200多万元的经济重罚却一文未到。“目前，内蒙古针对事故煤矿尤其是特大事故实施重罚执行起来困难重重。”内蒙古煤监局事故调查处处长于宝泉在接受记者采访时说。①

这是一篇关于特大事故实施重罚执行难的报道。罚单开出却无钱可罚这件新闻事实，本身已经存在而且已经发生了一段时间，为了让这个事实从“事态状态”到“新闻状态”，记者从标题“拎”出了最新鲜的内容，即“2 200万元罚单开出9个月一文未到”，把9个月前发生的事情和现在的时间联系在一起，引出新闻事实。

例二：

2016年12月20日，《人民日报》一篇报道河北衡水市援疆干部周爱武苦学维吾尔语的消息，导语是这样写的：

> 一位来自河北的援疆干部，用废弃的纸张打印了160多页5 000多个单词，本子里记满了维吾尔语的字母、单词、句子。在他的宿舍、床头、洗手间、沙发乃至餐桌上也都摆放着学习维语的各类书籍；下乡路上，午休间隙，他不时拿出已经翻得破旧的单词本。

这也是一条非事件性报道。学习维吾尔语，并不是今日才发生的新闻，周爱武可能已经学习了几年的维语，甚至时间更长久。但记者选取了采访当天所见到的一个具体场景，也就是找到了这件新闻事实“今天”的一个切入点，于是就把时间性大大拉近了，使它成为一条现在进行时的新闻。

---

① 张玺，张明.2 200万元罚单开出9个月一文未到[N].工人日报，2006-09-28.

二、快速

《人民日报》前总编辑范敬宜在他的《总编辑手记》一书中写道:“快,是新闻的生命。快速反应,是新闻工作者必备的素质。拖拖拉拉、慢慢吞吞、五日一山、十日一水,是新闻工作的大忌。”记者要学会快速写作。快到什么程度?最迅速的应该是“倚马可待”。①

中外记者招待会上,经常可以看到这样的情景:一些外国记者打开笔记本电脑边听边记边写稿。1998 年中国人大会议期间,钱其琛副总理举行记者招待会,回答有关他不再担任外交部长的消息,法新社记者在钱副总理回答完这个问题话音未落就已把稿件播发。而在 1999 年、2000 年的“两会”期间,中国众多媒体的记者也开始这样做,尤其是新华通讯社与中国新闻社的记者,在写稿与发稿的时效性上与外国通讯社展开了竞争,他们采取了滚动发稿甚至发“分钟电”的做法。2000 年“两会”的开幕式与闭幕式,新华社共对内滚动播发快讯 41 条,对外滚动播发快讯 56 条,在时效方面,均抢在西方通讯社前面。中国人大开幕消息,新华社上午 9 时 2 分播出,比发稿最快的外媒法新社早了 12 分钟。

我们注意到在消息的电头里,抢发新闻的时间“单位”正在变小。过去比新闻的时效性,那时的计时单位是“日”,我比你早一天就占了主动。后来用“小时”,比如新华社电头在“月日”后带上了“几时”的字样。而现在已经发展到了“争分夺秒”的时代,出现了上文提到的“分钟电”。1999 年 11 月 15 日下午 3 时 55 分,中美签署了关于中国加入世贸组织双边协议。新华社对外部最先向全球播发了英文快讯,比美联社的新闻快了 2 秒,比法新社快了 20 秒。

为了使自己写得快,记者应该加强训练:

(1)学会集中精力,不受外界干扰。在不同的工作条件下都能迅速投入写作。

(2)学会和养成打腹稿的习惯。在采访与记录的过程中,心中即开始酝酿,起草稿件。

(3)熟练掌握新闻各种文体的写作要领,特别要得心应手地运用消息写作的技巧和方法。

(4)善于准备好各种写作素材,灵活地组成“预制构件”,随时可以根据报道的需要进行拼接与组装。

(5)注意培养自己口述新闻的能力。如果把“口述”记录下来,不需要更多的加工

---

① 范敬宜.总编辑手记[M].北京:人民日报出版社,1997.

就可以发表，就是新闻成品，这意味着你基本过关了。经过这样“出口成章”的训练，写作的速度会显著提高。

三、简短

把新闻报道——无论消息还是通讯都写得短些、精粹些，对提高时效性有重大的意义。

新鲜、快速与简短有密切的关系：

篇幅短了，在有限的版面和时间里，可以多发新闻报道，传递更多的信息。简短有助于突出新鲜的内容，长篇大论很容易把新闻湮没掉。简短还有助于快，新闻报道写得越长，所花费的时间也就越多，发稿自然快不了。有关简短的问题，我们在第三章里已经进行了探讨，这里就不再赘述。

第二节　可读性：具体、生动、通俗

可读性作为20世纪80年代初从国外引进的一个新闻概念，很快地就被中国新闻界认同与接受，并得到广泛的应用。因为这个概念突破了我们以往新闻僵硬死板的面孔，把我们长期忽视的“读者观念”摆在了重要的位置上，它使我们的新闻写作有了明确的对象感。

顾名思义，可读性是指要把新闻报道写得让读者愿意读、喜欢读、读得下去，就是要把新闻写得“好看”。

当然，任何文字作品，例如文学类的小说、诗歌、散文，甚至公文类的文件、报告，都应该做到具有一定的可读性。否则它没有读者，也就发挥不了任何作用。但新闻报道与它们相比，对可读性有着更特殊甚至更苛刻的要求。

新闻传播是在与一个广泛的、不确定的读者群之间通过快速交流与快速阅读实现的。因此有人形容新闻报道作品从内容到形式都要具有“一眼功效”，即要在很短的时间内，甚至在一瞥之中抓住读者，能够让他们“一眼看懂”“一见钟情”。这当然是一个很高的要求。

为了实现这个要求，把新闻写得“好看”，首先在内容，也就是说取材上要做到贴近读者，让读者认同。新闻价值五要素中的“接近性”是有很大学问的。传播学研究显示：受众感到信息同自己的接近性越高，他们对这一信息的关心程度、注意和兴趣就越大。美国学者蒙得·鲍尔在《顽固的受传者》一文中也指出：“在可以获得的大量的传播内容中,受传者中的每个成员特别注意选择那些同他的兴趣有关、同他的立场一致、同他的信仰吻合,并且支持他的价值观念的信息。”

这里的接近性包括时间和空间上的接近、利益(利害关系)上的接近,以及心理(思想感情)上的接近。因此最容易吸引读者的新闻,是那些与他们的生活领域、生活现场、思想感情“贴近的事”。新闻报道首先要找到这个契合点,具体地说,要找到与读者兴趣与需求的交汇点、与读者认知的交汇点、与读者感情的交汇点。这是新闻报道实现“可读性”的一个最基本的要求。

落实到新闻写作的行文中,可读性主要体现在要使整个新闻传播的过程做到通畅,没有障碍,要使新闻报道尽量消除自身的不确定性与模糊性,增强其透明度,便于同读者的快速交流,使得他们容易接受。

一、具体

这里的具体主要是指新闻报道要用事实说话,而且多用形象的可感性事实说话。读者对这样的事实容易产生兴趣,接受与理解得也快。若仅有抽象的、概括性的材料,读者阅读起来会感到吃力,而且对事实报道抽象的程度越高,带来的后果的不确定性与模糊性也越大。因为每抽象一次,事实的外延就扩大一次。随着外延的扩大,它内在的特征,即它的具体化就相应地缩小。美国传播学学者施拉姆的研究显示:有效传播的一个秘密是把一个人的语言保持在听众能够适应的抽象程度上,在抽象范围内改变抽象程度,以便在具体的基础上谈论比较抽象的内容,使读者或听众能够不困难地从简单熟悉的形象转到抽象的主题或概括上来,并在必要时能够再回到原来的形象上去。

怎样才能写得具体?

1.选题角度、报道内容要具体

例如:曾经一度可以与西方阵营抗衡的强大苏联帝国于1991年12月25日宣布解体,苏联人民的生活随之发生了剧变。苏联解体是许多国家媒体都关注的问题,连篇累牍的报道主要关注的是苏联解体的原因,是解体后原苏联各加盟共和国要如何发展以及其将对世界格局产生的影响。然而,很少有记者从平民生活变迁的角度来观察苏联解体给人民生活带来的变化。

下面这篇稿子让读者了解到一个老作家由百万富翁变得一贫如洗,后来又过上富裕生活的故事。读后让人感到有趣,过目难忘。

老作家曾一贫如洗

苏联时期，米哈伊尔是一位高产童话作家。到苏联解体前夕，他存在苏联国家银行的稿费有56万卢布。如果按照1988年外汇汇率1卢布=2.7美元计算，其存款高达151万美元。

俄联邦政府在推行货币改革过程中，曾进行了三次换币。第一次发生于1993年6月24日，俄罗斯中央银行宣布，1992年前发行的货币全部停止流通。俄罗斯公民或持有俄罗斯居留证者在8月7日之前到银行兑换新币，但每人兑换的数额不得超过35 000卢布（约合35美元）。第二次换币发生于1996年1月1日，这次将外汇汇率定位于1美元=6卢布。第三次换币发生于1998年，将所有原卢布的面额都变成原来的千分之一。

米哈伊尔在政府推行的第一次换币改革中，就几乎丧失了全部存款。①

记者在写苏联解体后的变化情景时，避大就小，从一个童话作家的存款变化入手，描写了一个童话作家在苏联解体后，俄联邦政府推行的三次货币改革使他由解体前的百万富翁，变成一贫如洗的穷光蛋。使读者从该作家身上发生的具体故事，看到了苏联的解体给人民带来怎样的痛苦。

苏联解体后，俄罗斯随之推行了一系列"休克疗法"，以改变国家体制。货币改革只是其中的一部分，作者为了更直观地向读者展示货币改革给民众带来的具体影响，选取了三次换币细节，描述了一个百万富翁是怎样变成一贫如洗的。

为了增加稿子的可读性，作者选取精确的数字，向读者展示这三次换币改革把人民"变贫"的过程。第一次换币是有严格限制的，使得大部分货币被迫停用，给百姓的财产带来了巨大损失。第二次主要是对外汇汇率的界定。与苏联解体前外汇汇率有很大不同，使百姓蒙受着巨大的经济损失。第三次换币则是把民众手里所剩无几的卢布以千倍的数量贬值。读者可以直观了解到俄罗斯三次货币改革让富人变穷、让穷人更穷的动态场面。

2.新闻报道的叙述以及情节、细节也要具体

例如：

---

① 张举玺.俄罗斯人感受巨大变迁[N].南方周末，2006-12-21.

温家宝向默克尔"授"球技

如果说默克尔对太极拳还曾耳闻目睹,柔力球对于这位女总理来说,则完全是新鲜玩意儿。默克尔尝试着这种类似于将网球控制在球拍上辗转腾挪的运动,似乎不太得要领。

"我来给你示范一下。"温总理说着,接过了默克尔手中的球拍。几个漂亮的挥击、辗转,小球就像粘在球拍上纹丝不动,温总理的娴熟球艺引出了晨练人群的阵阵叫好声。[①]

北京时间2006年5月21日晚,上任半年多的德国女总理默克尔第一次以总理身份来华访问。这是国家首脑会面的新闻。从政策的角度来看,这绝对是一条硬新闻,没有什么故事性可言。但是记者却从"国务院总理温家宝陪同前来北京进行正式访问的德国总理默克尔在北京菖蒲河公园散步"这个特殊的角度,展示出国家元首们作为普通人的一面,让读者读起来很有趣。这不仅体现了记者有扎实的新闻事实,还表现出新闻稿子的人情味,镜头化描写,给读者以视觉空间。

中国时政新闻写作以新华体为主,主要存在两个方面的问题:一是重事实轻背景,重报道轻分析,二是报道内容结构性重复。这很容易把稿件写得呆板、没有灵气。

然而,在上面这篇报道中,我们从温家宝向默克尔"授"球技的细节描写中可以感受到默克尔学打太极拳、温总理挥球拍、人群发出喝彩声等场景。这种跃然纸上的细节描写,使字里行间生趣盎然,充满着人情味,一下就吸引了读者的眼球。

通过以上分析,我们不难看出,由于注意运用具体的情节与细节,一条重大的时事政治新闻充满了情趣,在可读性方面收到了很好的传播效果。

需要强调的是,"具体"这个要求贯穿新闻写作的全过程。不仅选题角度、报道内容、叙述方式以及情节、细节要尽可能具体,而且新闻语言也要讲究"具体"。

我们比较一下新华社和中新社两条稿子在"具体"上的写作风格。

新华社北京(1988年)12月21日电 邓小平主席今天上午在人民大会堂会见印度总理拉吉夫·甘地时说:"我们双方要忘掉两国关系中过去的一段不愉快,一切着眼于未来。"

---

① 温家宝和默克尔三谈世界杯 家常话成亮点[EB/OL].(2006-05-23)[2017-12-01].http://news.jxnews.com.cn/system/2006/05/23/002261610.shtml.

邓小平说，总的国际形势在变，各国都在考虑新的政策和新的国际关系。中印共同倡导的和平共处五项原则是最经得起考验的。“我们向国际社会推荐这些原则作为指导国家关系和国际关系的原则。中印双方作为倡导者要首先实行起来，不仅两国的关系要按照五项原则来处理，我们同各自的邻国交往中也应实行这些原则。”

邓小平在谈到发展问题时说，人们议论，下一个世纪是“亚太世纪”。其实，真正的亚太世纪要等到中国、印度和其他发展中国家发展起来才能实现。

中新社北京（1988年）12月21日电　今天上午十时半，邓小平满面笑容地走出他经常会见外宾的人民大会堂福建厅门口，同印度总理拉吉夫·甘地紧紧地握手。

邓小平微笑着说：“欢迎你，年轻的朋友。”

拉·甘地说：“谢谢你。”

邓小平又说：“从你的访问开始，我们又恢复了朋友的关系，好的朋友、国家的朋友、人民的朋友、领导人之间的朋友，你同意吧？”

拉·甘地：“同意，谢谢你的欢迎和热情友好的接待。”

接着，邓小平同拉·甘地的主要随同人员握手后，宾主步入会见厅。

邓小平：“你的外祖父我认识，你的母亲我也认识，但我们没说过话。1954年你外祖父尼赫鲁总理访问中国时，我也是中国的领导人之一，你母亲陪同你外祖父来访。”

拉·甘地：“是这样的。”

邓小平：“那时我们两国的关系非常好。”

拉·甘地：“是的。在一段时间里我们两国关系有过一些困难，我希望我们的关系能够恢复到以前的那样，克服困难。”

邓小平：“这是我们共同的愿望。这中间相当一段时间内情况是彼此不愉快的，忘掉它，一切着眼于未来。”

拉·甘地：“我们两国都有许多事情要做，有许多工作要做。”

邓小平：“我1978年访问尼泊尔时见到你们的外长，我请他带信给你母亲——当时的总理，我们应该改善关系，没有理由不友好，没有理由不改善我们之间的关系，以后两国之间就有一些接触了。真正开始改善关系是你的来访。所以，谢谢你。”

拉·甘地:“谢谢你,是你采取了很多主动姿态使我们这次访问能够成功,是你对我母亲作出的这些表示才开始了以后的接触。我很荣幸也很高兴第一次就见到了你。”

至此,工作人员要求记者退场,因为时间已比通常允许记者采访的5分钟多了2分钟。

100多位中外记者采访了这一会见。

中国与印度是两个大国,又是邻国。20世纪50年代中印两国向国际社会共同倡导了著名的“和平共处五项原则”。但60年代初,由于发生边界冲突,两国关系恶化。80年代以后,为赢得一个和平的国际环境,以保证经济建设与改革开放的顺利实施,中国政府致力于重新调整与改善周边关系,于是,与印度修好摆上了重要的议事日程。1988年12月21日邓小平主席在北京会见印度总理拉吉夫·甘地就是一个明显的信号和具体的行动。这次会见吸引了100多位中外记者前来采访,被西方记者视为“有历史和国际意义的转折性会见”。

中国两家通讯社都对此播发了稿件,两篇稿件的写法不同。

新华社基于官方通讯社的背景,所发的电讯是传统的时政新闻公报式消息。全稿由3段组成,全部取自邓小平的讲话,如导语是“邓小平主席今天上午在人民大会堂会见印度总理拉吉夫·甘地时说”,第二段是“邓小平说”,第三段是“邓小平在谈到发展问题时说”。没有会见时的具体场景,也没有具体情节,甚至没有出现有关被会见者除了身份以外的任何信息,包括印度总理说了什么话。

而作为面向海外读者发稿的中新社,则采用了现场速写的方式,播发的是一篇新闻特写。全文有多处情节与细节的描写,如文章一开头,就透露出邓小平走出会见厅门口,亲自迎接年轻的印度总理这一具体细节,表明了中国领导人主动的姿态。其次,本文的作者几乎原封不动地保留了邓小平与拉吉夫·甘地在正式会谈前的对话,既有邓小平以拉家常的方式谈到拉吉夫·甘地的母亲、外祖父,也有印度总理的呼应回答。两人共同回顾了中印领导人过去的友谊。这些对话,具体地再现了现场亲切友好的氛围,为这次会见的成果——中印两国改善关系做了成功的铺垫。

这次会见最重要的信息是邓小平关于重新调整中印关系的政策阐述。新华社稿把它放在导语里,很突出,并且原话已经过处理,改写成标准的书面语:“我们双方要忘掉两国关系中过去的一段不愉快,一切着眼于未来。”这是官方通讯社报道国家领导人会见的标准消息体例。

中新社稿处理得比较灵活，它按照时间顺序描写，把这句话放在文中，但保留了邓小平的原话："这中间相当一段时间内情况是彼此不愉快的，忘掉它，一切着眼于未来。"其中那句干脆有力的"忘掉它"，是被新华社删去的一个口语化的细节。其实有这个具体细节更好，它留给读者想象的空间——邓小平在讲这句话时候的神情和语气，不仅形象地体现了邓小平的性格，一个政治家的风度，也使读者感受到中国政府修复中印关系的决心。通过以上分析，我们不难看出，后一篇稿件由于注意运用具体的情节与细节，使得一条重大的时事政治新闻充满了情趣，在可读性方面收到了比前一条更佳的传播效果。

但中新社的报道也存在一个重要的缺陷，它只限于对中印领导人正式会谈前的报道，而没有报道正式会谈中，邓小平阐述"和平共处五项原则"的重要内容，而这一点正是新华社报道的中心。

由此可见，新闻语言的"具体"就是让每一句话都有具体明确的事实，尽可能不使用那些抽象、模糊的词语，充分开掘信息含量，释放"具体"的力量。

二、生动

所谓写得生动，通常是指把新闻写"活"，即要求新闻报道富有感染力。

怎样才能写得生动？

1.生动与具体联系密切

在某些方面，"生动"与上文中讲到的"具体"是联系在一起的，一般来说，越是写得"具体"就越容易生动。

上文所举的两个例子可以说明这一点。这里再重复讲述其中的一个细节，中新社的报道写得很具体：中印两国领导人在门厅处握手时，邓小平说："从你的访问开始，我们又恢复了朋友的关系，好的朋友、国家的朋友、人民的朋友、领导人之间的朋友，你同意吧？"一连串用了四个关于朋友的排比，步步递进，又加上一句亲切的问话"你同意吧？"把现场的气氛生动地传达出来。

我们再看《一场前所未有的大对峙》中的开头部分：

> 10月23日晚，在位于莫斯科东南部曼尔尼科夫大街的国家第一轴承厂文化宫剧场，正在上演一部俄罗斯经典音乐话剧。
>
> 9点5分左右，剧场内突然响起几声震耳欲聋的枪声。一支身穿迷彩服、腰绑炸弹、手端冲锋枪的车臣武装，占领了剧场，挟持了现场900余名观众、演员和剧场

管理人员作为人质,与俄罗斯政府展开了一场前所未有的大对峙。

得知劫持人质的事件后,记者忙打车赶往曼尔尼科夫大街。但出租车远远停了下来。因为整个曼尔尼科夫街区被全部戒严,除了救护车外,所有的公共汽车、出租车等交通工具一律禁止通行。在往第一轴承厂文化宫接近的沿途,记者被警方数次检查了证件。

一位从后台成功逃脱的女演员向记者介绍:"当时再过几分钟就该我出场啦。按照规定,我们几名准备登场的演员要自觉地站到幕后的一侧,酝酿情绪,等待导演手势上场。就在这时,幕外传来刺耳的枪声。我们几个目瞪口呆,吃惊地看着导演。'这部剧我们都上演了一年多,怎么从来没听到过枪声?您什么时候又往剧情里加了打枪的情节?您怎么不事先告诉我们一声呢?……'几秒钟之后,我们才弄明白是车臣恐怖分子占领了剧院。我冒险从一缝隙向幕外看了一眼,发现刚才还安安静静的观众席上,突然冒出许多脸蒙黑纱、手端冲锋枪的人,他们一边朝天花板开枪一边警告观众坐在座位上别动。整个剧场一片乱哄哄的样子,在一声巨大的爆炸声响过之后,飞扬的烟尘和碎片挡住了视线,我像傻子一般,被同事连拉带拽,逃了出来……我是逃了出来,可是还有那么多同事和观众还待在里边……"她说着说着,放声地哭起来。①

这一片段由4段文字组成,每一段都是一件具体的事实。尤其是第四段,包含了一个完整的故事,即"导演什么时候往剧里加了枪声?"再现了剧场被车臣武装分子占领的一刹那情景。

整个片段里,没有用华丽的形容词,也没有抽象的概括或结论式的评价,但我们从四件具体的事实中,已感受到了劫持人质事件发生前后及内外现场的恐慌、紧张气氛。而且这段文字写得比较生动,使读者感觉到仿佛自己就在现场一般,与记者和女演员一道感受着人质事件的具体过程。它一下就抓住了读者,吸引他们继续阅读下去。

2.新闻报道一定要"见人"

新闻报道中一定要见人,这是让稿件"活"起来的一个关键。

首先,在绝大多数新闻事件中,人是最活跃的因素,或者说,人是构成新闻事件的主体。新闻报道说到底,是报道人在社会生活中的各种表现,人与自然、人与社会、人与人之间的各种关系的变化。因此,在写新闻报道时若是抓住了这个最活跃的因素,

---

① 张举玺.一场前所未有的大对峙[N].南方周末,2002-10-28.

稿件便生动,便“活”。反之,若是舍去了这个最活跃的因素,稿件就容易死板、干瘪。

其次,我们在上文中已讲过,接近性越高,读者对这一信息的关心程度和兴趣就越大。实践已反复证明,人和人的生活对受众来说,往往具有最高的心理上的接近性。也就是说,新闻报道对于传播对象,即广泛的不特定的读者群来说,最容易让他们认同的莫过于对人的关心和对人类生活状态的关心。因此,新闻报道里有活生生、有血有肉的人,有他们的动作、语言、行为、表情,尤其是有对他们的感情与生活状态的报道,这样很容易唤起读者的兴趣。如果新闻报道只是“见物不见人,讲理不讲情”,是不大可能生动的。英国一位老新闻工作者鲍勃·希契科克在一次同中国记者谈对外报道时说:“读者对人比对事件本身更为关心,对人们在干什么比对人们在说什么更为关心。”①

这个观点同样适用于对国内的报道。

相对来说,在通讯写作中比较容易体现“见人”,而写消息时容易忽略,这是消息可读性不强的原因之一。

怎样把消息写得生动?我们先看个例子。

规模化奶牛养殖技术在国内外已经非常成熟,大规模养殖奶山羊不仅是世界难题也是空白领域。甚至曾有专家在牧场筹建之初说:“如果前三个月能把羊的死亡率控制在20%,就是成功。”为攻克这一难题,文静和牧场领导带领技术人员与饲养员,每天起早贪黑,和工人同吃同住,最终羊群前三个月死亡率控制在千分之八。为了专心在陇县发展奶山羊规模化养殖事业,文静在陇县安家落户,今年还报考了西北农林科技大学动物繁育专业博士研究生。②

这是一篇获得第二十七届中国新闻奖的消息,写的是毕业于中国农业科学院的研究生文静在国家级贫困县奶羊养殖场工作的消息。在大多数人的印象里,养牛羊的大多是农民或农业企业,像文静这样的高学历人才,应该在研究所或者高校等单位工作。但目前农村缺的是人才,农民盼的是技术,要推行现代农业、绿色农业,只有通过政策引导吸引更多的高端人才和资源进入农业生产领域,使先进的科技得到推广应用,农业生产力才会进一步提升。这则消息就是一条关于高层次人才到基层就业的故事。

消息中的女主人公文静的目标是在奶山羊领域探索出一套成熟的养殖经验,填补世界大规模养殖奶山羊的空白。为了实现这一目标,她潜心钻研,每天起早贪黑,和工人一起吃住,这篇消息让读者领略到新时期科技工作者一心为农、志存高远的事业追求。文

---

① 沈苏儒.对外报道业务基础[M].北京:今日中国出版社,1992.

② 研究生在陇县当羊倌 瞄的是世界市场空白[N].宝鸡日报,2016-12-27.

章立意深远,语言质朴感人,为农村人才难求、人才难招的现象提供了破解思路。

目前,不少消息的一大通病是枯燥、单调。解决这个问题的办法是吸收通讯写作之长,在枯燥的报道中增加细节,使报道更加贴近群众,贴近生活。我们来看则例子。

在开往北京的火车启动的那一刻,一位已愈不惑之年的阿姨望着刚年满18岁的女儿穿着“川妹子”的服装,离开自己迈向北京,情不自禁地泣不成声。原来她是来送女儿,地震让他们家损失惨重,丈夫、儿子、女儿和自己不得不各自分开到异地打工来重建家园。车启动了,她们流着泪水,轻轻地挥着双手,随着“咔咔”的响声,渐渐消失在天边……①

上述消息通过描述一位母亲送女儿出行的一个具体事实,向读者展示了灾区人民靠外出打工挣钱,来重建家园,而没有站在废墟之上埋天怨地,等待政府救援的积极向上的精神风貌。

3.新闻报道能否生动与结构有很大关系

无论消息还是通讯写作,都要注意谋篇布局,注意新闻事件的戏剧性和冲突性。生活中存在许多错综复杂的矛盾,如果记者善于抓住矛盾,又善于运用文章的结构,把其戏剧性或者冲突性体现出来,那么写出来的报道则波澜起伏。而曲折起伏本身就是一种生动。

新闻写作的结构是很有特点的。

这里只就上面这条消息做进一步分析,因为它的生动与所采用的“DEE”②结构有关。“DEE”结构又称“华尔街日报体”,这种结构比较多地使用于非事件性消息。

其基本特征是,从描写具体的某个人入手,通过对事实进一步解释和恰当的背景分析,进而显示整体、点明主题、引入结论;或者通过集中描绘整体事实中的一部分,进而说明与展示整体。这种结构会使得新闻报道生动并有力量,而且符合读者认识事物从具体到抽象的过程。美国密苏里新闻学院的《新闻写作教程》中举了不少例子,说明这种结构对于增强可读性的意义和作用。比如,“报道联合基金会募捐运动时,你可以将重点放在从募捐中获益或没有获益的人身上,而不是着重写当地联合基金会又募捐到几千美元或募捐的组织机构。如果你住的城市街道路面条件恶劣,你就可以从一个

---

① 曹献龙.四川震后首批川妹子赴北京打工[EB/OL].(2008-06-25)[2017-12-02].http://www.bznews.org/dizhen/jd/200806/791.html.

② DEE是三个英文单词的词头。D:Description(描写);E:Explanation(解释);E:Evaluation(评价)。

司机的角度出发，写一篇街道存在问题的报道。或者如果荷兰榆树病正在当地发生，致使许多树木死亡，你可将报道的重点放在某个已有好几棵树死亡的家庭主人身上。这种写法使记者能大大将机构、统计数字和泛泛不着边际的问题减少，使读者能够接受和欣赏”①。

三、通俗

所谓通俗，就是要把新闻报道写得深入浅出，明白如话。

每天，不知有多少人在通过看新闻了解天下大事。而他们的年龄、性别、职业、经历、文化程度等又如此地各不相同。向这样一个读者群进行传播，而且是在他们快速阅读的过程中进行新闻传播，显而易见，传播产品应该是普及型的，如果文字艰涩难懂，将造成受众阅读的障碍，直接影响传播效果。因此，记者必须学会把新闻报道写得通俗浅白，也就是说要尽量提高传播产品的清晰度，以减少传播阻力。

英国报业之父笛福在谈到他的写作原则时说，写新闻报道就好比要对500个不同职业的群众讲话，要使每一个人都听得懂。

西方新闻界十分重视新闻的通俗化。20世纪40年代美国的有关专家曾研究出岗宁公式和德尔与崔尔公式来解决可读性问题。在这两个公式中都有对通俗化的要求。比如岗宁公式中提出迷雾系数，即指词汇的抽象与艰涩程度。迷雾系数越高，可读性越低。另一个公式提出的是词汇的难易度，词汇越浅显，其可读性越高。合众国际社根据有关专家的设计，还采取了一系列新闻通俗化措施，而实施的结果，使得原来平均接受过16.7年教育的读者才能毫无困难读懂的新闻，现在平均接受过11.7年教育的读者就能够读懂。

怎样才能写得通俗?

1.解决“新闻官腔”的问题

在中国新闻报道中首先要解决以往“宣传文化”所留下的套话、空话，或者说“政治行话”过多的毛病。1986年在中国对外宣传工作会议上，中央领导同志在讲话中就曾明确地指出：“这几年，我们的文风有很大的改进，但仍然存在着不少问题。如空洞说教、强加于人，凡事先下结论，爱用一些华丽的形容词和空话、套话等，仍屡见不鲜。”对外报道尚且如此，对内报道的毛病就更大了。反映在会议新闻、工作经验或者典型报道中，这个问题至今还比较明显。

---

① 密苏里新闻学院写作组.新闻写作教程[M].北京：新华出版社，1986.

当然,改进这类新闻的写作是一个综合治理工程,从根本上说与改进党风与社会风气息息相关。但其中有一点是我们新闻工作者应该自我严加要求的。那就是不能把来自某些权力机关的新闻发布、领导讲话稿、工作简报之类的材料拿过来,不经采访,也不经任何文字加工与改写,就当作新闻报道原文照登。外国新闻界把这类现成的材料称作“施舍品”,把这种发所谓“现成新闻”的记者叫作“文丐”。这是一种很不好的文风。

现在除了这种宣传味浓的报道,又出现了广告味浓的报道。毛病如出一辙,也是记者把来自某公司或某企业的新闻发布稿(有些简直就是广告词),加上一个电头或“本报讯”,基本照搬原文直接刊登。这种做法是违反新闻写作规律的。

2.要学会“第二种翻译”

所谓“第二种翻译”是指用浅显的文字、生动的比喻或者老百姓熟悉的语言来讲述、表达或说明新闻报道中的内容。每个行业都有一些圈外人不懂或不太懂的“行话”。记者在新闻写作中要注意对此进行解释与说明。西方新闻学者在谈到改进新闻写作时,有一个明确的要求就是“不要用技术语言”。他们强调要用所有读者都能充分理解的语言进行报道,在稿件中尽量删除一切技术词汇和含混不清的行话。这一点值得我们注意。

而对于那些专业性比较强的报道,例如经济报道、科技报道等,更要对其中一些专业性内容与专业术语进行必要的通俗化“翻译”。对于这类报道,提高可读性的关键就在于做好“第二种翻译”。如果读者对报道中的基本术语感到陌生,势必造成阅读过程的中断,给接收信息带来障碍,也就谈不上传播效果。

科技新闻就属于这类比较难采写的新闻。因为它的专业性强,科技术语不仅多而且更新率高。据统计,人类的科技知识在19世纪是每50年增加一倍,到了20世纪中叶变为每10年增加一倍,70年代为每5年增加一倍,80年代后期为每3年增加一倍,90年代开始以月为单位来衡量,到2000年,则以周作为单位计算。科技信息“爆炸”,新技术、新成果层出不穷,科学的门类越来越多,科技知识越来越专。这种专业性容易造成科技新闻传播中的障碍,再加上记者自身的知识储备不足,这些都影响与制约着科技新闻作品的可读性。如果记者只从科学家的论文摘一段,或者简单地采访一下就下笔,其结果只能让一般读者一头雾水、难以看懂。

当今世界是一个科技的世界。科技报道将占有越来越重要的位置。而目前中国的科技报道除了数量不足以外,在新闻写作中亟待解决的问题是报道得“不深不透、不明不白”。在一定的意义上,这与许多记者还没有掌握“第二种翻译”的技巧有关。这个技巧需要把专业性很强的科技事物,“破译”成“通俗”读物,并用新闻规律再创造为文字报道作品。这是一个很艰苦的过程。请看下面这篇新华社记者于2002年8月19日采写的报道《中国科学家抓住台风“黄蜂”》是怎样深入浅出地报道重大科学新闻的：

(导语)驱车近千里，与台风赛跑。今天晚上8时40分，中国科学家在广东沿海吴川市一个叫吉兆湾的小镇将行动诡异的台风“黄蜂”抓了个正着。……

下午6时，台风登陆点被初步预测将在广东西部沿海吴川至电白一线。“捕风者”迅速驱车赶到吴川，在海边找到一处四周非常空阔的地方作为观测点。此时，当地的风力已达八九级，狂风在海上掀起巨浪，夹着雨水、海水、沙子呼啸而至。……

在几乎站不稳的狂风暴雨中，气象工作者将探测仪器安装到一座三层楼顶上。这是一种轻便的感应器，通过电缆与室内的电脑连接。据介绍，这种国际最先进的三维超声风速仪，可以每秒检测到60组数据，而普通的风速仪只能3秒钟检测一个。

(记者：车晓蕙)

科技新闻报道在宣传科技政策、传播科技信息、普及科学知识、弘扬科学精神、传送科学方法等方面具有特别重要的社会责任和义务。

科技新闻涉及人类科技活动的各个研究领域，高深理论、专业术语多，不是本专业及相关领域的人很难弄得十分明白。这就容易导致一些科技新闻写得枯燥乏味，不吸引人，使科技新闻的传播价值和传播效果大打折扣。怎样解决这个问题？关键是要掌握科技新闻写作的一些技法。苏联科普作家伊林曾经说过：“没有枯燥的科学，只有枯燥的叙述。”我国科学大师钱学森也指出，科学本身比有些人的科学幻想高一千倍。原子世界、宇宙天体、分子结构、遗传信息，信息丰富多彩。那么，如何才能写得生动精彩呢？

首先要精心设计导语。“导语是记者展示其杰作的橱窗”，一个好的消息导语一般要做到两点：一是要抓住事物的核心，二是要能吸引读者看下去。有些科技新闻一开始往往就出现一堆专业名词或专业术语，很难提起读者阅读兴趣。科技新闻要写得生动精彩，必须下功夫写好导语，既抓住事物的核心，又吸引读者看下去。在上述报道中，导语这样写道：“驱车近千里，与台风赛跑。今天晚上8时40分，中国科学家在广东沿海吴川市一个叫吉兆湾的小镇将行动诡异的台风“黄蜂”抓了个正着。”这样写不仅写出了科学家观测台风的辛劳和成果，还能让读者产生浓厚的兴趣。

其次，要善于用眼睛写稿。科技新闻要写得生动，就要善于用眼睛观察。上述这则报道通过采用现场描写的方法把读者“带进”了现场，让读者有如身临其境。

最重要的是要掌握好翻译技巧。科技新闻如何避免让人“雾里看花”,一个重要环节就是要善于把高深的科学原理和技术问题用通俗化的科普语言表达出来。

再来看《“摧毁月球”是无稽之谈》一文的片段。

> 到目前为止,科学家们在地球上找到许多陨石碎块。这些微小的陨石在向地球坠落时,其冲击力曾对地球上的生物产生过什么影响?有科学家把恐龙的消亡与流星袭击地球联系到了一起,但是苦于没有科学依据。
>
> 月球是一颗质地庞大,离地球也最近的星球。如果把这样大的一个球体炸碎,究竟需要多大的爆炸能量?没有人知道!炸碎后的粉尘对地球有什么影响?没有人说得清楚!月球碎块坠落地球,会对生物造成什么影响?又有谁说得清楚?连小小的一个“和平号”宇宙空间站坠毁地球,都能引起许多国家恐慌,何况月球呢?可以肯定地说,月球被摧毁之日,就是地球被毁灭之时。[①]

这个片段虽然是描述被炸毁的月球将对地球产生影响的科技新闻,但其语意通俗易懂,文字优美,慢慢读来,仿佛在读一篇不错的散文。

3.巧妙地处理新闻报道中的数字

数字是很重要的事实材料,新闻报道离不开数字,经济新闻更离不开数字。全局性、易懂易记的数字能加强传播的力量,但堆砌大量数字却肯定会削弱传播的清晰度。处理好枯燥乏味的数字,是提高新闻报道的可读性,使其内容通俗易懂的一个重要环节。

下面这两则例子在新闻报道中就很好地使用了数字。

> ……在俄罗斯,一个挂满各种玩具的摇篮是每一位婴幼儿所必需的消费。不过,比这更重要的是儿童食品、衣着、玩具和医疗等。抚养一个婴幼儿的花费,平均占俄国人家庭支出的20%～30%。这是第一部分费用。第二部分费用是教育费,即所谓的启蒙教育:音乐教育、体育训练和每年一次的海边休假。这些费用将占去家庭开支的10%～15%。第三部分支出是一次性尿布。一个婴儿每月平均需要使用2～3包(每包24片),每包值250～350卢布。加上备用的,每月又是30～40美元在不知不觉中溜走了。如果再考虑上保姆、家教、私立学校、体育等,又将给一个家庭增加30%～40%的费用。[②]

---

① 张举玺.“摧毁地球”是无稽之谈[N].莫斯科华人报,2002-05-24.

② 石流.一个俄罗斯小孩值多少钱[N].莫斯科华人报,2002-10-09.

数字的最大优点在于精确、简练。这篇报道用了一系列数字，真实、客观地向我们展示了在俄罗斯抚养孩子要付出多大的代价。该新闻挖掘出了一个新闻主题：是什么导致俄罗斯出现人口大滑坡的现象。记者从孩子的出生、成长、教育等方面的每一笔费用算起，详细地列出了抚养孩子所需的费用清单。这样，通过数字对细节的描写，往往比鸿篇大论更有说服力，因为这些数字贴近生活，贴近读者。当读者看到上述数字立刻就会明白，养育一个孩子对一个家庭来说有多难。为了展现在俄罗斯养育孩子的困难，记者从孩子一出生算起，写活了这个新闻主题。

我们再来看《21 世纪环球报道》于 2002 年 12 月 9 日刊发的一篇报道。

三个孩子 换一套房子

阿斯特拉罕州位于俄罗斯南部、里海之滨、伏尔加河入海口的三角平原上。这儿是俄罗斯有名的鱼米之乡。

“早年，当我在一个镇当镇长时，就有了这个主意。”在采访时，阿赫杜宾区区长阿列克谢伊·富里克对本报记者说。“当时，我们新建了一个居民小区。在分房子时，我突然产生了一个主意。何不用房子来换孩子呢？我建议把其中的一部分房子，优先分给那些愿意生养三个孩子的家庭。这样，我们用 10 套新住宅一下就换到了 40 多个孩子。小区内顿时出现了一种生机勃勃、人丁兴旺的新景象。……”

面对记者，阿列克谢伊区长十分兴奋地回忆起当年的幸福心情。

（记者：石流）

小标题“三个孩子 换一套房子”用数字说话，写出了孩子和房子的联系，引出下文，吸引读者往下看。之后，再进一步解读数字背后的事实。当读者看到这个小标题的时候，肯定充满了疑问：三个孩子怎么能换房子呢？是怎么个换法？是人口买卖吗？……

为了解释读者的疑惑，作者层层探寻数字背后的事实，原来是阿赫杜宾区政府为了鼓励当地居民多生养孩子采取了优惠多子女家庭的住房政策。通过对数字背后事实的充分发掘，本篇报道比单纯的数字报道更能体现出厚度与深度，使得受众对俄政府为鼓励市民多生养孩子而做出的努力和尝试有了更深的理解。

第三节　针对性:信息、知识、思想

针对性有两层意思:第一是指在进行新闻写作时,你的心中要有对象感,即明白这条消息或者通讯是写给谁看的;第二要明确为什么而写,你的报道是针对什么问题而发的,通过它要引导或影响读者到什么目标上去。

这两层意思可概括为两句话:了解传播对象,明确传播目的。

有针对性的新闻报道能够得到有效的传播,而针对性不强的,那些无的放矢、不知所云的稿件,发出去没人看,或者看了不解渴,就好比某个工厂生产出的产品,没有销路、没有市场,只有一个去处,即积压在仓库里。没有针对性的稿件,即便试图用时效性或者可读性去挽救或包装它,一般也难以奏效。因此,说到底,针对性还是读者观念的问题。新闻报道要了解读者在想什么,做到在内容上符合读者的需要,并为读者释疑解惑,回答他们在实际工作和生活中所遇到的问题。

针对性的第二层意思是:新闻报道为什么而写?这涉及新闻媒介的引导作用,或者说新闻报道的观点倾向。我们在前面讲到用事实说话时,已阐明了没有纯客观报道,任何新闻都在"说话"的观点。讲到了我们办报纸和办广播电视,不是无为而治,而是要通过具体的新闻报道,影响、指导受众的思想、情感和行为,最终把他们引导到一定的目标上。因此,新闻写作要有针对性的第二层意思是,要求记者明确为什么而写,本篇稿件究竟要说明什么问题、达到什么传播目的、起到怎样的舆论导向。

新闻写作的针对性有两个特点:

首先,这是一个灵活的概念,它的精髓在于"具体问题具体分析"。

中国的报业市场已经进入了多元化的时代。一张报纸与所有读者全方位对接,满足所有读者需要已经不可能。其原因在于读者人群或者说"大众"发生了"裂变"。如今的大众已由多个"小众"利益群体组成,除了传统的工农兵学商,又出现了非公有制单位成员、企业家阶层、个体户队伍、外地打工仔、自由职业者乃至股民、彩民、网民、车族、房族、追星族,等等,于是各种报纸适应不同读者的需求应运而生。社会群体的多元化,要求报纸细分市场,找准各自的目标读者群,然后准确定位,有针对性地进行新闻传播。即便都是经济报,又分为中央一级的、省市级的,还有行业报、企业报等;若从专业分,更五花八门:专门报道金融的、证券的、电脑的、汽车的、房地产的、服装的、花卉的,等等。

报纸定位多元化,读者分层明确,自然要求不同报纸的记者,要根据本报所面对的读者群的需要，根据本报的舆论引导方向，坚持“具体问题具体分析”的原则，研究和解决各自新闻报道领域中的针对性问题。

其次，新闻写作的针对性又是一个动态的概念，它不是一成不变的。

在一个日益开放的环境里，尤其像中国正处于社会的转型期，一切都在快速变化中，不断有新问题、新现象、新矛盾、新事物出现，读者的心理也在随之变化。因此新闻写作的针对性又是一个动态的概念，它要随时跟踪、随时调整。今天这篇报道的内容抓住了读者的需要，很有针对性；没有多久，读者就可能遇到了新的矛盾，你若仍针对过去的问题继续报道，尽管新闻写得更生动，甚至更深刻，仍然丧失了针对性。只有那些敏锐地追上新现象，对新问题、新趋势所进行的报道，才具有针对性，才能满足受众的需要。

如果说对新闻写作的时效性与可读性可以提出一些操作性比较强的具体要求的话，那么，如何提高新闻写作的针对性，则属于另一个不同层面上的要求。它需要的不仅是笔力——写作技巧的训练，更多的是脑力，即思想、逻辑、理论能力的训练，包括对受众需要与心理以及媒介引导的理解和把握，对写作内容、角度、主题的选择等。上文中我们已经分析了针对性同读者需要与传播目的的关系，以下主要就报道内容而提出写作要求，因为“内容”是加强针对性的一个重要因素。

一、加大信息量

尽管有多少种读者群就会提出多少种不同的需求，但受众对新闻最基本的需求是共同的，即享受信息的知晓权。没有多少信息量的新闻报道，很难衡量它有什么针对性。

新闻的本质是信息，这个观念是在中国新闻界自 1983 年引进信息这个名词以后逐步明确的。大众传媒的信息传播功能也逐渐被认识与接受。1995 年，国家新闻出版署公布的《报纸质量管理标准》中将报纸的信息量作为质量考核的一条标准，并规定了每版必须达到的消息的条数。而抽样调查也显示，大众的传媒接触行为，哪怕在电视方面，也由 1992 年的“娱乐消费”为主，转化为 1998 年的“信息消费”为主。因此，只有千方百计加大新闻传播的信息量，才能满足受众的需要。这个任务既要落实到报纸的每一个版面上，也要落实到每一篇具体的报道中。

在新闻写作中如何增加信息量？

总的来说，一是要在比较中选择信息量较大的新闻事实加以报道；二是要把选定的新闻事实中固有的信息量充分地反映出来。

1.学会多侧面地进行报道,写“立体化新闻”

所谓多侧面与立体化的写作,是针对很长时间以来中国新闻界的单向思维、直线思维模式而提出的。在这种思维的惯性下,报纸上的许多新闻报道往往是平面的。多侧面报道则要求客观地按照事物的本来面目,透过多种角度,运用多种手段进行综合报道,避免“只取所需”地报道事实的某一个侧面。这种立体新闻不仅符合实际情况,而且必将大大增加信息量,因为它的内容丰富了、事实的层次丰富了、角度丰富了,色彩也丰富了。

2.学会抓特点

信息在本源上就是客观事物的特征和事物之间的差异。特点越鲜明,差异越显著,其信息量越大。没有特点,流于一般,则没有新意,信息量就小。因此要选择那些特点鲜明、差异显著的新闻事实,并在新闻写作中力求充分地将其特点与差异表现出来。

3.学会使用新闻背景

要充分挖掘新闻背景,无论是事件本身的直接背景还是与事件有关的间接背景,都能够有效地加大新闻报道的信息量。

4.用尽可能少的信息符号传递尽可能多的新闻信息

对纸介媒体来说,新闻信息是通过语言文字传递给读者的,因此要学会用精练的文字浓缩信息,以传递更多的内容。

我们来看《长江日报》1998年8月11日刊载的一篇报道。

本报讯 29.39米!昨日零时,武汉关水位创下今年最高、历史第二高水位后,开始缓缓回落——今年长江第四次洪峰裹挟着足以毁灭整座城市的力量,从超出城区平均地面高度5米的武汉“头顶”流过。

这是一条报道长江水情消息的导语,总计70多个字里包含着诸多的信息:洪峰通过;水位回落;水位的高度;这是今年最高,历史第二高的水位;它是长江今年的第四次洪峰;这次洪峰的力度足以毁灭整座城市;洪峰水位高过城区平均地面5米等。除了这七八个事实信息外,作者在有限的文字里还提供了形象的信息:如水位缓缓回落,洪峰从武汉城区“头顶”上流过。

二、加大知识含量

新闻报道除了让受众享受到信息的知晓权以外,还要满足他们的求新欲和求知欲。信息又称“毛知识”,属于浅层次的,而知识以信息为基础,比信息又上了一个台阶。人们在获取了一些信息以后，进一步要求了解它们，希望它们集中在一起，按照一定的顺序构成一定的含义。也就是说，读者想得到的不仅仅是些事实性的信息，而且想得到比信息更深一步的知识。因此，新闻报道的内容里要加大知识的含量，这既是读者的需要，也是媒介引导的需要。

新闻写作如何加大知识的含量?

1.挖掘信息背后的科学规律

知识是人类认识自然、认识社会、认识自身的经验总结。它最大的特点是科学性。因此，从一定的意义上说，加大新闻报道中的知识含量，即要讲究科学性，要注意挖掘和展示信息背后的某种客观规律。

2.增加报道科学信息

这种增加，不仅是简单的数量增加，更重要的是在质量上的增加，即在报道的选材、角度上都要比单纯信息的报道更深入一步。

2002年5月10日，《南方日报》刊登了一篇任秋凌撰写的文章，报道俄罗斯科学家向政府建议摧毁月球，报道声称俄罗斯五名知名科学家向俄罗斯政府提议以核弹摧毁月球，以解决因月球引力影响造成全世界气候变化无常的灾害。随后，其他媒体纷纷转载。

为了驳斥谬论，以正视听，《莫斯科华人报》记者专程到俄罗斯科学院调查，并在科学院的安排下，采访到一位叫叶丽娜的院士，发出了一条重头稿件。

请看这条稿件的四个片段。

该稿件主标题为"'摧毁月球'是无稽之谈"，副标题为"——对俄科学家访谈录"，部分正文如下：

地球的倾斜　造就四季之分

人类的科学技术发展到今天，科学家们依然难以弄清地球的倾斜是否与月球有关。地球的倾斜造就了地球上四季分明，给动植物的生存和繁衍提供了最佳的条件。如果地球不存在角度，地球上是否还有四季？地球上是否还会有生命？这一直是科学家们长期以来探索的课题。

俄罗斯位于北半球，大部分国土靠近北寒带和亚寒带，夏季短，冬季长，这是不争事实。问题是地球一旦失去了角度，不再有四季之分，赤道永远是炎热的地带，南北温带永远是温暖的地带，那么，接近北极圈的地区将永远处于严寒之中。这对俄罗斯等北半球接近极地的国家和居民意味着什么？不言而喻。

“月球灾害说”站不住脚

动植物是自然界的一部分。动植物的生生灭灭,海水的潮起潮落,风雨雷电,旱涝无常,等等,这全是自然现象。这些自然现象很难说都是月球引起的。科学家的研究任务就是观察和揭示这些自然现象,使人类提高对灾害的认识和预防。比如洪水泛滥和土地干旱的现象,地球上为什么会发生这种现象?这全需要经过长期的观察和研究之后,才能逐步得到认识。如果单独地把这些自然现象全部归罪于月球,这种认识就不科学,不全面。不仅站不住脚,很容易成为一种反科学的学说。

毁坏月球将毁坏地球

宇宙是怎样形成的?太阳系是怎样形成的?地球为什么要绕着太阳转?为什么自转一圈为 24 个小时?如果自转一圈的时间缩短成 20 个小时,地球的运行速度会对动植物造成什么影响?像这些自然现象,犹如浓雾一般,笼罩着人类。

到目前为止,科学家们在地球上找到许多陨石碎块。这些微小的陨石在向地球坠落时,其冲击力曾对地球上的生物产生过什么影响?有科学家把恐龙的消亡与流星袭击地球联系到了一起,但是苦于没有科学依据。

月球是一颗质地庞大,离地球也最近的星球。如果把这样大的一个球体炸碎,究竟需要多大的爆炸能量?没有人知道!炸碎后的粉尘对地球有什么影响?没有人说得清楚!月球碎块坠落地球,会对生物造成什么影响?又有谁说得清楚?连小小的一个“和平号”宇宙空间站坠毁地球,都能引起许多国家恐慌,何况月球呢?可以肯定地说,月球被摧毁之日,就是地球被毁灭之时。

摧毁月球是无稽之谈

在月球上做核试验的计划,早在上世纪 50 年代就有苏联科学家向政府提出过申请。由于运输成本太大,操作起来十分困难,最后放弃。现有学者再次旧话重提,虽然冠以“摧毁”这样吓人的字眼,但是并没有什么新的内容,更谈不上可行性研究计划和具体运作方案。充其量不过是一个新闻“炒作”而已。

正如我们前面谈到的,许多神秘的自然现象有待我们去进一步观察和研究。地球是我们的家园,月球是我们家园不可分割的一部分。我们在建设家园的同时,有责任和义务为子孙后代保护好月球。

地球是人类的家园，月球是全人类的财产。解决月球的问题，要由全人类来决定。这丝毫由不得少数几个人，或者几个国家为所欲为。因此说，从目前来看，在许多科学问题尚未搞清楚和解决之前，想“摧毁月球”纯粹是无稽之谈。①

几乎每个人都知道，月球是地球的卫星，它和地球息息相关，太阳落下去，月亮升上来，对我们来说是亘古不变的，潮汐、地球上分明的四季，等等，也是和月球密不可分的。可任秋凌“摧毁月球”一说一经刊出，给读者带来很大的困惑。很难想象，在人们心中永恒不变的月球将要被炸毁。没有了月球，会给地球带来多大的影响呢？

上述这篇报道则从全球的视野、从人类历史的高度去把握新闻的背景与素材选择的范围，向读者介绍：月球和地球关系十分紧密，而且至今为止，人类对月球的了解还不完全，关于“摧毁月球”的报道纯系无稽之谈。

这篇报道最大的特点是让事实说话、让科学说话、让专家说话，从而使谎言不攻自破。

“说话”是层层递进的。首先报道月球很可能就是造就地球四季的原因，如果俄罗斯科学家要求摧毁地球，很有可能导致俄罗斯没有冬夏之分，永远处于寒冷的冬季中，这对俄罗斯一点好处都没有，从一个角度否定了“俄科学家建议摧毁地球”的谎言。

接着，报道开始论证所谓的“月球灾害说”，简单地把地球上发生的自然灾害归因于月球是没有科学道理的，从而否定了“月球灾害说”。

然后以月球的摧毁给会给地球带来什么样的影响为话题，比如会不会影响地球的自转、会给地球上的动植物带来什么样的影响，以及被摧毁的月球碎片会给地球带来什么样的灾难，等等，来论证摧毁月球这个提法的不可行性。

最后，通过科学家之口明确了主题。月球和地球是息息相关的，对于它们的关系，科学上还有很多未解之谜，存在着巨大的不确定性。在这种情况下，摧毁月球完全是荒谬的，是不可信的。

这四个片段结构紧凑，信息量大，第一手材料多，而且选择的对象很有针对性，月球是一个大家都熟悉的星球，摧毁月球是每个人都会关心的事情。

仔细分析这篇稿件我们还会发现，为了驳斥“摧毁月球”的荒谬，记者在稿件中提出了摧毁月球对俄罗斯气候的影响、地球上的生物与月球息息相关、用现在工具摧毁月球的不可行性等多个论点，来证明“摧毁月球”的荒谬性。

培根曾经说，“知识就是力量”。正是科学知识以及来自科学家的证实，使得这篇

---

① 张举玺.“摧毁月球”是无稽之谈——对俄科学家访谈录[N].莫斯科华人报，2002-05-24.

稿件的内容超越了信息的层面,比一般报道“摧毁月球是无稽之谈”的信息性新闻更有说服力。这篇稿件从知识的高度与科学的角度切入,紧紧扣住了科学战胜愚昧、实践检验真理这样深刻重大的主题,大大增强了报道的针对性。

三、挖掘思想深度

比信息、知识更高一个层次的是思想。读者的需求在不断提高,他们不仅需要信息、知识,还需要分析与理解信息和知识,这里就包含着对思想方法的需求。也就是说,读者已不满足于知道发生了什么事,还要了解发生的原因,甚至不仅要了解原因,而且要理解事实的“意义”。这里也包含着读者对“思想”的需求。于是,能够给读者提供一定思想深度的新闻报道,或者说有“思想观点”的新闻报道,其现实的针对性也就越强。

思想性,也可称为指导性,是新闻传媒的重要功能。需要说明的是,新闻报道的指导性与文件、报告不同,它不能向受众发号施令,不能板着面孔,它要用事实说话。如果把文件报告式的指导叫作刚性协调的话,新闻传播的指导则是柔性协调,或者隐性协调,它需要通过挖掘事实本身内在的逻辑性,挖掘内含的思想深度,通过柔性协调或者隐性协调而实现舆论导向。

对新闻写作来说,思想深度决定新闻报道的影响力。相同的题材,在不同的记者手里,可能写出影响力不同的作品。其高下之分,就在于思想境界的差异。

复习思考题:

1.用什么手段来提高新闻作品的可读性?(具体、生动、通俗)

2.怎样才能写得具体?

3.怎样才能写得生动?

4.怎样才能写得通俗?

5.为什么新闻报道需要提高针对性?

第八章　各类消息的写作

▶本章学习目标

了解各类消息的写作方法，理解动态消息、综合消息、人物消息、述评消息的体裁结构，并掌握其写作方法。

▶学习重点

动态消息、综合消息和人物消息的写作方法。

消息分类五花八门，莫衷一是。参阅不少关于新闻写作的教科书，可谓仁者见仁，智者见智，内容相近者竟不多见。然而细细研读，多为大同小异，只是分类的角度和标准不同。

有的按大类划分，将消息分为综合性消息、经验性消息、描写性消息、分析性消息等。

有的从新闻媒介日常报道领域分类，把消息分为政治消息、军事消息、工业消息、农业消息、科技消息、体育消息等。

也有从报道内容分类的，如会议消息、人物消息、社会消息、经济消息等。

还有从写作特点分类的，分为动态消息、综合消息、述评消息、人物消息、经验消息、对话消息等。

更有甚者，以消息是否反映突发性事件为标准，将内容一分为二，分为事件性消息与非事件性消息。

有人对此忧心忡忡，认为消息分类过于不规范，担心没有统一标准，日后对消息写作的发展不利。其实大可不必，社会在发展，人们生活的节奏越来越快，消息写作也不应拘于一格。相反，应鼓励新闻工作者打破各种清规戒律，大胆创新，突破禁区，创造出更多无愧于今天变革时代的消息写作形式。我们从消息写作的实际出发，列举常见的一些消息品种，探讨其写作特点，目的也是出新。文无定法，自古以来皆然。

第一节 动态消息

一、动态消息的内涵

动态消息是对最近发生、发现、发展、变动的新闻事实最迅速、最直接、最简洁的报道,即以最快的速度、较短的篇幅、消息的形式反映客观事物在发展变动中的新动态。它是报纸、电台、电视台最常用的一种消息体裁。

动态消息是体现新闻定义最具体的形式,也是新闻工作者在报道中最常用的一种消息类型。

时代在变动,社会在发展,每日每时每刻都有新的动态。因此,动态消息的范围很广,大到重要的国内外动态和外事报道,小到邻里之间的矛盾纠纷。动态消息一般要给人以动感,要多用动词,注重捕捉现场动态和生动的细节;大多一事一报,一篇消息只报一件事,内容比较单一;另外,动态新闻主要是报告事实,用事实发言,强调客观笔法,消息中不议论,同时注重时效,要求快,当日消息必须当日或次日见报。

二、动态消息的写作

“动”是动态新闻的关键所在。因此,在采写动态消息时,要牢牢绷紧“动”这根弦,无“动”感便无动态消息。也许有人会问,动态从何而来?

一是要突出最新因素的动态,也就是说,要写进行式消息,讲一个“快”字,快与动是辩证的统一,只有通过各种途径保证最新事实以最快速度与读者见面,才能有“新”“动”“变”之感。

二是动态消息要多用动词,少用或不用形容词,事实上的“动”加上写法上的“活”,肯定会使这篇消息有动感。选用的直接引语和细节要注意突出动感。

写好动态消息,除了注意以上两点外,还需要注重以下三方面问题。

第一,新闻敏感。

记者要有很强的新闻敏感,善于捕捉动态新闻的报道题材,能够发现那些具有新闻价值的新的事实和新的信息。

说实话,一些单独发生的事件或突发事件比较好把握,而困难的是从纷繁复杂的事物中发现题材,这需要记者有一双时代慧眼。在这方面,堪称典范的是新华社关于1976年“天安门事件”的报道,这已载入新闻教材。

记者从一位领导几万字的讲话中听到为“天安门事件”平反的意见之后，立即用236个字的动态新闻突出报道了这一信息，而《北京日报》却未将这一信息单独报道，混同于领导的长篇讲话中。另如对克林顿承诺“三不原则”的报道也是成功一例，克林顿在上海与市民座谈时讲到“三不”政策，这是美国总统第一次亲口谈“三不”，新华社记者和《中国日报》记者立即意识到这一谈话的重大意义，迅速将这段话单独成稿。

第二，客观记述，不掺杂“主观色彩”。

这样的动态新闻更有说服力。1999年5月8日，北约悍然轰炸我国驻南斯拉夫大使馆，造成人员伤亡、馆舍被毁，但记者强忍悲愤，用客观笔法报告事实，记者写了使馆被炸、人员伤亡的情况，引用了南外长的话、潘大使的话，记述了华人的抗议游行。但通篇没有一句是记者自己跳出来说的，这种客观记述的笔法可以让全世界人民看清血的事实。

第三，现场感强，令读者感同身受，使新闻更具动感。

要做到这一点也不容易，要求记者必须深入现场，还要能够捕捉到表现现场气氛的事实。

动态消息在新闻大家族中占有十分重要的地位，是新闻武器库中的“尖刀”，它能迅速、及时地沟通情况，传递各种最新消息，满足读者对新闻的各方面需求。作为新闻工作者，首先写作动态消息要过关。因为当今时代是一个瞬息万变的时代，社会生活日新月异，各种事物都处于不断变动之中，只有掌握好动态消息这个武器，我们才能从容面对现实工作。与此同时，不仅要善于抓动态，还要善于敏锐地发现周围事物的新闻价值，这都要求记者具备沙里淘金的真功夫。

第二节　综合消息

综合消息，即对同类事物或一事物的多侧面情况进行归纳综合的新闻报道的统称。和“动态消息”相比，其报道特点恰恰相反，动态消息是一事一报、一时一报，而综合消息则具有综合性，它着眼于客观，又有典型材料作说明，点面结合，反映全局。请看下面这条来自《洛杉矶时报》的消息：

2016年淮安城乡建设取得重大发展成就

2016年，淮安紧紧围绕建成苏北重要中心城市的目标，以创建联合国人居环境奖城市为引领，坚持“民生优先”理念不动摇，对标找差、查漏补缺，不断增强城乡建设的平衡性、包容性、可持续性，城乡建设取得了重大发展成就。

多层次、多渠道解决群众住房困难，货币化、市场化的住房保障体系基本建成，城镇住房保障体系健全率达90%。全市新开工各类保障房15 009套，基本建成各类保障房16 994套。

市政公用基础设施配套更加完善，生态新城森林公园海绵化改造等3个项目通过省级海绵示范项目评审，涟水县入选省级地下综合管廊试点城市。

房地产去库存成效明显。全市商品住房去化期由去年底的15.92个月下降到9.5个月。

建筑业指标持续攀高。建筑业完成总产值1 590亿元、增加值405亿元，增幅位居全省前列。新签对外承包工程合同额首次突破1亿美元，创历史最好成绩。5家企业进入省建筑业百强，为历史之最。

这是一条典型的综合消息。乍一看，或孤立地看，住房保障、房地产、建筑业、公共基础设施，这些事一是彼此之间无关联，二是无新闻可言，但把这些情况集中起来，放在淮安城乡建设取得重大成就的大主题下，放在全国大力推进城乡发展一体化的大背景下，就形成了一篇有鲜明主题和思想观点的消息。

一、综合消息的特征及特点

第一，反映的面比较广。消息里的情况比较多，分析的内容也比较杂。

第二，注意点面结合、宏观与微观结合。既有反映面上的材料，如出口商品的数字、经济发展的原因等，也有点上的情况，如公路上“车满为患”的情景。

第三，动态新闻一事一报，比较直观，而综合新闻则要隐蔽得多，需要动一番脑筋，从几个方面入手，围绕一个主题加以报道。

第四，通过客观事实来表达新闻主题，记者一般不跳出来“说话”。

综合新闻是在一定时期里概括反映某一地区、某种工作、某类问题的全局性报道，在报纸上，它不像动态新闻那样频频露面，但在新闻报道中大多占有重要地位。综合消息有一个显著特点，报道的范围、时间跨度较大。因此，它不着重于最新信息的传播，而是放眼于一个较大的时空区域，以众多的信息报道某种过程或总体的面貌，给人以完整的印象。

综合消息具有如下特点：一是综合性。它不是一事一地的报道，而是由若干不同事实组成的报道，称之为“组织起来的消息”。二是宏观性。综合消息反映全局、反映整体，同时综合不是材料的堆砌，也不是现象的罗列，其中必须有高屋建瓴的宏观分析。三是稳定性。与动态消息相比，综合消息的信息有效性较长，具有相对的稳定性。

二、综合消息的方式

综合消息的方式主要有三种。

第一种是纵向综合。反映某种过程的综合新闻是纵向的综合，它着重从事物之间的因果联系上阐明重大事件的发展，某条战线或某项工作、某个地区的成就。纵向综合有按时间顺序的综合，也有按内容的综合。

第二种是横向综合。横向综合就是反映某一事物与其他事物的联系，范围上牵涉方方面面，人物上牵涉多种类型。如果说，纵向综合是反映事物内部的联系，那么横向综合则是反映事物外部的联系。如，“9・11”事件的报道是按时间顺序进行的：某点某分飞机冲向双子楼、某点某分另一架飞机又冲向双子楼、楼被炸毁的过程、人们仓皇出逃的情景等，是一篇典型的纵向综合报道。而“9・11”事件后，世界各国对此事的反应，就是一种横向综合的消息，反映面非常广。

第三种情况是纵横结合的综合，一篇消息里既有纵向综合，又有横向综合。

三、综合消息的写作要求

1.要立足全局，提炼观点

写综合消息要站得高、看得远，要有大局意识，善于把握大局，只有这样，才能反映事物的全貌。同时，要善于从大局出发组织材料，并对这些材料进行认真分析，提炼出观点。

2.有点有面，点面结合

写综合消息既要求有高度概括性，又需要有许多有血有肉的具体材料。一方面，要有面上的材料，通过勾出轮廓使读者对报道的事物有一个全面认识；另一方面，又要有点上的材料，穿插一些经过挑选的生动事例的背景分析。

3.夹叙夹议，叙议结合

综合消息一般采用叙述手法，但也不能缺少必要的议论和说明，二者要交织起来，做到夹叙夹议。综合消息中的叙述不能记流水账,综合消息中的“议”主要是提出观点、评述意义、预示前景,要紧扣事实议论,不能空洞议论,泛泛而议。

4.写综合消息要防止犯片面性和极端化的毛病

综合消息必须在占有大量材料的基础上,做精当的全面概括和归纳,找出事物的主要方面或者主要矛盾,准确地表述。仅仅依赖个别的、少量的事例,就不可能有准确的概括,不可能反映新闻事实的实质。由于综合消息涉及事实材料多,写作时要特别注意避免观点和事例的简单堆砌,以防止犯片面性错误。

第三节 人物消息

人是一切活动的主角。前面说过,报道中要防止“见事不见人”的情况出现。

人物消息,就是专门报道新闻人物的消息。人物消息中的主人公,一是必须在生活中确有其人,有姓有名,有单位、有住址,不能是虚构人物。二是必须是新闻人物。换言之,是有新闻价值的人物。芸芸众生,并非都能成为新闻人物。那么,什么样的人才能成为新闻人物呢?一是有新成就的人,二是代表发展方向、有发展前途的人,三是人民喜闻乐见、普遍关心的人物,四是新出现的人物,五是反面人物。

写好人物消息,只有两个字:短和活。人物消息一般都比较短,四五百字足矣。当然,不仅要短,还要求“活”,要把人物写得生动、具体、感人,使主人公有感染力。人物消息与人物通讯和报告文学的不同之处,也在于短而活,消息有消息的讲究,长了不行,但又要求写活,确实有一定的难度。

写好人物消息,关键在于写“活”人物。那么,如何写“活”人物呢?

一、把人放在首位

写人要“以人帅事”。从标题、导语、整个写法上,不仅要突出人,而且要“以人帅事”“以人帅文”。首先要有人的形象,如《农民刘春生建碑林呼唤环境美》《宫峰学成博士乐当“炉前工”》都突出的是“人”,而且是“以人帅事”。在处理事实中的各方面关系时,首先突出的也是新闻人物的精神和行为本身。农民刘春生耗资 3 万元,用时 3 年,刻碑 45 块,立于路边、山上。这是他的行为,他的精神同样是高尚的,消息中写道:“每每看到有人乱砍滥伐,毁坏植被情景时,这位有着良好文化素质、抱负很大的山里人就痛心疾首。‘把环保法刻在石碑上,立在路边和山上,可以保持咱的马家沟小流域,又可让咱这块的人长点见识。”

二、写人要有“个性”

生活中的“人”是丰富多彩的，消息中的“人”也不应该千篇一律、仅有一副面孔。故而，写“活”人物消息要“因人而异”，要有鲜明的“个性”，富有特点，不能千人一面，而应该千姿百态，个性迥然不同，“脸谱”丰富多彩。写人不能面面俱到，何况区区几百字，不可能将一个人的一生全部概括进去，只能抓取其富有个性的、与众不同的一个片段、一个侧影，甚至是一言一行、一举一止。如写农民刘春生①，重在突出他与众不同的一面，3 年刻碑 45 块，呼唤环境美。写博士宫峰②，重在突出他走理论与实践相结合之路，“在实践中发现问题去研究”，乐当炉前工。因此，写人物消息，要善取一事，不及或少及其余，事因人生，人因事显，以最有个性的一事突出人物最有个性的一面。

三、有细节，不铺陈

写人物消息多写一人一事，人物要有个性，要靠细节来展示，特别是要有一些能表现人物个性特征的细节。消息篇幅短，细节贵精不贵长，只能简笔勾勒，不可精雕细刻，长段铺陈。如写博士官峰当炉前工有一个细节：“高温季节，他每天都要冰上一箱汽水，逐一送到工人手中。”以此来表现他和工人们的思想感情。

四、写法创新

如 1981 年 7 月 27 日《体育报》刊登的消息《邹振先惊人一跳》，只有 370 字，一气呵成，文字生动，写法有动感，特别是导语更引人入胜：

> 22 日晚 10 时许，布加勒斯特华灯初上，“8・23”体育场四周看台上观众的视线，一齐随着水银灯的光束，投向三级跳远的沙坑。哗……一阵雷鸣般的掌声，电子记分牌上显示出中国运动员的成绩：“17.32 米！”

惊人的一“跳”，使整个导语都“跳”起来了，使人如临其境，更成为整个消息的“文眼”，使主人公虎跃龙腾般地“跳”了出来，整个消息很有动感。

法新社写朱建华，则笔触迥异，并不是开门见山就写朱建华如何跃过 2.38 米的高度，开篇是这样写的：

---

① 农民刘春生建碑林呼唤环境美[N].辽宁日报，1993-12-10.

② 宫峰学成博士乐当“炉前工”[N].工人日报，1990-11-07.

中国现年20岁的世界跳高纪录保持者朱建华只有一个雄心，就是跳得更高一些。

第四节　述评消息

述评性的消息要边述边评，夹叙夹议。只述不评，那就不是述评性消息，只评不叙，那就叫评论。因此，掌握好边述边评、夹叙夹议这八个字很重要，等于掌握了述评性消息的写作要领。

述评性消息是用夹叙夹议的笔法，反映新闻事件和作者观点的一种新闻文体。一般来说，评述内容都是国内外比较重大的新闻事件或问题，比如习近平访美、特朗普访华、中美贸易战、叙利亚战争等；当然，也可以就一省一市的经济形势或对外开放格局进行评述。此类消息有一个显著特点，既有消息的“述”，也有评论的“评”，二者兼而有之，以述为主。

从内容上看，述评大致可以分为四种类型。

一、形势述评

形势范围大到国内外政治形势、经济形势，小到某一条战线、某一单位在一定阶段的特定形势，记者通过调研分析进行述评。此类述评要求开门见山，一针见血，抓住形势变化，指明形势前景。

二、事态述评

时下，国内外经常有一些重大的突发事件发生，需要新闻界发表意见，记者进行评述。此类述评要求记者爱憎分明、旗帜鲜明，写法要大气磅礴，要一气呵成。

三、工作述评

对某项工作中的经验或不足之处进行述评，如农村税费改革等具体工作。此类述评消息要求立足事实，述评结合，一板一眼，切忌写法上洋洋洒洒，应力求严谨。

四、思想述评

即抓住一些萌芽性的、倾向性的和带有普遍意义的思想情况，提出问题，进行分析，帮助读者明辨是非，提高认识。写作上要求论题切合实际，议论简明中肯，语言风趣亲切，避免社论的口吻、报告的腔调，忌板起面孔来教育人，应让读者入脑入心。

复习思考题：

1.什么是动态消息？动态消息在写作上有什么要求？

2.什么是综合消息？综合消息有哪些特点？写作综合消息需要注意哪些要求？

3.什么是人物消息？怎样才能把人物写活？

4.什么是述评消息？述评消息有哪些类型？

第九章 各类通讯的写作

▶**本章学习目标**

了解各类通讯的写作要求,掌握人物通讯、事件通讯、工作通讯、概貌通讯的写作方法。

▶**学习重点**

人物通讯、事件通讯。

第一节 人物通讯

人是社会生活中最活跃的因素。写人的通讯总是最能吸引人、打动人、影响人。

人物通讯,就是报道人、专门写人的通讯。

人物通讯主要用来写先进人物,宣传先进人物的事迹和思想,是弘扬主旋律的一个重要手段。我国现代人物通讯,主要就是报道各类先进人物的。当然,人物通讯并不仅仅局限于写先进人物,也可以写不同类型的人物。时下,关于人物通讯的报道对象和报道理念都有所变化,下岗工人、孤儿、残疾人、贫苦的农民等也都在人物通讯的报道范畴之内。

一、人物通讯的写作要求

1.反映时代精神

人物通讯的主角是人,但写人不是最终目的,不能为了写人而写人,关键是通过塑造典型人物,反映时代风貌,弘扬时代精神。在不同时代的人物身上,体现着不同时代的精神。什么是时代精神?时代精神就是在一定的历史时期所显示的人们的整体意志、整体愿望、整体呼声。要反映时代,就必须把所写的人物放在时代的宏观背景下加以观察、认识和表现。

2.展现人物风貌

时代精神是通过主人公的精神风貌体现的，这就要求写作时不能就事论事，必须挖掘事实所蕴含的精神，挖掘人物行动的思想依据。如新华社记者写过一篇《好医生》通讯，写一位医生养了一条狗，既不是消遣，也不是防盗，更不是为了吃狗肉，而是为了叫醒自己，及时为深夜求医的人看病。

3.写出人物特点

即写出人物个性。个性是人物形象生命之所在，表现在人物的言谈、举止、气质等方面。抓不住人物个性，写出来的人物就会千人一面，万人一腔。抓住了人物个性化的语言、行动，就会把人物写得活灵活现，真正写出"这一个"来。

著名记者艾丰写过一篇题为《温州奇人——记全国优秀企业家腾增寿》[①]的人物通讯，给我们留下了深刻的印象。他写一个企业家，通过其富有个性化的行动、语言、思想，将一个优秀企业家的言行表现得淋漓尽致。通讯开头即出奇言，让人拍手称奇：

"如果多几个腾增寿，我就可以去钓鱼了。"温州市市长陈文宪说。腾增寿，1990年全国20名优秀企业家之一，现年54岁，身高1米80，说话好站立，挥动两手，声若洪钟，此人多奇事，略记一二。

再看下面几个小标题更让人啧啧称奇，如"吹牛哲学""三轮车理论""断指、割疮及其他""善出奇兵，可敬可畏""和尚厂长"等。艾丰不是流水账式地写人物，而是选取了人物极富个性色彩的故事，吹牛的故事写出了腾增寿敢说敢为的作风，三轮车理论写出了他的经济发展思想，断指、割疮、举石锁三个故事写出了他硬汉本色的一面、出奇制胜的用人策略和严以律己的作风。人物语言极富有个性化色彩，如通过描写腾增寿的话，一个活脱脱的硬汉站在我们面前：

"我要是完不成承包任务，到时候就买一把快刀，站在这个院子中间，抹脖子！"

"来报名的，我们择优录用，不来报名的，这次不用，以后也不用！"

① 艾丰.温州奇人——记全国优秀企业家腾增寿[N].人民日报，1991-07-22.

二、人物通讯的表现方法

1.人以事显,事因人生

通过报道主人公的事迹,展示其内在的精神世界。也就是说,不仅要写出故事梗概或现象,还要写出支配人物行动的思想、心理,揭示人的精神面貌,这样的通讯才有感染力。

2.人物行动,表现人物

即用人物的行动来表现人物形象。用人物本身富有特征的行动具体展示人物的内心世界和个性特征,这比用概念化的言辞说明更有说服力。

3."由说话看出人来"

即用富有性格特征的语言表现人物。一句富有个性的语言胜过千百句苍白无力的平淡语言。用语言写人,一是要在采访中努力挖掘人物富有个性特征的语言,二是要写好特定情景下人物之间的对话。如前例中企业家腾增寿说的话,就是在他临危受命、敢于改革的场合下说的。

4.以景写人,烘托性格

通讯里的人物,总是工作在一定的环境中。通过对人物所处环境的描写,烘托人物的内在性格,也可烘托人物的情感。以乐境写乐,以哀境写哀,是常用的表现手法。因此,仔细地观察人物环境,抓住环境中表现人物性格的细节,对写好人物通讯有不可小觑的作用。

5.用细节来写人

细节运用得好,可以以小见大,含蓄隽永,耐人寻味。斯诺在《西行漫记》中有一段写彭德怀的细节,描写他有一次同彭德怀一起去看一场文娱演出,亲眼看见彭德怀把棉衣被披在他身旁的小号手身上。这样一个小小的细节反映出彭德怀爱兵如子的大将风范。

6.在矛盾冲突中表现人物

在矛盾冲突中展示人物的内在品格,也是写好人物通讯的方法之一。一个人生活在世界上,并不是风平浪静的,也不会身处"世外桃源",会遇到很多矛盾,如个人和集体的矛盾、个人与他人的矛盾、个人内心世界的矛盾等,抓住关节点的矛盾冲突,可以成功地表现人物的精神境界。如穆青写的一篇《没有写完的报道》中的第一段,"文革"恶风又一次毁光了潘从正营造的防风林,他内心非常苦闷,脾气变得非常暴躁。一次,他为了栽树竟然与和他相依为命的老伴大吵一架，并且擂了他老伴一拳。从潘从正与他老伴的冲突中，反映出他当时因眼看着自己那栽树锁风沙的理想不能实现而产生的极为痛苦的心情，写出了他倔强的个性，从而深深打动了读者的心弦。

第二节 事件通讯

如果说，人物通讯主要是用来写人的话，那么，顾名思义，事件通讯就是用来记叙有意义、有新闻价值的事件。

一、事件通讯的题材

大千世界，世事纷繁，每时每刻都在发生着数不清的事件，不是事事都可以入笔，都可以报道，那么，什么样的事情才可以写成事件通讯呢？也就是说，事件通讯报道对象的基本类型是什么呢？

1.突发性事件

即事先无法预知、突然发生的事件，例如政治冲突、民族骚乱、刑事犯罪案件、重大责任安全事故、突然降临的自然灾害等。

过去，我国新闻界对突发性、灾难性事件的报道是个禁区，认为这类报道“不利于弘扬主旋律”“对社会稳定有影响”。现在这一禁区正在逐渐被突破。突发性事件一般都是灾难性事件，随着我国国民知情意识的提高，他们渴望了解实情。对于这类报道，一般都是先发消息，后发长篇通讯。如《工人日报》的通讯《渤海二号钻井船翻沉说明了什么》，《中国青年报》的通讯《红色的警告》《绿色的悲哀》《黑色的咏叹调》，《南方周末》的通讯《追问洛阳大火》等。这类突发性事件通讯，大多展示事件不同寻常的过程，追索事件发生的原因及社会影响，以起到警示社会、引导舆论的作用。

2.在社会上有重大影响的事件

即重大事件，这类事件受到全国乃至全世界人民的关注，包括我国在政治、经济、军事、体育、文化、教育等方面的重大举动，如党的重要会议的召开，中国对香港、澳门恢复行使主权，中国成功实施长江三峡截流，中国成功发射神舟五号、六号宇宙飞船，中国申奥成功等；再如国际关系中出现的重大事件也归入此类，如莫斯科人质事件、美国“9·11”恐怖事件、海湾战争爆发等。对于这类重大的历史性事件，报纸一般要发大型的纪实性的事件通讯。

3.发人深省的事件

生活中不仅有重大事件,也有许多不起眼的“小事”,一个路人被车撞,肇事车辆逃逸,而好心的“的哥”把他送往医院;有人去酒店吃饭,却不慎从楼梯上摔下来,打官司讨说法;消费者去商店买了件假货后向商店索赔,商店却振振有词,不愿赔偿……诸如此类的“小事”每时每刻都在发生,这类事看起来不大,但其中内含的新闻价值却不小,这类事故的发生、发展和矛盾解决的过程,有利于扶正祛邪、净化社会风气。应该注意的是,采访写作此类“小事”,一定要深入挖掘,切入角度要“绝”,切不可就事论事,否则往往起不到发人深省、耐人寻味的作用。

二、写作要求

1.亲历现场,捕捉素材

无论是采访突发事件,还是采访重大事件,或是采访一般的小事件,都要求记者必须亲历新闻事件的发生地,从头到尾目击事件的发生、发展全过程。由于记者亲历采访的是第一手材料,感受到的是现场气氛,写作起来自然有强烈的感染力。由于不少事件突然发生,有不可预期性,要求记者全部亲历现场也不可能。所以对于大部分突发性事件,记者只能采访事发后的现场,此时的现场仍然是佐证事件的有力证据,具有较强的说服力和现场感染力。

2.叙事要清晰

事件通讯是报道真实的事件。它除了要具有正确的思想意义外,在写作时还需注意叙事要清晰,首先是事件情节要交代清楚明了。比如事件发生、发展的来龙去脉,事件中有关的人物、地点、时间等基本情节,都应该让读者一清二楚。

3.抓住矛盾

事件发生、发展过程中,总会有矛盾、有冲突。许多优秀事件通讯的作者就是在认真分析研究所报道的事件的内在矛盾的基础上,紧紧抓住事件矛盾的发生、发展、变化、冲突来写作,使得通讯有起有伏,曲折动人。

4.突出重点

写事件通讯,要避免记流水账似的面面俱到,不分主次。要有详有略,突出重点,有的甚至要一笔带过,“没有剪裁就没有艺术”,不善于剪裁衣服的裁缝不是个好裁缝,同样,不善于剪裁作品的记者也不能写出好文章。

第三节 工作通讯

工作通讯以记“工作”为主，是反映不同领域、各行各业工作中的新经验、新问题、新情况、新办法、新矛盾、新趋势的通讯。

一、工作通讯的类型

1.经验性工作通讯

经验性工作通讯是我国新闻媒介特有的品种。评价一篇工作通讯的质量，要看它是不是反映了当前实际工作中比较有普遍意义的新经验。通过反映一个单位、一个地区或一个行业的工作经验，对其他单位、地区、行业起到展示经验、启发思路、引导示范的作用。如《人民日报》曾组织过《来自东西南北的报告》《大江东去》等系列报道，反映一些重点地区和有代表性的省份打好改革攻坚战的经验和问题。

2.探讨性工作通讯

这类报道通过调查，对工作中存在的难点问题进行分析和解剖，找出问题的原因，探寻可能的解决方案。一般来说，这类工作通讯所探讨的多是全局性的问题，特别是一些人们知其然又不知其所以然的重大问题，进行解剖评析，提出解决办法。如水荒问题、菜价问题、粮食生产徘徊不前问题、贫困地区脱贫问题这样一些事关全局的重大问题，都是新闻媒介工作通讯的内容。

如 2016 年 12 月《河南日报》要闻版连续一个月刊发了一组通讯《脱贫攻坚日记》。这组报道由骨干记者奔赴河南省贫困县兰考县和滑县，走访了上百个村庄，采访了 400 多位干部群众，用日记体的形式，以第一人称的视角，探讨扶贫经历和脱贫攻坚实践。

3.揭露性工作通讯

这类工作通讯反映工作中的问题和教训，揭示这些问题和教训中带有普遍意义的内涵，以引起社会的注意，推进各项工作的顺利开展。

如获第二十七届“中国新闻奖”二等奖的工作通讯《4 亿元科研“替代经费”无奈沉睡》，以科研“替代经费”无人问津为切口，关注高校科研人员科研经费使用难，科研人员积极性、创造性被束缚、被挫伤的问题，并提出建设性意见，作品具有极强的现实意义。

二、写作要求

1.要有大局意识

写好工作通讯,记者要有大局意识,要站在全局的高度选择典型事实。首先要明确党和政府一段时间的中心工作,然后明确所采写的具体行业当前的工作重心以及亟待解决的问题。当然这要求研究的问题必须有典型性,必须是关系到国计民生的突出问题。

2.要善于抓住“热点”问题

一头要抓住党和政府的中心工作,一头要抓住人民群众关心的“热点”问题,也是工作中存在的难点问题。如衣食住行,生活中每个人都离不开衣食住行,但这些方面往往存在许多不尽如人意的地方,如开封房价越炒越高,与群众收入极不成比例;又如有些地方存在的出行难问题等。

3.观点要出新意

工作通讯最忌老调重弹,要有新观念、新意境,让读者看完耳目一新,茅塞顿开。比如《人民日报》在1994年刊发了一组《来自东西南北中的报告》,共五篇报道,五个观点,皆有新意。第一篇《登泰山更知天下阔》写山东如何处理改革发展稳定的关系,第二篇《力挽春风度玉关》写甘肃如何走出封闭对西部的启示,第三篇《改到深处是产权》写广东改革新思路——产权改革,第四篇《北国春光正露头》写东北国企振兴问题,第五篇《逐鹿中原势纵横》写河南如何抓住机遇乘势而上。五篇报道的观点、立意在当时都令人耳目一新。

4.要注意选择最佳角度

工作通讯自身的性质决定了它先天具有较强的指导性,从内容到文字形式都比较硬,呈刚性。这就要求我们在工作通讯的写作中,要注意选择切入角度,注意选择从群众角度、生活角度、感情角度切入。特别是报道有关政策或工作重点时,力求找到它们与老百姓利益的结合点,做到贴近实际、贴近生活、贴近群众。比如写房地产开发的工作角度,注意从群众角度切入,突破口就是“安居工程”。如果从工作角度出发,可以从政府管理的角度,也可以从开发商的角度,还可以从房地产市场发育的角度等入手。再如菜篮子工程,如从工作角度出发,可以探讨菜篮子市场、政府菜篮工程建设、群众搞大棚蔬菜和温室蔬菜建设等,但从群众角度出发,就可以选择菜价这个牵动百姓感情的话题。

第四节　概貌通讯

概貌通讯又称为旅行通讯，是反映社会风貌和风土人情的通讯，报纸上常见如“见闻”“巡礼”“散记”“纪行”等都属于此类通讯。在我国近代史上，概貌通讯曾产生过巨大影响，如瞿秋白的《俄乡纪程》《赤都心史》，范长江的《塞上行》《中国的西北角》，邹韬奋的《萍踪寄语》《萍踪忆语》等。

一、概貌通讯的类型

概貌通讯从不同角度可以分为多种类型。有综合报道一方一地政治、经济、文化等方面总体概貌的；有着重报道某一方面或某一项建设成就的，有侧重报道一方一地自然奇观或社会奇观的，有侧重报道名胜古迹及今昔变化的，有侧重报道地方风俗、乡情或人物精神面貌的，有侧重报道地方风物特产的，等等。

从表现形式来看，也有各种形式。如，见闻式：以作者所见所闻为主，文体笔法较为灵活，可感可触，让人如临其境，如闻其声。又如，巡礼式：一般以顺叙为主，同样也是写所见所闻，有强烈的现场感。还有日记式、散文式、导游式等。

二、写作要求

1.活

概貌通讯活材料要多，写法要活，切不能用写工作通讯的笔法来写概貌通讯。概貌通讯要有见有闻，有详有细，切忌写得太平、太死，否则就失去了概貌通讯的特点。

2.新

写一地一方，风貌要“新”，有时用昔日风貌加以衬托，以旧衬新，新就显出来了。另外，写作者的视角要新鲜，要以本地人的眼光去看外地，观其概貌，探其神秘，以极大地满足读者求知求新的心理需求。

3.奇

每到一地，要抓住当地的特点，尤其是本地没有的奇事、奇景、奇人。给国内读者介绍国外风貌，就要抓住国外所独有的风貌，如笔者在俄罗斯工作期间，就大量选择俄罗斯的奇闻要事进行采写。

4.杂

概貌通讯要“杂”,可以根据需要灵活穿插引用历史背景、典故、神话传说、诗词歌赋等,使通讯趣味横生。

复习思考题:

1.人物通讯有哪些写作要求?其表现方法有哪些?

2.事件通讯报道对象的基本类型是什么?其写作要求有哪些?

3.工作通讯的类型有哪些?需要遵循哪些写作要求?

4.概貌通讯的写作技巧有哪些?

第十章　新闻评论的写作

▶本章学习目标

了解新闻评论的种类，理解新闻评论的特点，掌握新闻评论的写作方法。

▶学习重点

新闻评论的特点及其写作方法。

新闻评论和新闻报道是报纸、广播、电视、网络等新闻媒体最基本、也是最重要的两种新闻手段。作为新闻媒体，二者缺一不可，既不能没有新闻报道，也不能没有新闻评论。没有新闻报道，新闻媒体就失去了根基；而没有新闻评论，新闻媒体也就失去了旺盛的生命力。因此，新闻报道是新闻系统工程中的主体和基础；而新闻评论则是新闻系统工程中的旗帜和灵魂，有时，它为新闻报道"画龙点睛"，有时又起着把报道引向深入的重要作用。因为新闻评论往往是针对报道中所触及的新事物、新问题、新动向而进行的品评、点评或述评，旨在从思想上、理论上和政策上给广大受众以正确的引导和帮助。因此，它是新闻报道的一种提升。

新闻评论是新闻媒介就当前社会生活中人民群众普遍关注的重大问题、新闻事件和社会思潮而发表评议的一种议论性文体。

其主要任务是关注社会、关注人生，对新近发生的新闻事件和新闻现象，以及人民群众普遍关心的热点问题进行立论，分析说理，以期从思想上、理论上正确地引导和帮助群众。所以，它有绝对的现实基础。它与当前的社会生活关系密切，它对于事物本质意义的揭示要依托深刻的社会思想体系、独立批判的自由精神、个人性的知识空间、创造性的表意技巧。

从新闻写作理论体系的不同层面来看，新闻评论的写作，相对于新闻报道而言，其要求更高，难度也更大。它往往要凭借着抽象思维的概念、判断和推理，越过人们的感性认识阶段，直达一定的理论高度，揭示事物的本质意义。同时，新闻评论又是通过直接发表意见、阐述观点来完成自身使命的，这些意见和观点就要准确、全面地体现党的路线、方针和政策。

特别是那些具有一定代表性的评论文章,如社论、编辑部文章、评论员文章等,其对理论知识水平的要求是相当高的,写作时要具备对各种材料的驾驭能力。因此,新闻评论是新闻报道的提高与升华,在新闻写作中有着重要的地位和作用。但也并不是说新闻评论高不可攀,只要我们在新闻活动的实践中认真地学习它,不断地运用它、掌握它,加深对它的理解和运用,就能不断地提高自身的业务素质和推动新闻事业的发展。

第一节 新闻评论的种类

一、新闻评论的分类方法

新闻评论在长期的发展变化过程中,形成了一个较为庞大的家族,其中成员众多,类型繁杂,给分类带来了一定的难度。划分标准的不同,就会呈现类型的交叉或重复的现象。就我国目前新闻评论的分类来看,大致有以下几种情况。

第一种按篇幅的长短划分,分为大型评论、中型评论、小型评论和微型评论。其中,大型评论包括社论、编辑部文章。中型评论包括评论和本报评论员文章。小型评论包括短论和短时评。微型评论则主要有编后语和小型的编者按等。

第二种是按新闻评论内容的性质划分,分为政治评论、军事评论、经济评论、法制评论、科技文教评论、体育评论、国际问题的评论以及社会问题的评论。

政治评论,主要是配合党和政府在某一特定时期的中心工作,宣传党和国家的路线、方针和政策;批驳敌对势力对我国进行攻击的荒谬言论;批判社会上的错误思潮,对一些重大的政治事件和活动给予密切的关注。

军事评论,主要是对国内外军队的发展、国际间的军事冲突、重大的军事问题和我军的思想建设等方面作出的具有前瞻性和科学性的评价和议论。

经济评论,主要是对国家现有的经济政策、人们的经济观念、社会上存在的经济现象和经济问题进行探讨和评论。

法制评论,主要是围绕着国家与社会的民主与法制建设这一议题展开分析与评论、解读与批判等。

科技文教评论,主要是对人类在科学技术文化教育的发展道路中遇到的问题、出现的思潮和产生的现象进行分析和评论。

体育评论，主要是对体育活动中的赛事、项目、问题、现象，甚至是人物作出评价和议论。

国际问题的评论，主要是对国际交往活动中产生的具有重大意义的问题、现象进行分析和评议。

社会问题的评论，主要是针对社会上存在的一些问题和现象进行科学的、预见性的分析和评论，使之走上正确的社会轨道。

这种分类的方法理论较为清晰，但在实际运用中，尤其是在表现形式的选择上，有明显的交叉重复。如社会问题的评论，可用社论的形式，也可用评论员文章等形式；而国际问题的评论也可以用社论的形式或评论员文章的形式。也就是说，新闻评论的内容是独立的，形式则是交叉的。

第三种是按新闻评论是否署名来划分其类型。不署名的新闻评论，其实就是以编辑部的名义发表意见和看法，甚至是代表一级党组织或政府部门的看法。它的表现形式主要是社论、本报（刊、台）评论员文章、短评和编者按、编后语。署名的新闻评论，也叫署名短论，多属于报纸的专栏评论。如《人民日报》的“今日谈”“人民论坛”“国际论坛”“财经论坛”“企业论坛”“经济时评”等，都是署名的新闻评论。从表现形式上讲它们主要是专栏评论、新闻述评、杂谈、点评等。

第四种是根据不同的新闻媒介给新闻评论进行分类。这样就有了报刊新闻评论、广播新闻评论、电视新闻评论和网络新闻评论。这种分法也有一定的合理性。因为新闻评论就是在不断地适应各种媒体特点的过程中成长和发展起来的。关键是各种媒体的产生和发展都有一定的传承性，特别是在新闻评论的文本传承上更为突出。如广播新闻评论，是对报刊新闻评论的文本加以口语化的改进，也就是说，把报刊新闻评论的书面语言变成口头语言，再加入声音符号就成了广播新闻评论。电视新闻评论和网络新闻评论也是如此。但有一个最根本的问题就是新闻评论的文本不变，传播的方式发生了根本的变化，但文本的表现形式并没有变。它们仍然以社论、评论员文章、专栏评论、杂谈、短评、点评等形式，活跃在各种媒体上。

由此可以看出，不管采用什么样的分类方法，都不能打乱新闻评论的文体表现形式，它们始终以这几种不变的形式出现在各种分类方法中。因此，我们认为：以新闻评论的文体表现形式来划分最为合理，可以直接把它们分为社论型、评论员文章型、短评型、编者按语型、专栏评论型、述评型、点评型等类型的新闻评论。

二、新闻评论的类型

1.社论

(1)社论的重要地位

新闻评论被称作报纸的旗帜和灵魂,主要是社论的作用。社论代表报纸编辑部和同级党组织对当前国内外发生的重大事件或问题的意见和看法。这里需要指出两点:一是各级地方报纸的社论代表编辑部和同级党委对当前本地区内外发生的重大事件或问题的意见和看法。所谓的重大事件或问题,包括政治、经济、军事、思想、文化等方面的问题。二是就目前来讲,社论是报刊独家所有的。电台、电视台,甚至于目前的网络媒体,通常只有评论员文章、短评、述评等,但无社论。因此,我们直接把社论称为报纸的灵魂和旗帜并不为过。

社论是报刊编辑部重要的言论形式,它集中表达了媒体对一些问题和现象的立场、观点、看法和主张。它的主要任务和作用是表明态度,解释政策.提出任务,指引方向。它在有关党和国家的中心工作的论述上用得最多。

(2)社论的类型

社论,在新闻评论中是篇幅最长、分量最重的评论文章,通常分为两种类型。

一是全局性的社论。这类社论关乎党和国家在某一特定时期的路线、方针和政策。它要站在全局的高度,对这些路线和任务作出全面的阐述和解释。这类社论虽为数不多,但却非常重要。因为它是面对全局代表党政领导机关发言,对人民群众的现实生活和实际工作有着重要的影响。这类社论通常是在重大的节庆之日或党和国家有重要的会议时发表。我们经常看到的《人民日报》元旦社论、“五一”社论或国庆社论等都是这一类型。

二是针对某一方面或某一领域内发生的重大新闻事件或重大问题发表意见或看法,作出专题性论述的局部性社论。这类社论尽管不能像全局性社论那样站在全局的高度去解释政策,提出任务,指明方向,且它面对的是局部的某一地区、某一方面或某一领域,但由于它所涉及的都是重大的政策性问题,因此仍然是十分重要的。和其他类型的新闻评论相比,它仍然具有普遍的社会意义。

如 2014 年 10 月 8 日《人民日报》刊发的评论文章《标注共产党人的精神坐标》,就是在党的群众路线教育实践活动展开之际立项、于收官之际推出的大型政论。文章既有高屋建瓴的立意,又有入情入理的论述;既深入阐释了活动的目的意义,也直面问题、不避矛盾;既写出了党的群众路线优良作风的历史感,更揭示了这一活动的现实意义。此文对中央精神和干部心态都做出了准确的把握，从价值追求、政治伦理角度深入挖掘活动的内涵，刻画了政治生态的改变，并分析在活动成果的基础上如何继往开来，为活动的宣传报道抬起了龙尾。

(3)社论的权威性及其原因

社论，特别是党的报刊社论之所以具有十分重要的地位，具有独特的权威性，主要原因就在于：

第一，它是经过同级党委审查批准之后，代表编辑部发言，代表同级党委直接表达党和政府的观点和声音。如《人民日报》社论，是经过党中央审查批准之后发表的，因此，它往往集中体现人民群众的根本利益，是党的宣传工具和人民的喉舌。

第二，社论的内容一般都是针对当前的重大事件、重要典型、重大问题或重大节日纪念，表明编辑部的立场、态度和意见，具有鲜明的针对性和高度的指导性。

第三，党的领导干部亲自写作、审阅党报的社论成为我国新闻工作的光荣传统。毛泽东、周恩来、刘少奇、邓小平等都曾为党的报刊撰写、主持或审阅过大量的社论，特别是毛泽东在社论的写作理论和实践方面有着卓越的贡献，他的很多社论在指导革命和建设的事业中产生了巨大的作用和影响，大大增强了报刊社论的权威性。

第四，在传播渠道上，社论有着无与伦比的优势，不仅表现在各级报刊对社论所作的编排上的强势处理，而且表现在各种新闻媒体对社论的转载、转播或联播上，形成一种及时迅速、高度集中的宣传攻势，使党和政府的声音通过社论及时向人民传递和沟通。

2.评论员文章

(1)评论员文章与社论的区别

报刊评论员文章是新闻评论中常用的一种文体，是仅次于社论的一种重要评论。就当前的报纸来看，社论的数量并不多，但评论员文章却日趋增多。

评论员文章实际上和社论并无严格的区别，必要时，它也可以直接升格为社论发表。在规格上，评论员文章不像社论那样直接代表编辑部或同级党委的意见，并且要经党委审批才能发表，但其作者是编辑部的评论员，当然反映的仍然是编辑部的观点和倾向，已有一定的权威性，只是没有社论的权威性大而已。

再者，社论往往针对重大事件、重大问题或重要的典型发表意见，而评论员文章通常偏重于局部性的重要事件或问题。社论显得庄重严肃，评论员文章则自由活泼一些。同时，社论往往是独立发表，而评论员文章除了少数的独立发表外，常常依托有关典型报道而配合发表。而且要求配合及时，不失新闻的时效性。

另外,评论员文章的篇幅也要比社论短些,它是介乎社论和短评之间的新闻评论类型,它是报纸、电台、电视台、通讯社常用的重头评论,其规格、地位高于短评,分量也比短评重,具有重要的宣传教育和舆论导向作用。

(2)评论员文章的类型

评论员文章主要有本报评论员文章、本报特约评论员文章、署评论员真实姓名的本报评论员文章以及观察家评论等。

• 本报评论员文章

这是一种由本报评论员撰写的评论员文章,它以体现编辑部的立场、观点和态度为宗旨,通常是不署作者姓名,只以本报评论员名义而发表的评论文章。这种评论员文章在当前的新闻评论中地位日益重要,作用日益增大,呈现出一种愈显重要的发展趋势。它是一种由编辑部自行定稿的文章,不必送交同级党委审阅批准,因此,自由度较高。它往往选择某些侧面直接进入评论,体制较为短小,但穿透力却很强。

• 本报特约评论员文章

这是评论员文章的一种特殊形式,在 20 世纪曾一度颇为流行,在评论之前冠之以“特约”二字,用以暗示作者身份的不同寻常,强化文章的权威性,增强文章的分量。同时,由于文章的篇幅较长,对所论述的问题往往作多侧面、多层次的分析和论述。加之它的任务就是对当前重大的理论、思想和政策等问题或重大的举措等发表独到见解,被人称为“超重型评论员文章”。特约评论员文章由于作者身份的不同寻常,规格上往往比一般的本报评论员文章略高一些。文章的感召力、震撼力也比其他评论文章较强。

• 署名评论员文章

署名评论员文章的最早出现是在 1984 年 12 月 31 日《福建日报》发表的评论《改革开放人心所向》,署名“本报评论员黄仲生”。接下来《中国青年报》的评论员陈小川等也相继发表署有自己真实姓名的评论文章。这种情形延续至今,众人为继。

署名评论员文章一般是配合典型报道而写的评论,这种评论的特点是有助于增强作者的政治责任感,有助于作者写作热情的迸发。尽管它仍然是代表编辑部的意见和看法,但由于作者写作特点的不同,使评论员呈现出个性化的特色,为评论增添不少风采。

• 观察家评论

观察家评论实际上是评论员文章的另一种表现形式,就是评论员以观察家的身份出现,这样的双重身份使评论显得更加客观和更具有权威性。观察家评论在写作上注重对时事的观察和分析,常常是在观察形势和分析形势的过程中加以评论,预示形势的未来走向。如《人民日报》《光明日报》的“国际观察”栏目,《光明日报》的“军事观察家”“周五观察”等栏目,都是针对国际国内的形势、军事科技的发展而发表的评论。

3.短评

短评是一种短小精悍的评论形式。短评也是一种代表编辑部发言的评论文章,往往配合当前的形势,宣传党的方针政策,只是不用送阅审批,更加灵活自由,一般的记者、编辑都可以使用。短评的篇幅较小,选题范围较窄,角度较新,一般在千字以内,因此它特别强调选材要精,构思要巧,结构要紧凑,行文要集中。短评又是一种依托性较强的评论,它往往依托新闻报道而发表议论,从而起到深化报道的作用。可见,它和新闻报道的关系十分密切。

短评一般是一事一议,分析问题简明扼要,批评议论中肯深刻,运用起来又轻便灵活,是一种深受作者和读者欢迎的文体。

如《人民日报》刊登的新闻《大学教你策划游戏》(2017 年 2 月 17 日),报道了中国传媒大学正式提出新设专业方向——数字媒体艺术(数字娱乐方向),该专业主要培养游戏策划与电子竞技运营人才,并开始录取第一批学生。针对这一报道,编者在该版配写了一则短评《既要跟得上,也要有担当》。短评谈到近年来在高校本科专业设置自主权进一步下放和扩大的背景下,大学紧跟新行业、新发展,开设满足社会需求的新专业,这种方法值得肯定。但是,步子迈得快,质量也要跟得上。人才培养不应片面强调就业,专业教育业不应沦为职业培训,而应该把素质培养作为专业导向,培养学生对行业的独立思考。所以作者提出了开设新专业只是令人欣喜的第一步,需要后续配套措施完成持续升级,从涉猎认知升级为系统研究,从单一专业升级到学科建设;专业设置要跟上时代,同时,高校的教学科研也不能丢,这才是大学应有的担当。

4.编者按语

编者按语是一种历史悠久,而近年来又被大量运用的最简短、最轻便的一种评论形式。它不是独立的评论文体,而是依附在新闻报道或文稿前后的一种编者短论。它比短评更小,一般在一二百字之内,命题也不大,论述更简洁,它往往以最简洁明快的语言来表达编辑部的意见。这种评论主要是对新闻报道的稿件或稿件所显示的信息而进行评介、批注、建议或说明,以增强新闻报道的思想性和宣传效果。这种评论形式也是编者和读者直接对话的一个独特的领地。其主要形式有文前按、文中按和文后按。

文前按,就是我们经常见到的“编者按”,它是编者针对新闻报道的内容,以提纲挈领的语言进行的说明、点评或议论。它被置于文章之前,片言居要,以引导读者关注报道的内容。

文中按，通常是在行文的过程中对某一处、某一点甚至某句话有感而发时插入的一段或一两句评论的话语，文字很少，是最为短小的新闻评论。有时只有一句话，插入时加上括号附在某段或某句话的后面，它常常省略论据，也没有论证过程，只是一个论点而已，但却直截了当，深刻醒目。

文后按，又叫"编后""编余""编后小议""编者附记"等，它是编者在文章之后所作的感想、体会和议论。

5.专栏评论

专栏评论在我国新闻评论史上也是一种历史悠久的评论形式。只是近三十年来发展更为迅速，受到新闻界日益广泛的重视。特别是那些办得很有特色的专栏评论，为各自的报刊增添了不少的光彩，赢得了更多的读者。如《人民日报》的"人民时评""人民观点"，《光明日报》的"光明论坛"，《新民晚报》的"今日论语""新民随笔"，《河北日报》的"燕赵论坛"，《天津日报》的"星期论坛"等，都是深受读者欢迎的专栏评论园地。

专栏评论是以个人名义发表意见，署有个人真实姓名的一种评论，写起来灵活自由，文笔风格个性化色彩较浓，并在报刊的固定位置刊发一个作者或不同作者相关的新闻评论。如《人民日报》的"人民时评"一般都在第五版的右上角。栏目相对固定，面向社会开放，欢迎社会各界的作者投稿，以个人的身份发言，编辑部择优选用。篇幅可长可短，选题灵活自由，可以是国家大事，个人见地，凡属大家普遍关心的论题或在实际生活中需要引起重视的问题，都可拿来进行议论和评价。

其类型大致有四种：一是小言论专栏，如《人民日报》的"来论""大家谈"，《光明日报》的"消费者感言"等。二是论坛评论，如《人民日报》的"人民时评"，《光明日报》的"光明论坛"，《南方周末》的"方舟评论"，《中国青年报》的"求实篇""批评指正"等。三是专题评论，它是为配合某项重大政治活动或社会活动或群众关心的社会问题的宣传而设置的短期群众性专栏评论，往往以漫谈的方式抒发感想、发表议论，是一种小型化的署名文章。四是随笔杂感式评论，这种评论是专栏评论中的又一重要文体，它夹叙夹议，寓议于事，思想深邃，文笔轻松，语言或庄重雅致或犀利泼辣。随笔又是个性化的产物，它有感即发，体现着思辨性、文学性和个性化的色彩。同时它还可借题发挥，言在此意在彼，针砭时弊，嬉笑怒骂，达到一种以轻驭重或意想不到的效果。

总体来讲，专栏评论的特点是：以小见大，时代感强，视野开阔，形式多样，论辩自由。

所谓以小见大，是因为它往往从小事入手，以新闻事实为由头，由事议理，事理相融，立论的角度集中而新颖，力求在小的体制中反映出大的思想来。时代感强是由于专栏评论都是针对当前的一些社会问题和现象发表言论，它要完全依靠活的事实来做文章，离开活的事实它将是无源之水，毫无新鲜感可言了。再者，专栏评论的作者来自社会各界，代表的是群众的心声，议论的是社会问题，具有普遍的人民性。专栏评论的形式是多样化的，常见的有短论、随笔、漫谈（议）、杂感、论坛、专题论坛等，灵活自由，只要符合内容的需要和个人的风格特点，都可以任意选取。论辩自由是由于专栏评论有它鲜明的专栏宗旨，但并不限制个性化的发挥，只要不违背党的路线方针和政策，就可以充分张扬自己的个性。在运作上也可由个人的触角去感受、发现和体会，不论是赞扬、批评、论辩、随感，只要从现实出发，都可登台亮相。

6.述评

述评是一种兼具新闻报道和新闻评论特点的评论文体，它既报道事实又有适度的分析，有述有评，边述边评。因此又叫新闻分析、记者述评或述评新闻等，一般说来，这种文体以报道事实为主，以评述事实为最终目的，以事实和观点的复合为特征。从篇幅上看是述多于评，但从内容上看侧重议论，则评又甚于述。因此，它要求作者在内容的选取、背景的运用以及远期影响等方面都要有一定的前瞻性，并以其深邃的思想、健全的社会意识对事件的发展形势做出客观而又准确的分析和评议。

述评的结构较为自由，可按照作者的逻辑思维对整体框架进行处理，做到张弛疾徐，环环相扣。

述评的语言自由活泼，明白晓畅，客观叙述是这种文体的主要形态，夹叙夹议，分析评论都是在此基础上进行的，因此，其可读性是显而易见的。

述评中背景材料的运用可以使事实形成一种张力来表现观点，因此客观叙述为主要表现手段。通过叙述提供有关事物或事件的主体事实、必要的背景材料，以及社会上既有的见解，是它区别于其他评论，接近新闻报道的一面。叙述伴随着分析，重在揭示事物的内蕴，不留痕迹而又明确地表达自己的观点，又是它成为评论而不同于一般报道的一面。

第二节　新闻评论的特点

从新闻评论类型的多样化中，我们可见其特点的多样性，如新闻评论的新闻性、思想性、针对性、创造性、政论性、权威性、政治性、群众性、公益性等。但我们认为这些特点其实可以归结为三个类型,即新闻性、政论性和群众性。

一、新闻性

新闻性特点是新闻评论区别于一般新闻报道的一个重要标志。

新闻性首先表现为时效性。新闻评论所评述的对象常常是最近发生、最新报道甚至是刚刚发生或报道的群众所关注的新闻事实,这就要求新闻评论既要及时配合报道,又要切合时宜。有时评论的事实尽管不是新闻,但它所评论的内容、角度、由头与当前的形势、中心工作和舆论焦点有着密切联系。

新闻性还表现为针对性。新闻评论在选题立论上要求结合时事和形势,紧密配合党和政府的中心工作,同时与社会舆论的热点和群众关注的焦点相合拍,善于结合实际针对矛盾进行思想启迪,阐明党和政府的方针政策,推动社会主义精神文明和物质文明的建设。

新闻性也表现为依托性。新闻评论常常需要依托和配合新闻报道或新闻素材发言,以新闻稿件所提供的典型性新鲜事实作为立论的由头和说理的论据。

新闻性更突出地表现为融合性。所谓融合性就是在评论中直接输入新闻事实和信息,生发议论,使事理融合。随着新闻评论改革的深化,一些不属于配合而是单独发表的新闻评论,已开始输入若干有新闻价值的新鲜事实和信息,以此作为立论的依据,或说理的论据,新闻评论由此而呈现了熔新闻与评论于一炉的喜人态势,不仅满足了受众获取更多信息的需求,而且也有助于增强新闻评论的吸引力和说服力。

二、政论性

政论性是政治性和理论性的结合。新闻评论侧重于联系实际,从政治上、理论上阐明观点,所运用的表达方法主要是说理和论证。在评理论证时要求论据和论点统一,具有逻辑性,能回答“为什么”“应该怎么办”等问题,以帮助读者理解事实,明了事物的本质和趋向。由此可见,新闻评论跟新闻报道不同,它具有明显的论理性。

具体说来,新闻评论评述的事件和提出的论题都会涉及党、国家和人民的利益,要求密切配合并协调党和政府的中心工作;新闻评论所论述的内容都具有政治意义,常常涉及党和政府的方针政策和政治活动,需要从理论上、政治上直接对其进行分析,进行说理论辩;新闻评论即使写的是有关工作和业务问题,也要克服就事论事的倾向,而着眼于政治,胸怀全局,从政策上、方针上、理论上以及工作作风和思想方法上予以解决;新闻评论还要求作者在思想政治上同党中央保持高度一致,凡不署名的评论均需以编辑部的身份、态度和立场去立论和说理。由此可见，政论性这一特性使新闻评论既区别于新闻报道，又不同于一般专题论文或学术论文。

政论性特点还使新闻评论表现出了一定的权威性。新闻评论是报纸的灵魂，无论对其报纸本身或对于是社会，都具有强烈的权威感。它既能指导作者在选材与思维方面注意报章的聚焦点，又能以透辟的分析、及时的指斥、大公无私的姿态、正直光明的心胸，勇敢地面对现实问题，精于事态的判断与预测，引导舆论运行，设置社会议题、议程，树立权威姿态。当然，新闻评论不等于党的文件、政府的法令，它的权威感来自自身见解的中肯、思想的深邃和推理的严密。

三、群众性

拥有广大的读者群是新闻评论的传播需要，也正是新闻评论的群众性的突出表现之一。新闻评论作为党和人民的喉舌，是要面向广大读者和受众发言的，不能狭隘地面向专业或局部对象。

除了受众面不同，在内容上，新闻评论还要求针对广大群众中的热门话题，代表人民群众的切身利益，反映人民群众的要求和呼声，高扬时代主旋律，弘扬人民群众建设社会主义的主人翁精神和政治责任感，支持人民群众对形形色色不正之风作坚持不懈的斗争。

群众性还体现在新闻评论的论述和文风的通俗晓畅、简练生动、平易近人。既然新闻评论要面对广大受众发言，因此格外要求通俗易懂，力求使众多不同年龄不同职业不同文化程度的受众读得懂，听得清，看得明白。换句话说，新闻评论为了赢得更多的读者，比一般论文更要求语言的通俗易懂、态度的平易近人、论述的深入浅出、文字的短小精悍。

群众性还体现在新闻评论的社会公益性。因为，新闻与新闻评论均是社会心灵沟通的手段，在这一目标之下，新闻批评用良好有礼的语言发表意见，努力在国家和公共事务中发挥导航作用，为社会而非个人，为未来而非过去。它思考我们整体的现状、未来，为我们的一切而呼、而叹、而浩歌。新闻评论所思所议，必然是一般社会关心的问题，它的魅力也来自于此。

第三节　新闻评论的写作要求

新闻评论的类型多种多样，不同类型的评论在写作上有着不同的要求。因此，新闻评论写作总的要求是要弄清评论的级别,掂出所评事物的分量,然后再去考虑具体评论形式的写作要求。另外,不同类型的新闻评论有着不同的个性特色,我们不能把这些个性给抹杀掉。也就是说,我们不能给新闻评论规定一个固定不变的模式,去生搬硬套某种具体的评论形式,而只能从新闻评论的整体角度去探索其写作上的普遍规律和基本要求。

一、关注社会　褒善贬恶

新闻评论是以新闻命名,以新闻为基本特征的评论文体,因此,其选题取材首先要以新闻性为主要依据,它所评论的内容应该是现实生活中新近发生的那些新事物、新问题、新动向等。新闻评论的作者首先要关注社会、关注人生,然后才能对党的路线、方针、政策、社会思潮和人类精神进行阐明和解释,才能对实际工作和生活起到推动和指导的作用。离开这点,新闻评论也就失去了它所存在的生命价值。

就新闻评论的作者来说,关注社会,关注人生,你就会深有感触,深有体会,有感不发,就会如骨鲠在喉,不吐不快。一旦不平而鸣,就是发自肺腑的心声。这样的新闻评论,不仅具有新闻性,而且灌注了作者的真情感。这也是当前很多读者或听众偏爱个人署名的新闻评论的原因之一。

新闻评论作为评论的一种,总是要有立场和观点的,赞成、反对什么,表扬、批评什么,喜欢、讨厌什么,都要立场明确,爱憎分明,褒善贬恶。我们的报纸是党和人民的喉舌,要以正确的舆论引导群众,就要立场坚定,旗帜鲜明地表达人民的爱和憎,这也是新闻评论的基本职责。

其实关注社会,关注人生,可以从国家大事、政治形势、民族利益出发,也可以从个人经历以及耳闻目睹的生活小事出发,只要作者愿意做一个生活的有心人,新闻评论的题材便会俯拾皆是。

如《人民日报》2017 年 2 月 21 日刊登于评论版的一篇文章《大声说出我们的中文名字》,文章一开始就表明自己的立场和态度:我的名字、我的语言、我的价值都是个人文化身份的一部分,越是在远离祖国的地方,越应该为来自中国而骄傲。文章从一个中国留学生拍摄的英文视频《说出我的中文名字》说起,简要叙述了在美国哥伦比亚大学发生的学生宿舍门口贴有中文发音的名牌被人撕掉的不愉快的事件。接着作者谈到了自己的亲身经历——来到美国皮博迪学院的第一节课,就发现美国教授对自己的中文名字发音更感兴趣,渐渐地,作者越来越自信地在自我介绍时说出自己的中文名字,更会骄傲地解释:若晨,意思是像日月星辰一样灿烂美丽。文章结尾之处提出:随着中国更深入地走向世界,"讲好中国故事,传播好中国声音"成为无数中国人的心愿。但故事在哪里?其实我们的人生经历都是中国故事,我们的文化价值都是中国声音。名字不是一个毫无意义的符号,而象征着我是谁?我从哪里来?作为生命的起点,名字还深深扎根在家族、国家、文化等根系之上。在全球化遍布世界每一个角落的今天,勇于向其他文明介绍自己文明独特的地方,反过来又能够接受外来移民的独特文化,是推动相互理解和融合的重要一环。文章从小事出发,落脚到国家文化与跨文化交流,既接地气又有高度,立意巧妙,褒善贬恶,写得娓娓道来,情真意切。

当然,我们在强调旗帜鲜明、爱憎分明、扬善抑恶的同时要注意准确性,把握好分寸,既不能违背党的路线方针和政策,也不能有害于实际工作和实际生活。

二、见解独到 立意新颖

见解独到和立意新颖其实是一回事。见解和立意都是指作者的思想、观点。而独到和新颖则是相辅相成的,只有独到才能新颖,新颖的必然是独到的。因此,新闻评论的写作在构思立意时,一定要有独到的见解,使自己的观点不落俗套,脱颖而出,方能吸引读者和受众。

新闻评论虽然是评论,但又是新闻的一种,它同样要考虑新闻的"新"字。这里的"新"不是新闻的时效性,而是见解和立意要新,这是新闻评论写作的一个基本要求。

意,即是作者的思想或观点,是他分析新闻现象所得出来的看法和结论。新闻评论要发挥它的作用,必须要有"意"。一篇新闻评论没有"意"固然不行,即使有了"意",但是"老生常谈"甚至是"陈腔滥调",同样不行。这就是要有见解,而且要独到。

我们知道,"意"是被抽象上来的观点。我们的报纸和广播,每天都要刊登和播发许多有"意"的新闻评论。好多新闻评论尽管文字不同,长短不同,形式不同,而它们的实质——"意"却是相同的,如果我们在写作时不强调"立意要新"的话,就是在浪费时间和篇幅,新闻媒体就不能充分地发挥指导实际工作和生活的作用。

当然,这里强调"立意要新",并不是要我们像捏橡皮泥那样随心所欲。第一,它要靠选题取材来把关。就是说,在选择题材时你就要考虑到这一点,要选择有特色的题材,即新鲜的题材。只有题材是有特色的、新鲜的,立意才能有特色、有新鲜感。第二,这要靠作者的眼力和水平。同样一个题材,有人立意新,有人立意旧,差别就在这里。立意旧的作者,常常不是不努力,"非不为也,是不能也"。因此,"立意要新",首先要求作者不断提高自己的思想水平和理论水平。

2001 年 7 月 25 日,《中国青年报》发表的《农民评职称的启示》一文,作者首先介

绍了媒体上报道的“农民评职称”这一新生事物:

《中国青年报》7月4日报道,海南省继去年12月在三亚、琼海成功进行农民职称评定的试点后,今年已在全省范围内全面推开。

海南农民评职称的重要程序是自述个人基本情况、抽题回答问题、看标本回答问题,由人事劳动部门从农业、科技、农机、水产等部门挑选专业技术水平较高的专家组成职称评审委员会,根据考生的理论水平、工作经验、技术判断能力、技术处理能力、表达能力和综合分析能力进行评分。为了加重胜出的砝码,农民们甚至把自己种植的瓜菜品种带到了评审现场。

然后联系我国职称评审的实际情况,从这一新生事物的启示出发,作者提出了自己的新看法:

农民评职称对人事制度的改革也不无启示。我国现行的职称评审带有明显的计划经济的烙印。它的一个显著弊端就是职称直接与工资、福利等物质待遇一成不变地挂钩,这种不合理的“挂钩”不可避免地使职称评审负载太多的福利色彩而渐渐背离评审的初衷,变成了“排排坐,吃果果”的轮庄,专业素养和专业水准反倒退居其次。

海南省的农民职称只是一个技术称号和资历,享受的待遇也完全限定在专业方面:在招聘乡(镇)基层组织农业技术人员时优先受选,可与生产单位或农户进行有偿技术承包、技术指导、技术培训,优先应聘到外地传授技术,优先获得农业科技开发推广项目,报考高、中等农业院校同等条件时优先录取,等等。职称与物质待遇脱钩,取得职称的农民要实现物质利益,还得面向市场展示自己,拼搏发奋。这样的职称评审真正做到了“轻装前进”,客观公正。

从以上内容可以看出,作者的观点是:职称评定应当与物质待遇脱钩,取得职称的人要实现物质利益,还得面向市场展示自己,拼搏发奋才行。而这一观点,是作者对海南农民评职称这一新生事物的意义进行抽象概括得来的,也是在与我国其他行业的职称评审的类比中得出的。因此,我们结合新的事实,选用新的材料去归纳概括,就能提炼出新的观点,就能赋予论点以新意。

三、联系实际　点面结合

有了正确新颖的论点以后，下一步就是如何论证的问题。如前所说，新闻评论有很强的现实针对性，因而，一方面，作者在认识上要紧跟客观情况的发展变化，并积极投身到实践中去，深入生活，与群众保持密切的联系，了解和熟悉实际情况。另一方面，在论证的过程中，不应当只作抽象的理性分析，从概念到概念，从理论到理论，而应当紧密联系实际，用新闻报道和现实生活中的事实来证明自己的观点。只有这样，评论才深刻有力，才能使广大公众信服。

这一点，和某些学术论文是不同的。尽管学术论文也要联系实际，作者的观点也要得到实践的检验，但有的学术论文可以运用概念、判断、推理等抽象思维的方式来说明道理，新闻评论则不能这样，它所面对的是广大公众，如果观点空洞无物，不着实际，不能在他们的实际生活中发挥指导作用，那么，评论就会失去它存在的价值。

联系实际进行论证，要注意以下几点：

首先要注意点面结合。所谓点，就是个别的典型事实，它是整体中的一部分，或是许多同类事实中最突出、最有代表性的事实。所谓面，是一般的普遍事实，反映的是事物的整体面貌。

其次，要联系自己亲身经历的事实。俗话说得好："眼见为实，耳听为虚。"在论证的过程中，我们固然可以联系新闻媒体上报道的事实，但这些事实毕竟不是作者亲眼所见、亲身经历的，因而这些事实的可信度也就削弱了。况且，新闻媒体也不免会出现一些虚假报道。如果以这些事实为论据来立论的话，不仅会把作者的论证引入歧途，而且还难以使受众信服。因此，尽管作者的生活实践范围是有限的，他不可能经历所有的事情，但我们说，作者应当在可能的情况下，尽量选用自己亲身经历的事实作为论据，这样的论据具有很强的说服力。如《光明日报》2003 年 5 月 12 日发表的文章《打假检查团说到就到》，记者选择了自己亲身经历的事实为论据，即去商场购物，听到商场内广播的"紧急通知"，"打假团说到就到，各柜组务必做好准备，密切注意动向"。这是销售假货的现场通风报信的事实，不是道听途说，不是媒体报道，而是由记者亲眼所见、亲耳所闻，受众看了，也会有感同身受的感觉，增强了文章的说服力。

四、条理清晰　微言大义

新闻评论虽然不是理论文章，需要全面系统地作理论阐述，但仍然需要说理，通过对新闻现象的层层剖析，把蕴含在里面的道理说清为止。一篇好的新闻评论，总是结构严谨、条理清楚、层次分明的。只要题材好,立意新,理顺则文章成,新闻评论自然就具有了吸引人的魅力。

新闻评论是为新闻"画龙点睛"的,具有强烈的新闻性,因此,从篇章结构到文字表达,强调简洁明快,言简意赅。这是由新闻评论的职能和特点所决定的。即使是作为报纸的灵魂和旗帜的社论,也不例外。近几年来,几百字的短社论以及两三百字的各种类型的新闻评论的大量出现,说明新闻界的改革是受广大读者和受众欢迎的,实际效果也是很好的。

下面就是一篇比较好的小型新闻评论:

从身边看变化·今日谈:三叔上网忙销售

重阳节刚过,乡下的三叔赶到城里,拿出8 000多元现金,要我帮他买台电脑。三叔这么大年纪了,买电脑干啥?

三叔是老家有名的个体户。改革开放以前,三叔是村里出了名的壮汉,200多斤重的担子,挑着还能甩开大步走。可累死累活,三叔家的日子还是过得紧巴巴的。实行联产承包责任制后,三叔承包了30多亩荒山开办柑橘果园,三婶在园里养草鸡肉鸭、山下养鱼。三叔肩挑草鸡肉鸭柑橘,手提鸡蛋鸭蛋鲜鱼,叫卖于周边的几个圩场间。

进入90年代后,家乡修建了平坦宽阔的柏油路,三叔拿出多年的积蓄,买了辆"东风"汽车跑销售,每年收入都在六七万元以上,三叔家盖起了五层的楼房。今年5月,乡里建起信息中心,三叔头一次见识了互联网,尝试着在网上发了信息,不想竟做成了几笔生意,不用出门,坐在家里就能接到生意,三叔心里乐开了花,说啥也要装上这玩意儿。从肩挑手提到网上贩销,三叔从贫穷到富裕的过程,也反映了我们的社会快速发展的过程。①

文章对现实生活中发生的事进行抽象概括,进而提出自己的观点,没有列举更多事实,只是从三叔过去的肩挑手提到处叫卖到用"东风"汽车跑销售,到今天的网上销售,今昔对比中,水到渠成地作出自己的判断,提出了自己的观点:三叔从贫穷到富裕的过程,也反映了我们的社会快速发展的过程。条理清晰之中流露出当今农民的自豪感。

---

① 叶东兴.从身边看变化·今日谈:三叔上网忙销售[N].人民日报,2002-11-22(1).

再如,《南方周末》2000 年 4 月 18 日 13 版的一条评论提及河北省特大婴儿拐卖专案组透露了一个惊人的消息:在 6 名被押解的犯罪嫌疑人中竟有一人是县人大代表,她平时留心谁怀孕了就和人家联系,如果人家想要男孩却生了女孩她就把婴儿抱走,每次她至少可得3 000—4 000元。并且她至少卖出了 6 名婴儿。

评论员盛大林的评论是:“谁提名、选举、批准她做了人大代表?不会是人贩子吧?!”

简明扼要,言简意赅,作者的观点十分明确,是谁提名选举、批准她作为人大代表,难道就没有责任吗?矛头直指问题的背后,且一针见血,没有论据,也没有论证过程,只有鲜明清晰的论点,斩钉截铁般地放在那里,给人一种震撼力。可谓言轻意重,微言大义。

写好新闻评论,当然还有其他一些要求,如知识要丰富、语言要生动等,这是一般文章写作中的应有之义,这里就不赘述了。

复习思考题

1.新闻评论有哪些类型?

2.新闻评论有哪些特点?

3.新闻评论的写作要求有哪些?

第十一章　网络新闻的写作

▶本章学习目标

了解网络新闻的特点,掌握网络新闻的写作方法。

▶学习重点

网络新闻的写作方法。

20世纪末期,互联网在全世界兴盛起来。互联网又称因特网(Internet),主要是将无限空间、无限地点和无限数量的计算机连接在一起的网络。它是目前国际上最大的信息网络。它不仅可以提供各个领域内的丰富资源,而且为人们架起了交流和沟通的桥梁。随着互联网的迅速发展和日益普及,人类被带入了一个崭新的网络世界。[①]

1998年5月联合国新闻委员会举行年会,正式提出"第四媒体"的概念,联合国秘书长安南在会议上指出:互联网已成为继报刊、广播、电视之后的第四媒体;在加强传统的文字和声像传播手段的同时,应利用最先进的第四媒体——互联网,以加强新闻的传播工作。[②]

之所以把互联网称作"第四媒体",是由传播媒介出现时间的先后决定的。以文字为媒介的报纸、以电波为媒介的广播、以图像和声音传播的电视,分别被称作第一、第二和第三媒体。按照这种逻辑排列,通过互联网传播的媒体就被人们称作了第四媒体。

2017年8月,中国互联网络信息中心(CNNIC)发布第40次《中国互联网络发展状况统计报告》。报告显示,截至2017年6月,我国网民规模达到7.51亿,互联网普及率为54.3%;截至2017年6月,我国手机网民规模达7.24亿,网民中使用手机上网的比例提升至96.3%,手机上网比例持续提升。

互联网打入新闻领域,打破了传统媒体一统新闻天下的神话,使网络新闻以其前所未有的优势,在传统新闻媒体孕育新生的阵痛中脱颖而出,顺利诞生。与传统形式

---

① 李良荣.新闻学概论[M].上海:复旦大学出版社,2005.

② 姜岩.第四媒体冲击波[J].中国青年科技,1999(10).

的新闻相比，网络新闻有诸多优越性，它不仅速度快、容量大、交互性强、相对自由，而且能以更新鲜、更活泼的形式进行传播。

网络新闻不仅让人们得到了从传统新闻媒体中得到的一切，而且还为受众提供了更多选择新闻的自由、更多反馈信息的机会；既为传统新闻媒体带来了新的发展机遇和发展空间，也无情地“网”走了大量的、原本属于传统新闻媒体的受众，夺走了笼罩在传统新闻媒体头上的美丽光环，使它陷入一种尴尬的境地。

面对挑战，我国传统新闻业积极回应，主动出击进军网络，以求发展，1993 年 12 月 6 日，《杭州日报》下午版官网上线；1995 年 1 月 12 日，《神州学人》杂志官网上线；1995 年 4 月，中国新闻社官网上线；1995 年 10 月 20 日，《中国贸易报》官网上线；1996 年 12 月，广东人民广播电台官网上线；1996 年 12 月 10 日，中央电视台官网上线。至此，从中央到地方各类新闻单位纷纷抢滩互联网，它们在力保既有阵地的同时，投入人力、物力和财力融入网络，力促网络新闻的诞生和发展，也使自己在彻底的蜕变中赢得了新生，成为我国网络新闻的主流。

不仅如此，我国传统新闻媒体除了在国内网上频频亮相，焕发出新的生命力之外，还积极进军海外，把网站的触角伸向美国和其他地区，大大提高了网站境外用户的访问速度和访问量。

因此，尽管我国的互联网技术起步较晚，但发展势头迅猛，特别是新闻网络媒体的出现，使网络新闻的发展一路高歌，突飞猛进。网络新闻的传播、教育和管理等应运而生，网络化还为新闻写作带来了许多新的课题，诸如网络新闻素材的采集、内容的取舍、标题的制作等都和网络新闻的成败密切相关。

第一节　网络新闻的特点

互联网这一极为开放、极富个性的媒体，使网络新闻大大超越了传统媒体新闻的表现形态，步入一个瞬息万变的信息空间，以其崭新的姿态充分地展示着自己的个性魅力，网络新闻的特点集中体现在：即时性、全面性、开放性、互动性、个性化和多媒体性等方面。

一、即时性

网络新闻的即时性特点突出一个“快”字。一则新闻发布上网，不仅要在第一时间内，而且要在几秒钟内使之传遍全球。如：1999 年 5 月 8 日清晨 5 点 50 分（北京时间),中国驻南斯拉夫大使馆遭到以美国为首的北约导弹袭击,这一消息的第一报道还是新浪网6点24分的标题快讯。6点40分的第二条报道有了较为详细的内容。这两条新闻,新浪网均采用了法新社的报道。国内新闻媒体网站第一个对此作出反应的是《人民日报》网络版[①],传统新闻媒体的消息却滞后很多,中央电视台在12点的《新闻30分》中加以报道,而新华社更是在午后才向各新闻媒体发稿。在这次报道中网络新闻大出风头,使所有传统媒体相形见绌。网络新闻在这次报道中第一次在国人面前大展其魅力,人们由此开始注意网络新闻这块崭新的天地。新闻界有人评价此次报道是网络新闻的经典之作,突出而集中地体现了网络新闻的即时性特点。

另外,网络新闻的即时性还表现在它的"随时化"和"全时性"方面。所谓的"随时化"是为了满足网络用户的需求,网络新闻要随时滚动,让网民及时了解事情变化的动态过程。如:2015年12月10日起,第二届世界互联网大会(乌镇峰会)在浙江乌镇召开,浙江在线推出全媒体滚动报道专题"智慧中国 互联世界——乌镇即时报"。该专题自推出后,运用全媒体平台,即时抢抓大会精彩内容,迅速、准确地将大会信息第一时间发布,形成24小时滚动报道,全方位、多角度呈现大会盛况。截至12月18日,共刊发原创资讯288条、视频120组、图片60多组,转载国内外媒体文字、图片和视频报道1 400多篇,极大地满足了网民的随时化需求。

全时性是网络时代人们对新闻传播的一种要求,为满足网民的随时性上网,媒体要24小时不间断地产出新闻产品。网络新闻不仅要在任何事件发生时迅速作出反应并完成新闻的上网发布程序,而且要能够满足网民自如进出新闻背景、及时了解当前情景和全面了解新闻前景的需求。

二、全面性

这一特点主要指网络新闻的信息容量之巨大。因为互联网本身就是一个海纳百川的信息仓库,古今中外的天文地理、动物世界、人类生活、国家大事、个人生活等无一不被它收罗其间,网络新闻置身其中自然是鱼入大海,无可限量。网络新闻这种巨大的容量主要体现在:

1.对新闻事件的报道数量可以不受版面和时间的限制

2001年4月1日上午9时,美国军用侦察机闯入中国南海领空,撞毁了监视其侧

---

① 人民日报社主办的《环球时报》驻南记者吕岩松8日清晨6点通过电话将消息报告了《环球时报》副总编辑胡锡进,此后不断向报社发回有关消息。9时25分,网络版发布了使馆被炸的第一篇报道。11时55分,网络版发布电话采访吕岩松的现场目击记,报道《光明日报》记者许杏虎、朱颖已殉职。网络版上的报道立刻被国内网站广为转载,第二天许多报纸报道此事的细节,仍来自网络版的报道。

的中方军机。这一突发性的新闻事件，人民网也争得了新闻发布上的主动权。人民网在国内首家发布中美撞机的消息后，紧跟着发布了《中美战机相撞事件连续报道》《江泽民：飞机碰撞事件责任完全在美方》《失踪飞行员妻子：我和儿子在等着你》等紧随其后的消息，表达了中国军民义愤填膺的鲜明态度。同时，迅速报道了世界各地支持中国政府严正立场的反应。

人民网除了第一时间充分报道新闻事件进程之外，立即组织了相关的新闻评论并邀请专家到强国论坛与网友交流。3 日发表人民时评：《质问美国 劝告美国》，5 日发表人民时评《美国霸道作风 8 年不改》。4 日邀请国际法专家周建海、5 日邀请《人民日报》驻美记者任毓骏与《人民日报》国际部编辑讲述中美撞机事件的来龙去脉与前因后果。

人民网的强国论坛再一次成为表达中国人民愤怒心情、凝聚民心的论坛。网民把社会各界对此次事件的反应，称为继 1999 年 5 月以美国为首的北约袭击我驻南大使馆后的又一次抗议浪潮。自 4 月 1 日晚 8 时到 4 月 12 日上午，强国论坛保留的有关"撞机事件"的帖子数达 10 万多个。由于访问人数过多，导致多次网络拥塞，论坛一度只能阅读，不能上帖。强国论坛的日注册用户数大大超过了平时，4 月 3 日这一天，强国论坛上的注册用户数是平时的 6 倍，同一时间在强国论坛上浏览的人数最高时接近 2 万人。这是传统媒体新闻望尘莫及、无论如何也做不到的。

2.新闻事件的相关报道资料容量巨大

网络新闻对某一重大事件的报道都能够完整地被保存下来，读者想要获得这一事件的全部报道或相关资料，只需要在网站的搜索引擎上点击关键字串就能获得。如，2001 年 9 月 11 日，美国东部时间 8 时 51 分，著名的搜索引擎 Google 平稳运转的硬盘突然疯狂起来，指示灯闪烁不断；1 分钟前对关键词"CNN"的搜索请求每分钟还不到 10 次，此刻已经飙升到每分钟6 200次；原来，3 分钟前两架被恐怖分子胁迫的波音客机分别撞向了纽约世贸中心的两幢摩天大楼。

成千上万的访问者纷纷涌向新闻媒体网站，迫不及待地寻找与此有关的新闻报道，9 月 11 日当天，最为热门的十大关键词是：CNN、BBC、NBC、ABC，等等，网络出现大塞车，9 时半左右，几乎所有知名传统媒体的网站都不堪重负地陷入瘫痪而无法访问。

人民网、新华网、凤凰网、联合早报网等新闻网站的搜索引擎功能也十分强劲，只要往里敲进关键字串即可方便快捷地查找以往资料与当前新闻的详细分类。实际上，搜索引擎是任何一家新闻网站必不可少的功能，它将自己媒体所报道过的所有新闻通过软件分门别类地再度整合以方便网民浏览。

这对于传统媒体来说，是不可想象的，因为传统媒体对新闻事件的报道都是直接的，第一天报道过的内容，第二天就绝对不会再做报道，读者要想了解以前媒体对事件的有关报道，就必须到报社的资料部门或图书馆去查寻。网络新闻的信息大容量使这一切变得易如反掌。

3.网络新闻的内容涵盖十分广泛

由于传统媒体有版面和时间的限制，它不可能每天对社会的各行各业的新闻都进行报道，而是采用专刊、专版的形式轮流对一些行业或领域的新闻进行集中深入的报道。网络新闻就不存在这一问题，它的信息容量是巨大的，有多少就可以发多少，不受版面和时间的限制，每天都可以发布各行各业的大量新闻。读者想要了解哪个行业或领域的报道，在媒体的网络版和商业网站上都能找到，在网络上你可以找到你所需要的任何新闻。

三、开放性

开放性特点是指网络新闻言论具有相对的开放性。因为网络是一个虚拟的空间，用户在上面可以隐名埋姓，心理上有一种安全感，言论上也就相对无所顾忌。

新闻事件往往可以牵涉到广泛的兴趣与话题，容易激发网民的表达欲望，网络给现实中的人们提供了一个畅所欲言的机会。网络新闻言论形式自由活泼，言词粗犷豪放，符号风趣意会；对于议论的话题还可以就内容分门别类，方便网民对号入座，寻找各自感兴趣的话题，形成自然分布的舆论群落。

相对开放的言论大多表现在网络论坛，譬如，北京青年报官网的“青年论坛”，千龙新闻网的“京华论坛”，等等，其中转贴的文章可谓放言倜傥，惊世骇俗，传统媒体在这方面不能望其项背。

1999年，新闻媒体网站打破了以往的清规戒律，终于开始设立BBS。“5·8”事件突如其来，《人民日报》网络版审时度势，5月9日开设了“强烈抗议北约暴行BBS论坛”。网友们对《人民日报》网络版能够开设论坛感到兴奋，群情激昂，积极参与其中，传递各种信息、畅谈自己的意见和看法，到6月19日晚，“抗议论坛”改版为“强国论坛”，网友一共往上贴了9万余条帖子，产生了极大的影响。

中国黑客此时对美国及北约的政府、军事站点展开了持续多日的猛烈攻击。一向在地下隐匿状态的虚拟空间里的绿林好汉，在这次行动中公开打出旗号，一呼百应，使攻击的规模和战果远远超过第一次行动。这是第二次黑客行动，第一次是1998年

7～8月间为了抗议印尼暴徒对华人施暴而实施的对印尼政府网站的攻击。

白宫首页从5月8日晚起便遭到多次“修理”，白宫主页上的星条旗被换成了海盗骷髅旗。在对白宫网站攻击的行动中，来自香港的黑客也大显身手。短短几天内，中国黑客将三位遇难记者的遗像或强烈抗议的字句或纳粹克林顿的图片贴遍了美国政府、军队及驻华大使馆乃至北约的数百个网站上。

“美国之音”的中文电子邮件新闻报道说：“中国的抗议群众除了在中国各地发动抗议之外，还直接向美国白宫发出了大量表达愤怒的电子邮件。电子邮件数目之庞大，甚至在星期一使得白宫网站故障，不得不暂时关闭进行修复。白宫发言人表示，星期一傍晚，白宫实习生发现无法连上白宫的网站，白宫电脑部门人员才发现，电子邮件的数量庞大使得白宫网站不堪负荷而关闭，一直到星期二晚间才完全修复。这位发言人表示，这是白宫网站第一次因为大量电子邮件而造成故障。”

黑客的此次行动，连很多报纸也给予了正面肯定，在报道中称他们是“网络战士”“网络勇士”，某报纸报道的一个段落标题是“网络勇士们在这一特定历史时刻，成了比特时代的英雄”。

电子论坛是一个广阔的意见市场，媒体网站与其“母体”的表现形态和特质存在许多相异之处。网络媒体提供给公众无边的言论空间，不仅能够使广大公众利用网络的快捷便利与浩瀚的容量，获得自由表达的机会，同时也能就最新的新闻事件阐述与发表多元化的意见，展示来自民间社会广泛的社情民意。《人民日报》网络版率先开设电子论坛，具有非同寻常的样板意义。

然而，我们也必须认识到，网络新闻的言论自由是相对的，开放也是有原则的，它只是可以容许那些能够接受的正当行为，为人类提供了一个真话与实话的空间，可以尽情地体现网民真我的性情和本色，但绝不是说在网络空间里，你就可以隐姓埋名地展现那种寡廉鲜耻的劣根性。

四、互动性

互动性也叫交互性，主要指网络新闻的受众不仅是新闻信息的接受者，而且还是网络新闻的采写编辑和发布者。互联网是个开放的、参与性十分强的体系。任何人，不论其社会地位高低、贫富与否、文化高低、种族和性别如何，互联网均向其敞开胸怀。在互联网的电子公告牌和新闻组中，访问者都能在其上发布自己的消息和对时事的看法。同样，网络新闻也对任何人呈开放之势。这样，网络新闻的发布者就可以是政府机构、媒体单位，也可以是任何人。这种互动性在突发性灾难事件中有意想不到的作用。如,新浪网在 1999 年 2 月 21 日凌晨 2 时 19 分发布的台湾地震的新闻稿,不是新浪网自己派人采写的,而是网友发来的。此后,在新浪网发布的数百条有关台湾地震的新闻中,网友来稿占了很大比例。在从 2 时 19 分到上午 8 时新浪网发布的 40 条新闻中,海峡两岸网友来稿占 70%。一些网友还把自己在地震中的感受和经历写成文章发到新浪网上,使新浪网的报道显得丰富多彩。一位用笔记本电脑收发 E-mail 的网民说:没想到 ICQ 跑出一堆人,纷纷打探地震的后援消息,这成了他人生中很特别的一个经历。

网络新闻中这种互动参与的特点,使许多网站在重要新闻之后都附设了留言板或论坛,或“我要说两句”“我要发表评论”等字样,鼓励网民参与互动,评头论足。而且网民在自由发表意见时,还可以与编者、记者直接对话和交流,就某一问题进行深入的讨论,使新闻得以延续,实现网络新闻广义上的完整性。

同时,网络新闻的互动参与特点,还能及时地揭露事实真相,给荒谬言论的散布者以驳斥。如 1999 年 5 月,美国为了转移国际国内袭击中国驻南大使馆暴行的视线,抛出《考克斯报告》,蓄意诬陷中国盗窃美国核机密。6 月 1 日,国务院新闻办公室举行新闻发布会,当场接通国际互联网,让中外记者们亲眼看到美国煞有介事地污蔑中国“窃取”的美国核弹情报可以从国际互联网上信手拈来。

美国袭击中国驻南大使馆后,一再声称是“误炸”,并以“旧地图说”掩饰,西方新闻媒体以此广为传播。香港《亚洲周刊》第 22 期(1999 年 6 月 6 日)以独家报道揭露了这一谎言。日本记者岛津洋一在国际互联网上展开了“全球式”的调查,找到了美国国家地图局的反驳声明。这些勘测以及绘制地图的专家显然不甘心背黑锅,在自己的网站上表达了“最近有关国家地图局的地图准确度的新闻报道,是不正确而且片面的”重要声明。美国国家地图局发言人珍妮弗·拉弗利后来向《亚洲周刊》证实:“我们的地图正确地标示中国大使馆及南联盟军需局的位置。”

此外,媒体之间的协作联动也是网络新闻互动表现的重要方面,可能是更为广泛的互动。在个案里面,不同媒介的效用中,常常是你中有我,我中有你。其中,有的是因为新闻热点契合所至,更多的则是由主动的合作促成的。特别是 2000 年以来,传统媒体与网络媒体联动传播更为密切频繁。例如,2017 年全国两会期间,人民网与腾讯网联合推出大型直播节目《两会进行时》。人民网负责内容生产,腾讯网提供技术和平台支持,每天连续 9 小时不间断播出,总时长超过 100 小时。截至两会闭幕,该专题报道总浏览量超过 1.38 亿人次,媒体之间的协调联动使新闻传播的威力增大,波及面更为广阔。

五、个性化

由于网络在大众化、分众化和个性化之间灵活的切换能力，使得网络可以提供"一对一的广泛"服务。网络新闻发布样式的更加窄播化，使得新闻的接受更加深化。互联网能够按需求来提供信息，而受众也可以以预订频道、预订版面、参与"设计"超文本结构、订阅新邮件等各种样式来实现自己个性化的信息消费。因此，网络新闻的个性化主要体现在发布及获取新闻两个方面的个性化。

由于互联网的开放性，任何人都可以在上面发布新闻，而无须经过编辑的加工处理，也就是说，作为个体任何人在互联网上都具有自主性和主动性，你的个性色彩可以得到充分发挥和体现。因此，较之于传统媒体播发的新闻，网络新闻更具个性色彩，更具可看性。

网络新闻的个性特点还体现在其服务上。网络上的新闻订阅服务虽然与订阅报纸有相同的功能，但其性质和内涵完全不同。在订阅网络新闻后，网络传送给每一个订户的完全是你所需要的新闻和信息。而且，网络新闻订阅可以分得很细，比如可以细到篮球的NBA，更可以细到芝加哥公牛队或乔丹。在这里，读者想订什么就订什么，今天想订就订，明天不需要了就取消订阅，完全实现了受众获取新闻的个性化。1999年9月16日在北京开通的"焦点网"(http://www.focus.com.cn)用最先进的软件技术推出了让访问者定制自己新闻的服务。访问者在注册登录后即可根据自己的爱好和兴趣定制出自己的"焦点网"新闻主页。定制的内容包括新闻内容、链接站点、新闻顺序、地区、新闻条数、文字颜色以及页面模板，等等。访问者定制完自己的新闻页面后，每次进入"焦点网我的新闻"就会出现自己喜欢的"焦点网"新闻主页和其所关心的新闻，页面上还会出现访问者的名字。这完全就是一张属于访问者自己的电子报。这一服务把网络新闻的个性化特点发挥到极致。

六、多媒体性

在保证不影响新闻受众浏览速度的前提下，采用视频、音频和媒体技术是当前网络新闻在表现技术上所努力开发的重点。更多的网站已经采取了对于重点新闻实行多种媒介复合表现的手法，来满足不同受众的需要。对某一新闻，既有文字报道，又有图片报道、音频报道、视频报道，多种媒体结合使用。有时网络新闻的写作也可能会同时兼顾文字、图片、播音稿和电视稿这四种不同的样式，为图片配发文字报道，为视频录像配发文字报道，为音频节目配发文字报道。也就是说，网络新闻将报纸、广播、电视各自的优势全都利用了起来,并将它们有机地结合在一起,使其展示出巨大的魅力。

在 2017 年的全国两会期间,人民日报、新华社、中央电视台等中央媒体综合运用了文字、图片、视频、动画、直播、游戏互动 H5 等技术和形式,推出了一系列融媒体产品,满足用户需求。

第二节 网络新闻的写作原则

网络新闻也是新闻,因此需要遵从新闻写作的基本原则。但是鉴于受众在网络新闻传播过程中的心理及行为方式出现的新变化、新特点,网络新闻传播在遵循新闻写作基本原则的同时,也要遵循网络新闻传播的特殊规律,使用专门技术,运用特殊技巧,以保证更好地满足受众的需求,更好地实现传播目标。

一、精心制作新闻标题

由于印刷媒体版面展示空间的完整性,读者可以在同一时间和空间看到新闻的主标题和副标题乃至主体新闻的提要等内容,因此,在标题的制作上可以调用各种文字技巧,比如,主标题借用了一个比喻,则可以用副标题对其进行解释和说明。而在网络新闻传播中,情况则有所不同。目前,新闻媒体网站为增大信息容量通常采用新闻标题集中组合的引导式版面布局。在这样的版面结构下,最先呈现于受众眼前的是由大量新闻标题组成的链接集群,每条新闻的深层内容往往需要通过点击标题的链接才能索取。

因此,新闻标题在网络新闻传播中的重要性就更加突出了,在网络新闻传播中,新闻标题已经成为受众决定是否索取网站深层内容的第一引导力量。好的标题会吸引、刺激、引导读者点击链接索取下一层新闻内容,而不好的标题则成为深层新闻内容展示的直接障碍。一个网络媒体要想吸引受众向网站的深层内容进入,就必须强化"标题意识",在标题的制作上下大功夫,让新闻标题对受众具有"不可摆脱"的吸引力。

为此,网络新闻标题制作要达到以下的标准:一是要清晰准确地说明一个新闻事实,二是要突出一个新闻中最为重要的新闻因素,三是要强调一个新闻中最新的变动,四是要揭示新闻中最为本质的变动意义。

在实际操作中,这四个要求或许不能同时在一个新闻标题中实现。但是,在一个新闻标题中,这四个要素被集纳得越多,其新闻标题的质量就越高。

网络新闻标题制作特别需要强调以下原则:

1.突出重点

2002 年，印度出台阻止中巴等国直接投资的规定。有的网站的新闻标题为：《印度阻止中巴等国直接投资》，而这样一个标题就不如《印度阻止中国等国直接投资》更能引起关心中国事务的人们的关注。

2.强调新意

2015 年是中国人民抗日战争暨世界反法西斯战争胜利 70 周年，9 月 3 日，千龙网—中国首都网推出大型策划《证在说历史》，留存抗战史证。它由“人证”“物证”“口证”三大板块构成，以真实的史料记录中国人民无谓的抗战精神，揭批日本侵略者犯下的屡屡罪行。“证在说历史”这样的报道标题，与同时期各大媒体的新闻报道标题相比，新意十足。

3.简洁明快

2002 年 10 月 23 日，有这样一则新闻：318 国道湖北恩施段全面升级达标，由入海至拉萨，全长3 000多公里的长江公路大通道全面升级。一些网站的新闻标题为：《恩施段扩建完成：中国长江公路大通道全面升级》，这个标题的引题可能会让读者并不知道“恩施段”在什么地方，甚至不知道它的扩建意义。实际上在新闻内容中我们可以看到，湖北恩施地势险峻，公路建设投入又少，相当部分公路高程在1 200米以上，一到冬季，行车困难且危险，有时甚至无法通行。湖北恩施段已经成为中国长江公路大通道的“瓶颈”。为了更清晰地揭示新闻的意义，不如把标题改为：《湖北恩施“瓶颈”突破：中国长江公路大通道全面升级》。

4.描述准确

2002 年 10 月 11 日，有这样一条消息：《我国第一座现代化斜拉桥成功爆破》。人们看到这个新闻标题会想到什么？很可能会产生这样的疑问：为什么要炸毁现代化桥梁？而且是第一座现代化桥梁？其实新闻内容是这样的：原涪江大桥是我国第一座预应力斜拉桥，始建于 1976 年年底，1980 年 10 月建成通车，设计寿命 20 年。大桥全长 560 米，斜拉桥身长 240 米、宽 10.8 米。2001 年 7 月和 2002 年 3 月，四川省交通厅、公路局委托重庆科研所和西南交大实验室对“超龄”的大桥进行检测鉴定后发现，该桥盐亭岸桥台的 4 根连杆支座已经有 3 根被拉断或脱落，桥塔也发生了 14 厘米的偏移，斜拉索钢丝一定程度锈蚀。因此得出结论：拆除斜拉桥，在原桥位修建新桥，引桥保留。由此可见，新闻内容说的是我国第一座现代化斜拉桥寿命已到，要由新桥替代了。因此，上面的标题太容易产生歧义了！如果采用这样的标题，可能更为准确：《使命完成:中国第一座现代化斜拉桥在爆破声中隐退》。

5.寓意深刻

2014年12月13日是首个"南京大屠杀死难者国家公祭日",这成为国内外关注的焦点和各类媒体竞相报道的热点。有的新闻网站在报道该新闻时使用了《我国今日举行首个南京大屠杀死难者国家公祭》的标题,而中国江苏网则用了《祭·忆——南京大屠杀死难者公祭日》这样的标题,从"祭奠"与"记忆"多维视角切入,于凝重中传递出一种坚强昂扬的力量。

网络新闻传播是以快速为重要特征的,因此新闻编辑往往需要在十分短促的时间里完成新闻标题的制作,这就给标题制作造成了诸多困难,需要网络新闻工作者努力学习钻研,不断总结经验,提高自己的专业工作能力。

在制作网络新闻标题中有几点特别需要注意:

首先,不要使用卖弄的、夸张的、过分渲染之类的风格制作标题,因为在读者快速阅读的过程中,这类标题会让读者不能准确地了解新闻的真实内容,甚至会让读者不得其解。

其次,不要使用隐喻、暗喻、比喻在标题中"标新立异",因为这样的标题可能会造成读者理解上的障碍,甚至形成对读者的误导。

二、突出重点新闻要素

读者阅读网络新闻的主要方式为扫描式阅读,在这种阅读方式下,要想保证读者能够容易、清晰、准确地捕捉新闻的核心内容,在写作上就要做到:一是将重要新闻因素用最清晰的文字方式描述出来,再就是要对重要新闻因素进行合理排列。

为此,以下几点在写作网络新闻时需要特别注意。

1.注意要让关键词语突出

美国一个研究机构甚至认为,网络新闻中强调显要之处的文字用量要比印刷媒体多三倍。注意强调一些携带着重要信息的字词,避免去强调整个句子或者是一个段落,因为扫描状态中的眼睛一次只能掠取两三个词。

2.一个段落只描述一个内容

注意用一个段落描述一个主要的内容,用另一个段落去描述另一个内容。因为读者的注意力是跳跃的,甚至经常会进行超越段落的跳跃。因此他们很难在一个段落中同时注意到两个重点。

3.用最重要的事实开始另一页

要注意用最重要的事实或者是观察的结论作为这一页新闻的开始，在处理文字较长的新闻时，应该为它写一个简短的概要。

4.要高度简洁地表述最为重要的事实

为了让读者在最短的时间内尽可能准确、尽可能完整地了解最重要的新闻因素，需要在网页的第一视觉区域内完成对重要新闻的精准概括、描述和引导。

5.将最重要的新闻要素置于最前面

无论是写作一篇新闻还是处理其中的一个段落，都要遵从重要者优先的原则。网络读者绝对不喜欢在文山字海中艰难跋涉，因此在任何时候都要把最重要的信息置于最前端。

6.要想方设法让读者感到你提供的信息对他们有用

读者往往没有足够的耐心并且充满了怀疑态度与批判精神去浏览你的网站，他们不是为了你的杰出伟大而选择你的网站，而是要满足自己的某种需要。因此记者和编辑永远都要以“对读者有用”的方式去进行写作，让读者很快发现他们想要的信息。

准确、简洁、突出——这三个要求在新闻主体的构造过程中需要同时完成。

三、使用倒金字塔结构

制造超文本文件的指导原则应该是基于受众分析的，根据读者的需求和关注确定选题和供他们下载的材料。每个超文本文件都必须遵循倒金字塔结构写作原则。这样，即使读者读不完全文，也可以从导语或开头几段获得新闻要点。读一篇采用倒金字塔结构的传统媒体的新闻报道就跟饮一杯茅台酒一样（读完导语），一下子就兴奋起来，达到了高潮。而在网络媒体上浏览一个新闻事件的报道，就好像在品尝一杯XO。每品尝一口（每点击一个链接），都有一种快感和一种新的兴奋，不断有新的高潮出现。

为此，网络新闻采用倒金字塔结构写作时应注意以下几点：

1.将故事切成小块讲述

网络媒体上，故事被切成小块讲述出来，变成无数个倒金字塔飘浮在读者眼前。网络媒体新闻事件的完整报道更像一部小说情节的不断展开，高潮一个接着一个。无论使用的是何种新闻平台或媒介，倒金字塔结构对于一个年轻的新闻记者来说，是从一堆杂乱无章的事实中判断和选取有新闻价值的事实的最好方法。

网络记者和编辑要把他们的作品用倒金字塔的结构分割成小块,篇幅最好不超过一个屏幕,以免麻烦读者去翻页。但是,读者通过点击链接,进入其他网页,看到的是另外的倒金字塔,整个网络空间到处飘浮着倒金字塔结构的网络宇宙。在这个新世界里,倒金字塔结构不仅要继续保留下去,而且几乎没有别的选择。倒金字塔结构是网上大多数新闻稿件普遍采用的新闻写作形式。由于网络是报道突发性新闻最快的媒介,它通常的做法是延续古老的通讯社的电讯稿形式。

2.不要在导语中埋葬新闻

没有吸引人的导语,读者是不会往下读这篇报道的。导语要在读者心中激发一种悬念或“为什么”这种问题,诱惑读者往下读。

在文章的结构上,采取“T型”模式。水平的横线是导语,垂直的竖线可以采用任何结构或形式。编辑记者可以采取线性的故事叙述方式,也可以采用非线性的“板块堆积”,通过超链接,把读者引入飘浮的倒金字塔宇宙空间里。网络媒体的一篇新闻报道的字数比传统媒体的同样一条新闻稿件的字数要少一半;网络媒体上的新闻报道应尽量用短段落,尽可能把一条新闻在一个网页上完成;可用超文本把长篇报道编成多个网页。

3.网络媒体的新闻消息字数要控制在800字以内

如果网络新闻消息的内容非常吸引人,而且能够促使读者深入地阅读下去,可以超过800字这个限制。调查发现,网络读者在读一篇网络文章时,通常能看完文章75%的文字;而印刷媒体的读者在读一篇报刊文章的时候,平均阅读20%~25%的文字。这种差异主要是由于网络读者看的文章是他通过主动调阅找来的,而报刊读者看的文章通常是被推过来的,不是主动找寻来的。网络新闻作品要求文章更短小,文字更简练,而且最好是口语化的。人们上网看新闻不是为了寻找一大块文本来慢慢品味和解读,而仅仅是想马上了解今天世界上发生了什么新闻。一条网上的新闻消息最好只有三句话。在新闻稿件上,要加链接点,这些链接点多半都是挂在句子中的专有名词上。

4.每一段只陈述一个事实或一个思想

网络新闻的文字和内容比印刷媒体的文字和内容要紧凑和简练,但是比广播电视媒体的文字和内容要详细和讲究。坚持一个段落一句话,最多不超过两句话。不要使用排比句、套话,不要滥用修辞手法。每一段只陈述一个事实或一个思想。使用有动感的动词或锋利的名词。运用幽默诙谐的轻松手法和态度,显示一种个性化的风格和声音。对于段落中的关键人物、关键名词，采取涂亮关键词、黑体关键词或变色关键词的做法，同时以关键词作为超链接点。

四、建立合理的链动导航布局

网络新闻的发布过程是一个逐层递进的过程。读者通常是根据自己的需求，一层一层去索取新闻信息的。因此，“倒金字塔”结构在网络新闻写作中不仅有印刷媒体常见的上下水平布局的平面结构关系，而且具有前后纵深布局的立体结构关系。

在网络新闻的写作中，记者和编辑要精确地判断新闻价值的层次结构，按照其读者的关注度、需求度，对纷繁复杂的新闻因素进行立体化的划分排列，不仅需要确定在一个页面里诸新闻要素的组合排列的关系，而且要确定在多层页面中诸新闻要素的组合排列关系。

目前中国新闻网站发布的绝大多数新闻还没有实行这样的分层处理和展示。大多数新闻网站的“纵深链接”往往是对“相关新闻”“背景资料”等外部相关信息的链接。这就使得主体新闻缺乏纵深度和广阔度。需要说明的是，造成这一缺陷的原因目前看来不仅是网络新闻结构处理技术上的问题，更重要的是我们的网络新闻从业者普遍缺乏对新闻进行深度开掘的意识。

网络新闻写作需要记者和编辑建立起分层表述的概念，特别是要建立起立体分层表述的意识。在印刷媒体上，一则新闻表现为一个整体，读者看到的是信息的全部，分层表述是重要的平面排列技术。而在网络媒体上，由于页面的限制、读者阅读习惯的特性等因素的制约，你可能需要把同样的信息拆分为独立的个体，制作成多重的超链接页面，因为读者不可能把一个很长的页面尽收眼底。

在进行“立体分层表述”的过程中，有两点需要注意：一是要对新闻的重点因素进行精确的分解，以确定哪些内容需要在第一页面呈现，哪些内容需要通过链接在第二、第三页面呈现。二是要保证让每个页面的内容具有相对独立的完整性，并且从一个侧面更详细、更深刻地解释主体新闻。因为在网络上，读者可以在他们选择的页面间自由移动，所以不要设想你的读者是在看过前一页后才来索取这一页面的内容的，不要奢望你的读者能够按照严格的逻辑程序去点击各个链接，要让他们看到一页一页的、相对完整的、有着内在联系的信息群落，通过这些信息群落深刻了解网络媒体所要传达的整体信息。

通常实施链接的内容应该包括：新闻诸要素的详细描述与解释、支持结论的论据说明、直接背景资料、统计的表格与数据、问题的定义与专门机构的缩写解释以及更加广泛的参考资料,等等。

要对文本文件进行有序的组织,它的分层展示一般不要超过四层链接。

如果想要传达的信息能够在一个页面上简洁而完整地呈现,就不要使用超链接。

五、制作便于检索的导语和概要

搜索引擎已经成为人们检索网上信息必须使用的重要工具,美国 SUN 公司研究机构发现,至少超过半数的网络使用者依赖于用搜索引擎去发现自己需要阅读的网页。因此,让新闻更容易被受众检索和查寻,是扩大新闻传播的影响范围、增强新闻的再度利用率的重要条件。

当使用者从搜索引擎上看到一个网页的链接时,搜索引擎上展示的对这个链接的简要说明应该能够保证他们立刻准确地了解这个网页的内容,清晰地判断这个网页与他们的需求之间有什么样的联系。

为了使新闻信息的本质内容能够在搜索引擎上清晰地显现,在新闻写作上要注意以下两个环节:

一是为新闻制作清晰明确的标题。新闻标题往往最先被搜索引擎捕捉,也是使用者识别与查找信息的最初标志,新闻标题的质量直接关系到新闻在搜索引擎上呈现的面貌。除了前面说过的网络新闻标题的制作要求外,考虑到便于使用者通过搜索引擎进行检索,网络新闻标题还应该注意以下几个方面:

其一,从目前互联网接收终端所限定的版面布局结构上看,一则新闻需要有一个单独一行的、一般不要超过 25 个字的言简意赅的文字标题。要确保这个标题的前 20 个字能够描述这一新闻的本质性内容。

其二,标题的第一个词对于描述一则新闻或者是一页新闻的内容往往是非常重要的。

其三,新闻标题越是具有独特性,就越是容易在搜索引擎的列表中被使用者注意到,不要用套话和笼统的描述作为新闻标题。

其四,标题应该由记者在完全了解了文章的前后关系后拟定。

其五,每一个独立的网页都必须用醒目的标题进行标识。

二是为新闻制作精彩的导语或概要。在搜索引擎上,一则新闻最前端的数十个字往往是这一新闻的全部内容的简明提示,使用者往往就是通过在搜索引擎上呈现的这数十个字的描述去判断这则新闻信息与自己需求之间的关系。为实现这一目的,以下几方面的技巧需要引起注意:

其一,使用能够引起人们注意的词汇和简洁的句式制作导语。

其二,如果是长篇的报道,则需要使用能够引起人们注意的词汇和简洁的句式制作一个概要,将其置于这一页面的最前端。在这个概要上设计链接,将读者引向报道的详细内容。这个概要往往会在一些搜索引擎中显示为这页新闻内容的最为精要的提示。

其三,导语和概要描述必须准确反映全文的内在联系及本质含义。

其四,不要用夸张和浮华的语言描述导语和概要,应把精力集中到事实上。

其五,概要描述应该控制在150字以内。

复习思考题

1.网络新闻有什么特点?

2.网络新闻写作有什么特殊要求?

第十二章 广播新闻的写作

▶本章学习目标

了解广播新闻的特点及写作原则,掌握广播新闻的写作技巧。

▶学习重点

广播新闻的特点与写作技巧。

第一节 广播新闻的特点及写作原则

当今时代,广播与电视媒体已经成为人们在第一时间了解新闻的重要渠道。

一、广播新闻的特点

广播新闻的传播有自身的特点,主要包括:

1.传播速度快

电波每秒钟的速度为30万公里,听众可以在广播新闻信息播发的同时就能收听到,这种传播速度是印刷媒体不能比拟的。在广播新闻传播的世界里,特别是在卫星数字广播的天地间,人类生存的这颗星球上的距离已经消失。

2.传播范围广泛

广播新闻的广泛性表现在两个方面,一是信息传播覆盖的地理区域是广泛的。在环绕地球的太空中,各种广播卫星已经把世界的各个角落覆盖完毕。在中国,广播信息传播对受众的覆盖率已经达到95%以上。二是听众群体的构成范围是广泛的,能够听懂广播语言的听众都可以收听广播新闻,对受众的教育程度和文化水平没有特殊要求,这与报刊新闻传播的受众构成有着明显差别。

3.收听便捷

听众可以随时随地收听广播,不受场所条件的制约。人们可以一边开车一边收听，一边走路一边收听，一边做着家务事一边收听。广播新闻是无处不在的，它可以便利地渗透到人们生活的各个角落和各个时段，从而赢得最大的空间与时间的自由。

4.现场感强

由于广播新闻是由播音员及新闻人物等的声音播送的，因此对听众来说这种信息具有天然的接近感、现场感，能够让受众有身临其境之感。今天的广播新闻已经全力追求着与新闻事件的发展进程同步运行。

5.信息转瞬即逝

广播新闻信息是转瞬即逝的。它在发送的同时就是消失。它不能像印刷媒体的信息那样可以长久驻留，除非听众有意事先做好准备把它录制保存，而这样做显然不符合一般受众收听广播新闻的意图与习惯。广播新闻信息的这种易逝特点，意味着受众必须一次听懂新闻信息，不能像阅读报刊时一次没有看懂可以非常便利地去阅读第二遍乃至更多遍，也不能像电视新闻那样可以得到影像信息的同步说明和解释。如果听众一次没有能够把新闻听明白，就意味着他们只能通过另一次信息传播过程或者是其他新闻传播渠道弥补自己的遗憾。

6.单向传播

尽管今天的广播新闻工作者建立起各种与受众之间进行即时交流的“热线”，但是，这种交流仍然局限于信息传播者与个别受众之间的互动。对于接收广播新闻的绝大多数听众来说，广播新闻仍然是一种不可能与受众即时互动的单向信息传播方式。这种线性传播的缺陷是明显的，对于受众来说，他们在接收信息的过程中选择的自由被局限于极其狭小的领域。在一个节目进程中，听众只拥有听与不听的选择，而不可能拥有听什么(对一则新闻中的某个部分有兴趣的时候)、何时听(适合自己需要的收听时间)、怎样听(跳跃收听或重复收听)的选择。更重要的是，信息传播者与信息接收者不能进行即时交流，这就有可能对听众理解新闻造成障碍。广播新闻工作者将这一缺陷称为“信息变异”。最明显的是汉语中的同音异义字词的使用，这些词语有可能造成听众对新闻产生歧义、误解。但是他们没有机会问询，因此也就没有机会澄清自己的“误听”。

认识广播新闻上述传播特点，对于我们把握广播新闻的传播规律、掌握广播新闻的写作技巧是十分重要的。

二、广播新闻的写作原则

在广播新闻的写作过程中，一般新闻写作的基本原则和基本技术都是适用的，不仅适用,而且必须坚持。但是,由于广播新闻是一种借用声音传播的信息,有着其自身特定的传播重点及规律。因此,广播新闻与印刷媒体新闻在写作上有着一些不同之处。

中国新闻教育家恽逸群在1947年曾说过:“广播应该有自己的风格,这个风格的主要特点是‘短、浅、软’。短,大家都晓得了;浅,就是通俗,使人一听就懂;软,就是轻松、风趣,使听众在文化娱乐中不知不觉地接受你的观点。”

美国新闻学者梅尔文·门彻认为:“广播新闻的目的不同于报纸,其意图是简洁而快捷地给公众提供基本信息。广播新闻撰稿人的工作是在不用细节的条件下讲清楚报道思想。为了在短暂的时间里将发生的事件传播给受众,广播记者遵循着一套特殊的准则。”

这之中,“广播新闻撰稿人的工作是在不用细节的条件下讲清楚报道思想”的说法是否有些偏颇,我们可以商讨。但是可以说,这位美国新闻学者对广播新闻写作的整体看法,反映了在现代传媒分工日益细化的趋势下,人们对广播新闻传播功能定位的看法。

由于广播新闻与报刊新闻的传播方式不同,传播目标不同,受众群体不同,因此广播新闻的写作遵循着一套特殊的规律。这些规律要求记者在写作广播新闻稿件的时候,要坚持下面的原则:

1.追寻最新的内容

广播的信息容量比印刷媒体更大,广播的更新频率比印刷媒体更快。它具有即时播发最新新闻的全部优势,它甚至可以做到直播新闻事件的发展进程。因此,为广播媒体写作新闻时,需要具有更强的新闻意识,要全力寻找最新的新闻和最新的新闻动态,在第一时间把最新新闻传达给听众。这是广播新闻赢得听众、建立威望、占据市场的强势所在。

在现代社会的媒体功能分工中,广播新闻的主要任务是把最新的新闻用简洁明了的方式最快地传播给听众。广播新闻要争取在第一时间对听众产生吸引力和影响力,这往往是通过新闻核心内容所具有的重要性、新鲜度实现的。

写作广播新闻稿件,首先要抓住最新的新闻事件和新闻动态,并且把它们放在报道中最重要的位置上。

2.报道结构要简明

由于广播新闻的易逝性,要想保证听众一次能够对新闻信息的理解准确无误,为报道建造起简明的结构是重要的。根据实践经验,下面的方法可以有效地保证广播新闻稿件的结构简明、条理清晰。

在广播新闻稿件的写作中，要坚持单一线索的叙述原则，一般不要使用多头绪、多线索的复合型、交叉型的报道结构。在一则报道中，一般是说一件事情，而且是从头到尾，依次道来。与报道相关的要素，要一个个完整地交代清楚。也就是说，交代完一个要素，再交代另一个要素，不能“你中有我，我中有你”，否则就容易造成听众收听新闻的困难与障碍。

在叙述方式上，尽量不使用倒叙、插叙的叙述方法，而主要采用顺序法。如果需要使用倒叙、插叙的叙述方法，要做好铺垫，交代清楚，不能让听众对新闻报道中的人物、时间、情节的理解出现混乱。

为了保证报道结构的简明清晰，对内容含量较大、关系因素复杂的新闻，需要进行适当的拆解，将其分解为相对独立而又相互关联的组合体。

3.篇幅短小精悍

在写作广播新闻稿件的时候，报道篇幅要尽可能短小精悍。短小的篇幅在广播新闻的传播过程中对于信息传播者与信息接收者都有重要意义。

第一，便于提高新闻的时效性和新鲜度。篇幅的短小，为写作新闻和播发新闻都赢得了宝贵的时间，因此也就赢得了新闻传播第一时间的主动权和对受众的影响力。

第二，便于增加新闻传播的信息容量。若每条新闻的篇幅都短小，同样的传播时间里信息的条数就会增多，信息的总含量就会增大，人们在同样的时间里就能够了解更多的新闻信息。

第三，短小的篇幅便于引起听众对新闻核心内容的关注，便于听众在自由度较高的收听环境中短时间内集中精力收听新闻的重要内容。

第四，短小的篇幅也有助于增强听众在被动接收广播信息传播过程中的耐受力，即便听众对收听到的信息不感兴趣，但是，由于报道篇幅的短小，往往“一闪而过”，他们有可能有耐心等待着其他自己感兴趣的新闻的出现，从而相对延长收听新闻广播的时间。

至于报道的篇幅究竟控制到多少字为宜，要根据新闻的内容、新闻价值的含量、受众的构成状况、媒体的传播意图等方面的因素综合分析后确定。

美国哥伦比亚大学新闻学院的新闻写作教科书中这样提示学生：“如同赛马师或注意自己体重的人对每一片面包都要再三掂量一样，广播电视记者对每一个单词和每一个观点的审视也会同样苛刻。用词过多，报道就可能挤掉另一条消息，观点太多，观众和听众就可能会感到困惑。”

4.语言通俗易懂

由于广播新闻信息在传播的过程中转瞬即逝以及听众群体构成的广泛性,要想让更多的听众一次听懂广播新闻内容,广播新闻稿件的写作就必须使用通俗的语言,让广播新闻简明易懂。

要时刻记住,听众没有任何机会去琢磨你的意思,他们只能在一次性收听中理解你想说的一切。哪怕是在你看来是再简单不过的新闻事件,也要保证听众在收听它的过程中不产生歧义和误解;至于专业性很强、涉及复杂矛盾关系的新闻事件,就更需要注意对其进行通俗的解释与分析,保证让尽可能多的听众最大限度地理解。

清朝戏剧理论家李渔说过:"能从浅处见才,方是文章高手。"在广播新闻的写作中,通俗不仅是写作的原则,也不仅是写作的才能,它甚至是记者的一种对听众负责、为听众服务的职业精神。追求语言的通俗易懂,应该成为广播新闻写作者运笔行文过程中的一种自觉意识。

美国杂志新闻工作者为自己提出的文字通俗度的准则是:不让任何一个接受过初中教育的读者在阅读中产生障碍。由此看来,广播新闻写作的通俗度标准应该更加宽松,因为广播覆盖的听众群体的范围更加广大。

第二节 广播新闻的写作技巧

让我们先来看看美联社对写作广播新闻稿件的建议:

导语:

越短越好!不要在一个长而复杂的句子中概括出当天事情的主要进程。反过来,要为听众提供一个短小而让人动心从而吸引他们听下去的理由。

句子:

请牢记:有人不得不阅读并且要朗读你撰写的稿件。过长的句子特别是那些由众多从句组成的复合句,会让播音员磕磕巴巴。

如果一个句子在你的计算机屏幕上占了一行以上,它可能就太长了,问一下自己:你是否能够一口气把这个句子读完?

对于你能够在正常呼吸的情况下可以一口气读完的句子,你也要接着问自己:听众是否可以在一次收听后就清晰地理解这句话所要传达的全部信息?用两个更短的句子是否会更清楚地进行表达?如果是这样,就重写。

帮助播音员：

朗读你的稿件，修改错误的、不恰当的，特别是不适合口语的措辞，在可能造成阅读困难的人名或者词语旁边做出发音提示。

广播新闻稿应该更为简明、通俗、流畅，便于广播员和主持人朗读，也保证受众能够收听一遍就能明白无误。美联社对广播新闻稿件写作的建议，可以让我们看到广播新闻写作的技术目标。

具体来说，广播新闻写作的技巧可以包括以下方面：

一、使用谈话式的写作风格

就是说，要像与你的朋友谈话一样进行广播新闻的写作。由于广播新闻是通过播音传送的，因此它更加接近口语的表达方式。你平日用什么词语、句式、风格说话，你就用什么词语、句式、风格写作广播新闻稿件。当然，人在不同的场合会有不同的说话方式，在写作广播新闻稿件的时候，你要借用的说话方式应该是你向朋友叙述某个事情经过的时候采用的方式。

不要这样写：

> 中国足球迎回了2004年唯一也是最后一个亮点——世界青年女足锦标赛亚军。

可以这样写：

> 中国青年女子足球队获得世界青年女足锦标赛亚军。这是中国足球在2004年的国际比赛中赢得的唯一荣誉。

“最后一个亮点”的说法过于抽象，这种写法在广播新闻中不能使听众一听就明了，后面的写法就能很清楚地说明新闻的内容和意义。

广播报道写作最重要的是要按照新闻事件发展变化的逻辑顺序叙述事件的过程。

二、使用现在时态

由于广播新闻追求时效性和现场感，广播新闻稿件应该尽量使用现在时态，这是吸引听众的需要。使用现在时态，会让听众有新鲜感、有接近感，从而引起对新闻报道的关注。使用现在时态的前提是找到新闻的现在状态,因此,记者要想方设法发现新闻的最新动态,广播新闻报道应该永远追求这样一个目标——从事件的最新动态开头。

不要这样写:

> 山西省小弯沟煤矿6日上午发生局部瓦斯爆炸事故,有10名遇难矿工的尸体今天清晨被运出井外,另有被困井下的5名矿工至今生死不明。

可以这样写:

> 今天(8日)清晨,山西省小弯沟煤矿10名遇难矿工的尸体被运出井外,另有被困井下的5名矿工生死不明。6日上午小弯沟煤矿发生瓦斯爆炸事故。

前一种写法首先是在重复报道已经发生的事件,而这样重大的灾难性事件,人们可能在事件发生之际已经通过各种渠道得知,即使不知道这一事件的听众,在听到广播电台用概述方式播发几天前的新闻时,也难以引起关注。

后一种写法用一个动人心弦的具体事实向听众说明了矿难事件最新的发展状态,这无疑能够使新闻具有更大的吸引力。同时,报道也简略地交代了这起矿难的发生背景,帮助以前不了解这个事件的听众掌握事件的来龙去脉。

三、使用短句

短句是保证内容明白易懂的重要环节。不要使用复杂的句式,在非使用复合句不可的时候,要注意把句子分割成短句。广播报道中的合理间歇,不仅能够为新闻播音员提供喘息的机会,也为听众更好地理解新闻提供了自由的空间。

不要这样写:

> 围绕乌克兰总统选举产生的政治危机目前已不仅仅牵扯到这个前苏联加盟共和国本身,与之相邻的俄罗斯和欧盟之间也因为不可回避的利害关系而卷入其中。

可以这样写:

> 乌克兰总统选举产生的政治危机已经对俄罗斯和欧盟的关系产生影响。俄罗斯总统普京的一名高级助手说,这场争端是对俄罗斯与西方关系的一次重大考验。

前一种写法存在几个问题：一是在一句话里想要交代的内容过多，二是最重要的新闻要素没有放置在最显要的地方；三是对核心内容的交代不够具体。

四、一个句子表达一个理念

广播新闻要做到简明易懂，在句子的构造上就要追求简洁明了。一个句子表达一个内容对于保证稿件的清晰度是非常重要的。不要试图在一句话里塞进更多的内容。一句话只讲述一个意思，让每句话简洁明了。不要面面俱到，省略一切可以省略的东西。

不要这样写：

《火舞》是一部融合了上百种来自不同地区的舞蹈和音乐的成分，并结合悠久的神话传说和历史文化背景，运用了当今世界上最先进的舞台制作手段而精心打造的一台鸿篇巨作。《火舞》讲述的是一个跌宕起伏的爱情故事，但是这个故事却不幸发生在战乱年代。通过剧情的发展，表现了战争中勇敢的民族逾越武器、反对武装侵略的可歌可泣的感人故事。

可以这样写：

《火舞》是一部大型舞蹈史诗剧，它在深广的历史背景下讲述了一个战乱年代曲折的爱情故事。这部大型舞蹈史诗剧融合了上百种来自不同地区的舞蹈和音乐的成分，使用了当今世界上先进的舞台制作技术，被誉为“新世纪舞蹈界的一把燎原之火”。

我们可以看到前一种写法由于叙述头绪繁杂，尤其是在一句话中想要表达的内容过多，因此让人们感到十分杂乱。后一种写法有了改变，有助于听众更清晰地了解这部大型舞蹈史诗剧的内容与特色。

五、使用主动语态

什么人做了什么事情——这是便于人们理解的表述方式。在广播新闻的写作中，要尽量使用这样的表达方法：主语＋谓语＋宾语，这样的语态结构便于听众清楚地理解信息。

不要这样写：

投资1.5亿元港币在香港兴建生产基地的计划将被“百年老店”同仁堂实施。预计明年上半年推出首批产品。

可以这样写：

“百年老店”同仁堂将投资1.5亿元港币在香港兴建生产基地，预计明年上半年推出首批产品。

前一种写法是书面语言的表达方式，不是人们讲述事件时的表达方式，因此也不符合人们倾听讲述的习惯。而且，在这种写法中，新闻的主体不够突出，后一种写法更接近口语表达方式，新闻的显著性、重要性也都得到更突出的体现。

六、消息来源前置

除非是已经被证实，或者是有图像证明的无可争辩的事实，广播新闻还是要交代消息来源的。但是与报纸不同，广播新闻写作时，消息来源的身份要放置在消息来源的前面进行说明。在报纸新闻写作中，通常是把消息来源所说的内容放置在前面，然后再告诉读者消息来源的身份。这是因为报纸的文字信息在同一空间位置上具有驻留性，能够保证读者清楚地看到是谁在说话。但是，在广播新闻的写作中不能这样做，因为在没有重复的信息传播过程中，这样做可能会引起受众思维的混乱，对理解新闻造成障碍。

不要这样写：

“这是一场酒后驾车事故。”正在事故现场进行调查的警察说，“驾驶员的酒精测试含量已经超标3倍以上。”

可以这样写：

正在事故现场进行调查的警察说：“这是一场酒后驾车事故。驾驶员的酒精测试含量已经超标3倍以上。”

七、将人物的头衔放置于人物姓名的前面

什么人做了什么事、说了什么话，按照这样的顺序进行叙述，便于听众清晰、顺畅地了解报道的内容。

不要这样写：

> 维克多·邦达列夫说："俄罗斯反对将太空军事化，反对太空军备竞赛。美国毫无底线地推进太空军事化，对全球形成了严重安全威胁。"维克多·邦达列夫现任俄罗斯空天军总司令。

可以这样写：

> 俄罗斯空天军总司令维克多·邦达列夫说："俄罗斯反对将太空军事化，反对太空军备竞赛。美国毫无底线地推进太空军事化，对全球形成了严重安全威胁。"

八、尽量少用数词

数词在口语表达中是容易出现混乱的。在为广播写作新闻稿件的时候，不能像为报刊媒体写作时那样，将数字的全部细微之处和复杂之处都用文字展现出来，要在最重要的数字中强调最重要的成分。

有时你会遇到这样的数字：

> "两亿三千七百零一十一万二千四百五十六元人民币"。

如果不是重要到非得把具体数字详尽表现出来不可的地步，你就可以把它省略处理为：

> "两亿三千七百万元人民币"，甚至"两亿三千多万元人民币"。

在广播新闻报道中，过于详细的数字往往会给听众理解新闻的本质造成障碍和负担，甚至造成听众的厌倦与迷惑。

九、尽量避免使用缩写

除了人们非常熟悉的相关机构与事物的简称和缩写之外,广播新闻中最好不要使用缩写,因为广播不像报刊那样能够很便利地在这些简称和缩写的后面加上注释。一旦使用一些不常见的缩写,可能会让听众陷入迷茫。

不要这样写:

> 今天清晨,当中青队捧着世青赛银牌凯旋时,守候在首都机场的北京球迷和媒体记者以及中国足协官员发出一片欢呼声。

要说明"中青队"是"中国青年女子足球队",她们得到的"世青赛银牌"是"世界青年女子足球锦标赛银牌"。

因为各种运动项目的"中青队"太多了,而各种类型的"世青赛"更是名目繁多。报刊媒体上由于有图片,有各种版面语言的铺垫,这样的省略可能对读者阅读新闻不会造成障碍,而且会提高版面的使用效率,但是在广播新闻中,这样的做法就会显得不太负责任了,因为听众可能是突然收听到广播中的这条消息,他们就会感到莫名其妙。

十、不要使用让人费解的明喻和暗喻

一些不通俗易懂、不恰如其分的比喻容易造成听众理解上的误差。

不要这样写:

> 美国总统布什在他的演说中放了一炮。

要直接写布什在他的演说中说了什么,也就是写出你认为有大炮轰击效果的讲话内容。

不要这样写:

> 美军在伊拉克陷入沼泽。

要直接写美军在伊拉克遇到了什么麻烦。

不要这样写:

这是一场出人意料的悲剧。

要直接写这究竟是一场什么悲剧，让人们在目睹和倾听这场悲剧的过程中，感受到它的出人意料之处。

在广播新闻中，如果比喻使用不当，往往不能够让听众直接了解新闻内容，而且可能会让人们在理解新闻的时候产生歧义。但是，在一些涉及专门领域的报道时，有时需要用通俗的比喻解释和说明新闻。怎样运用比喻，要根据不同情况而定。一个原则是必须坚持的：比喻是为了更确切地说明新闻，而不是对人们了解新闻造成新的障碍。

十一、让稿件便于朗读

广播新闻要用通俗易懂的语言写作。撰稿人一定要用朗读来检验自己的稿件。通过阅读，撰稿人会发现用词、韵律、句式方面的问题，可以发现播音员在朗读这篇稿件的时候能否一口气读出一个完整的事实要素。稿件要保证广播员每换一口气能够读出一个要素，传达一个内容。

上述各种写作技巧在实际写作的过程中需要灵活应用。在写作广播新闻的时候，要有一种强烈的意识：将最能够吸引听众的新闻内容放在报道的最前面，按照事件发展的逻辑顺序描述事件的过程，即报道始终保持紧凑的节奏，使用简洁通俗的语言叙述整篇新闻。

广播新闻往往来源于其他媒体的报道。这些报道往往不是专门为广播写作的。因此，在看到这样的新闻报道时，要有高度的专业警觉，把它们改写成适合于广播媒体使用的报道。

下面的报道来自报纸：

今天凌晨2时36分，京津塘高速公路进京方向16公里处，一辆运服装的货车撞到一辆运盐酸的大罐车的尾部，导致罐车内的30吨盐酸泄漏，高速公路封闭5小时。

据介绍，事故是由货车司机疲劳驾驶所致，两车相撞后，盐酸罐破裂，罐车内30吨盐酸向外喷洒。由于撞击猛烈，货车紧贴在罐车尾部，货车的驾驶室严重变形，司机和乘车人受伤被卡在车中。

此时，朝阳交通支队高速路队民警在巡逻中发现情况，在警车的导引下，罐车司机将车缓缓开到进京12公里的空地上。此时盐酸不断流进货车的驾驶室,一时白烟四起,气味刺鼻,驾驶室中被困的2人面临被盐酸烧死的危险。前来驰援的民警带来了大量的防毒面具,民警们戴上面具钻进驾驶室,将伤者救出,随后交警继续戴着面具指挥交通。

之后,消防中队、环卫部门赶到现场,救险人员让罐车内的盐酸就地泄漏,消防人员不断地用两支水枪往泄漏点喷水稀释,早晨7点左右,交通逐步恢复正常。

广播新闻在开头部分不会交代这么多要素,它要把最重要的新闻要素浓缩起来:

昨天凌晨两点,京津塘高速公路发生一起两车追尾事故,被撞车辆运载的30吨盐酸泄漏,导致高速公路封闭了5小时。

事故发生在京津塘高速公路进京方向16公里处。一辆运服装的货车撞到一辆运盐酸的大罐车的尾部,导致盐酸罐破裂,罐车内30吨盐酸向外喷洒。

由于撞击猛烈,货车紧贴在罐车尾部,货车的驾驶室严重变形,司机和乘车人受伤被卡在车中。

北京朝阳交通支队的民警在巡逻中发现这一情况后立即组织抢救,货车司机和乘车人及时脱险。随后赶来的救险人员让罐车内的盐酸就地泄漏,消防人员用水枪往泄漏点喷水稀释。

早晨7点左右,京津塘高速公路的交通逐步恢复正常。

据警方透露:事故是货车司机疲劳驾驶所致。

在开头部分不必交代太多要素,而是要把最重要的新闻内容浓缩起来。精确的时间在这条新闻中不是那么重要,重要的是事故本身的特殊性和它造成的后果。至于是哪个属区的交警发现了这个情况、出动救险的有多少个部门、交警是否戴着防毒面具指挥交通等,也不会是受众关心的事情。

当然,一条广播新闻是否需要这么长,要根据时间限制、受众需求而定。

思考复习题

1.广播新闻与报刊新闻有什么不同?

2.广播新闻写作的原则是什么?

3.广播新闻写作应该掌握哪些技巧?

第十三章　电视新闻的写作

▶本章学习目标

了解电视新闻的报道方式，理解电视新闻的基本结构，掌握电视新闻的写作要点。

▶学习重点

电视新闻的基本结构及其写作要点。

第一节　电视新闻的报道方式

这里说的电视新闻，是指消息类电视新闻，或称电视消息，大多为几个画面镜头，配上几百字的文字（声音）报道。消息是一种迅速及时、简明扼要地报道新闻事实的体裁。消息天天同观众见面，数量多、影响大，所以，观众习惯上把这种狭义的新闻称作新闻。消息类电视新闻节目是电视传播机构实现国内外要闻总汇的主渠道，是观众了解国际国内大事的主要窗口。中央电视台的《新闻联播》是消息类电视新闻的代表，它是我国收视率最高、影响力最大的电视新闻节目之一。

消息类电视新闻的特点是迅速快捷、题材广泛、信息密集、客观公正。它以快取胜、以小取胜，时效性强，报道面广泛，涉及国内外政治、经济、文化、教育、社会生活等各个领域，而且信息高度浓缩，强调用事实说话，报道的倾向性寓于素材的取舍当中，一般不加评述。

消息类电视新闻具有多符号传播、现场感强、信息量大、手法多样的特点。根据表现方式的不同，可以分为幕新闻、口播新闻、图片新闻以及活动图像新闻等。

一、字幕新闻

用计算机控制字幕发生器，在屏幕上打出文字，以简明的语句向观众传递最新的、观众最迫切知道的信息。这是最便捷的消息播报方式。

字幕的运用按照不同的技术处理可分为静态和动态两类。

静态字幕是指把文字相对稳定地叠映在画面上,通常用于新闻的标题或同期声讲话中的人物身份介绍或讲话大意的概括,以加深观众的印象。它并不是独立的新闻,而是对图像的补充、延伸和强调。

动态字幕是指文字以上下滚动或左右飞动的方式出现,叠映在正常播出的节目的画面上。动态字幕可以报道独立的新闻事实。当有重要新闻发生或收到观众非常关心的消息却又赶不上整点新闻的播出时,常常以简练的文字滚动播出。这样既能满足观众求知、求快的心理,又不中断正常节目的播出。这种方式灵活简便、时效性强,可以多次重复,弥补了电视线性传播的不足,已被很多电视台所采用。

二、口播新闻

它是由播音员或主持人在电视屏幕上对观众口头播报新闻的报道形式。

口播新闻为没有画面的新闻填补空白。它以有声的语言为传递信息的主要手段,在没有现场图像或录像来不及送到的情况下,它及时传播重要的新闻事实,有效地提高新闻时效和报道的涵盖面,是电视增加新闻的内容量不得已而用之的不可缺少的报道手段。

早期的口播新闻继承了广播新闻的播报方法,只是播音员不但出声,而且出图像。现在的口播新闻,力求运用抠像等电视特技,附以照片、图表、动画、实物、字幕和活动背景资料等多符号信息,用电视化的手段来弥补缺少现场画面的不足,增强了口播新闻的生动性和单位时间的信息量。

目前常见的口播新闻主要涉及两类内容,一是文件类,如公告、决议、命令、新闻发布稿等,对重要的超长的文字稿,常以滚动的字幕加画外音的播报方式出现;二是简讯类,如汛情简报、文教简讯等,作提要式播出。

三、图片新闻

它是在电视屏幕上运用若干新闻照片配以文字解说进行新闻报道的一种形式。这是报纸、杂志中的专题图片报道在电视新闻中的移植。

新闻图片报道通常采用多幅照片,从不同侧面反映新闻事实,阐述主题。每幅照片既有相对独立的内容,说明某一方面的问题,整组照片又能形成呼应联系,可以较为完整地报道事实全貌。图片新闻可以弥补缺少现场图像的不足,扩大报道领域。随着新闻片源的日益充足,这种报道形式越来越少见了。偶尔见到新闻照片,要么编在图像新闻中，替代那些无法拍到的场面；要么与口播新闻结合，把照片以抠像技术作背景处理。

四、活动图像新闻

通常特指有现场画面形象的动态消息，早期称为电视新闻片，这是采用摄影或摄像的形式，在新闻现场记录声音和图像，结合文字说明，对新闻进行报道的形式。它以现场生动形象的画面为主要特征，给观众以身临其境的真实感，是电视新闻中最常见的报道形式。

活动图像新闻最早始于美国。1947 年，美国全国广播公司（NBC）和哥伦比亚广播公司（CBS）分别与厂商合作生产 16 毫米摄影机和胶片，用于拍摄电视新闻。从此，揭开了电视新闻以活动图像为主要报道形式的新纪元。北京电视台于 1958 年 5 月开始播出活动图像新闻，第一条自拍的活动图像新闻是“中共中央机关刊物《红旗》杂志创刊”，于同年 6 月 1 日播出。70 年代初期，美国率先并很快在欧洲、日本推广使用电子新闻采集系统（ENG）拍摄电视新闻。ENG 可以做到声画同时摄录，而且即时成像，便于制作，符合新闻的时效性要求，因此迅速取代了电影摄影机的地位。由于电影胶片光效逼真、还原性能好、宽容度大，一些时效性不强、画质要求高的专题片、纪录片还在使用。我国各级电视台在 20 世纪 80 年代初期陆续装备了 ENG 设备，90 年代开始向摄录一体化过渡。

第二节　电视新闻的基本结构

电视新闻文字稿是传达新闻信息、表达新闻内容的文字语言。它与画面一样，都是电视新闻中不可缺少的要素。电视新闻稿和其他新闻一样，其结构基本上分为标题、导语、主体和结尾四部分。

一、电视新闻标题的制作

新闻标题即新闻的题目，它是新闻的眼睛，可见标题对于新闻的重要性。电视新闻标题的作用主要体现在两个方面：表达内容和吸引观众。观众在看电视时，注意力往往集中在图像和声音上，特别是在活动的图像上，对标题的关注度较小，因而电视新闻的标题在电视屏幕上出现的时间也是比较短的。它不可能像报纸新闻标题那样可以让受众琢磨，慢慢推敲，领会个中意味，因而也不要求像报纸新闻那样字斟句酌、非常考究。但要求标题概括新闻的主要内容,并把最具新闻价值的地方表达出来,让观众一目了然,加深印象。

电视新闻标题应该是对新闻中最有价值、最生动、最能引起观众兴趣的内容的概括,它在内容选择上应遵循三个原则:

1.准确概括

电视新闻的标题要与新闻的内容相吻合,不能言过其实或张冠李戴,在标题内容的概括上更要准确地把握住最重要的新闻内容。只有把最重要、最有价值的内容表达出来,才能吸引观众看下去。

2.简明精练

标题的出现会在一定的程度上影响电视的画面构图,并会挡住部分画面,因而都是一闪而过,只能给观众留下一个大概的印象。因此,电视新闻的标题在形式上和内容上都要求简洁明了,文字要精练、平实,一目了然。

3.严肃得体

标题在语言文字的运用上,要庄谐并用,谑而不戏,态度立场正确鲜明。虽然近年来,业界有识之士对我国新闻过于严肃僵化提出批评和改革的建议,并在"活化"新闻中做了不少的工作,得到观众的欢迎和同行的认同。但是我们应该清楚,无论怎么活化,新闻节目的整体格调应是严肃客观、公正权威的。标题过于口语化、生活化和通俗化,反而会和整档新闻节目的格调背离。

电视新闻标题在制作上应注意三点要求:

第一,尽量使用短标题,不要使用长标题。短标题的意义在于言简意赅,观众一目了然。标题过长,观众一时难以把握,反而会分散注意力,无暇顾及详细的新闻内容,影响信息传播的效果。

第二,电视新闻的标题应多用实题,少用虚题。所谓实题,就是标题只摆事实,不发议论。所谓虚题,就是光发议论,没有事实的标题。对于那些长期习惯于或擅长于书面表达的文字工作者来说,一定要特别注意这一点。另外,制作新闻标题时,除非一些连续的报道、专访和特写,一般不要使用副标题。

第三,新闻标题表达的内容一定要完整。内容完整才能使观众一看标题便知道大致内容,加强传播效果。一般来说,重要的新闻事实即时间、地点、人物和事件这几个要素要交代,不一定要全部交代,但至少其中几个最重要的一定要交代。另外,标题制作千万不要使用生僻字、方言等令人费解的词汇,以免让观众迷惑不清,影响传播效果。值得一提的是，由于电视新闻具有形象、生动、鲜明的特点，在新闻标题制作方面，可利用这一特点进行创新，当然这需要新闻记者有深厚的文字功底。

二、电视新闻导语的写作

新闻导语是新闻的开头部分，一般由最新鲜、最主要的事实或依托新闻事实的精辟议论组成。在电视新闻中，除了简讯和一句话新闻外，目前绝大部分的新闻都有导语。导语的主要作用是唤起注意和揭示主题。在写作时，一定要体现这两点要求。

1.唤起注意

导语是新闻的开头，开头的好坏直接影响观众继续收看的欲望。据调查，随着电视频道的急剧增多，加上遥控器的出现，当今人们收看电视节目的耐心平均只有 7 秒。换一种说法就是，电视节目如果在 7 秒钟之内不能吸引住观众的话，观众就会换台。而导语作为新闻的精要概括，必须一开头便把观众吸引住。

2.揭示主题

新闻导语往往会把新闻事实中最有价值的新闻信息表现出来，让观众明白这条新闻的意义何在。另外，新闻导语还要交代新闻来源和新闻根据，其目的是提高新闻的可信度。

内容不同，电视新闻的导语长度也不尽相同，不同的电视台和不同的新闻节目对导语也有不同的要求。还有一些新闻节目为了突出强调主持人的主持风格对观众的影响，导语长短的差异有时会很大，长则 20～30 秒，短则只有几秒。但随着信息社会的到来，信息爆炸带来了巨大的压力，人们在接收信息包括新闻信息时，往往喜欢直截了当地在最短的时间内获取主要信息，然后决定是否继续看下去。因此，新闻导语应尽量简明扼要。

新闻导语还应根据不同的新闻内容和新闻体裁采用相应的表达方式。虽然其形式可以多种多样，但归纳起来常用的有六种：叙述式、背景式、描写式、对比式、议论式和提问式。

(1)叙述式，即把新闻中最重要、最新鲜、最有价值的东西用叙述的方式表现出来，是短消息最常用的方式。

(2)背景式，顾名思义，就是先把新闻的背景叙述出来，让观众明白新闻的来源及意义。

(3)描写式，指的是用形象的手法将新闻事件发生的现场描写出来，目的是增加新闻的现场感、真实感。

(4)对比式,指的是通过对比的方法吸引观众的注意,同时,也把最具新闻价值的地方凸显出来。

(5)议论式,指导语除了叙述新闻之外,还加入相应的议论。这种议论往往带有权威性。

(6)提问式,指把观众最关心、最想知道的东西通过提问的形式在导语中体现出来,一下子吸引观众的注意。提问的形式可以是疑问,也可以是设问。

三、电视新闻主体的写作

新闻主体是在导语后面、详细叙述新闻内容的部分,也就是正文。电视新闻主体写作要求作者应该有画面意识、图像观念,即一些内容可以由画面来说话,这是和报纸新闻不一样的地方。报纸新闻由于缺乏画面,要用文字细致叙述事件,重现现场。因此,表达同样的内容,一条报纸新闻可以是几百字、上千字甚至几千字。一条常规性、一分钟左右的电视新闻,却只能容纳不到300字的内容。刚入行的新闻记者在写稿时,常常有言而不尽的感觉,也就是这个原因。由于电视新闻的传播特性,无论是新闻内容取向还是写作方法,它和报纸新闻的要求都有差别。

电视新闻的主体有多种结构方式,一般情况下可分成:倒金字塔式、时间顺序式、逻辑顺序式、背景式。

1.倒金字塔式

倒金字塔式结构是借用报刊媒体新闻的写作结构。这种形式源自美国南北战争期间,在当时电讯不发达、信号时断时续的情况下,为了尽快地把新闻中的主要内容抢先发出去,往往按照内容的重要性顺序写稿。由于这种形式符合观众第一时间获取最新最重要信息的心理,所以一直被新闻界广为应用至今。倒金字塔结构有一个很明显的特征,就是把后面删掉,也不影响新闻的完整性。

2.时间顺序式

时间顺序式也是借用报刊媒体新闻的写作结构。这种方式是按新闻事件发生的时间先后叙述出来。这种写法开头一般,如同讲故事,平铺直叙,事件的高潮往往在后面出现。因此比较适合故事性强、以情节取胜的新闻。其长处是行文构思比较方便,脉络清晰。用这种方法写作时,要注意主次分明,详略得当,切忌写成流水账。

3.逻辑顺序式

这种形式按照事物的内在联系或问题的逻辑关系来组织安排材料。新闻事实之间是因果、对比、并列、递进或主从等关系。

4.背景式

这种形式首先要在导语中把新闻的内容表述出来，再在主体中把新闻的背景写出来。

新闻结构还有许多形式，这里就不再详细介绍。恰当的新闻结构对表达新闻内容是有帮助的。新闻结构的选择应根据具体的新闻内容来确定，并与新闻采访的方法和过程有关，但什么新闻采用什么结构，则没有固定的模式。

四、电视新闻结尾的写作

电视新闻的结尾是指新闻的最后一段或最后一句话。电视新闻并非都必须具备一个相对独立的结尾部分。因为新闻简洁明快、干净利索，往往在表达完新闻事实便就此收住，戛然而止，可以不必有结尾。新闻的结尾，如同新闻的其他部分一样，要发挥表述新闻事实、提供信息和表现新闻主题的功能。结尾切忌套话、空话，让观众感觉平庸老套、千篇一律，或拖泥带水、没完没了。

第三节　电视新闻的写作要点

为适应电视传播和新闻传播的需要，电视新闻具有准确、具体、形象、简明及口语化等特征。

一、准确

新闻的意义在于真实，真实是新闻的生命。古语有云：差之毫厘，谬之千里。新闻对一个事件的描写不能拔高、夸大，不能贬低、歪曲，也不能模糊不清。新闻语言的准确性就成为新闻写作最基本的要求。“准确、准确、再准确！”是新闻界的写作格言。这和文学语言（强调艺术加工）、广告语言（强调适度的夸张）是截然不同的。但是在实际工作中，面对纷繁复杂的社会现象，又应如何把握新闻的准确性呢？

长期以来，人们对新闻的准确性有着不同的看法，争论的核心其实就是新闻真实性。权威的看法和一些新闻官司的判决表明，新闻真实性在于主要内容的真实，以及在主要内容的表达上的真实。因为客观地说，新闻是不可能做到完全意义上的准确的，即每一个细节都是百分之百的准确。因为采访本身以及采访获得的信息本身，就不可避免地包含有主观的成分。当然,这并不是说新闻就不需要准确性。把最准确的新闻信息传递给人们,永远是新闻工作者的神圣使命。

1.词义要准确,切忌词不达意

我国的文字语言是历经几千年形成的,词汇量非常庞大,每个词汇都有其特定的意义,要表达准确就必须找到最恰当的词汇。另外,要注意一些专有名词的使用。认真细致是写新闻稿的基本要求。

2.准确使用带有感情色彩的词

中国人重感情,在使用感情色彩的词汇时,要注意自身的立场和态度。我国的新闻媒介是党和政府的喉舌,也是人民的喉舌,要代表党和政府、人民的立场,在报道有一定争议的事件和人物时,或者在处理一些具有国际影响力的新闻时,必须表达自身所处的立场和态度,不要让外界产生怀疑,更不要伤害中国人民的感情。

3.要符合现代文字规范

中国文字历史悠久,古文、白话文都对社会有深远的影响。恰如其分地借用古语对表达内容很有帮助,但作为新闻单位,应有推广应用现代汉语的职责,用词造句必须符合现代汉语的要求和习惯。因此,新闻稿不要再使用古汉语的格式和语法,尽量不用一些日常生活当中已经不用或少用的古语。此外,新闻报道中还要慎用方言。

4.慎用绝对化、片面性和模糊的词语

这些词语在目前的新闻报道,特别是政绩的报道上还经常出现,如动不动就用“世界最大”“全球首创”“全国第一”“绝无仅有”“肯定是”“一定能”等,这些词语由于太绝对化或太主观化,如果没有确切的根据,使用时一不小心就会使所报道的内容变成假新闻。而有一些词汇含义模糊,也容易让受众产生误解。

5.要有政治敏感,提法要准确,注意遵守法律法规

新闻工作涉及社会各个领域、方方面面,写稿时一定要有政治意识,严格地遵守相关的法律法规。否则闹笑话是小事,还容易误导社会,甚至出现政治上的错误。这些问题不但在新入行的记者编辑当中常常发生,一些老记者、老编辑也时常出错。如在报道一些对外交往、港澳台地区的新闻中以及碰到“一国两制”的问题时,要特别注意提法的正确。

中国是个多民族的国家,新闻稿写作时要严格遵守我国民族宗教政策。之前,曾出现过一些新闻报道以不恰当的方式引用宗教典籍的故事,伤害了信教群众的感情。有的文章更以带有侮辱性的错误说法解释信教群众的生活习俗,其产生的后果是极其

严重的。另外,对宗教和迷信要分清,正常的宗教信仰是受国家保护的,而迷信活动和邪教活动则是要被取缔的,二者之间不能有丝毫的含糊。

在新闻中,公布统计数字要以政府部门的统计数据为准,特别是公布的数字可能会产生重大影响时,不能使用来历不明或互联网上的数字,更不要随意乱猜乱写。如有新闻报道珠江口走私柴油严重,曾这样报道:“据统计,经珠江口走私的柴油每年达300亿吨。”第二天即有群众来信指出:这条新闻把我国的柴油走私严重状况夸大了,因为300亿吨已相当于中国原油年产量的三分之一。后来一查,原来是当班编辑根据提供的不准确的数据,错误推算出来的。

新闻报道还要注意正确使用计量单位。在实际工作中,记者编辑还要注意人名、职衔、地名等一定要准确,不要犯低级错误。

二、具体

新闻稿要求具体,因为事实写得具体,新闻的可信程度和说服力就高;相反,如果把具体的事实写成了抽象的概念,观众就容易产生模糊感,不相信你的新闻报道。另外,电视新闻虽然有直观可视的画面,但大部分的画面是不具体明确的,它所能表达的新闻要素有限,必须依靠相应的具体文字,才能把一般性的意思和抽象的道理说得清清楚楚、实实在在,并使观众理解和接受,留下深刻的印象。

电视传播稍纵即逝,观众不可能像看书读报那样慢慢地琢磨。而且观众收看电视时受周围环境影响比较大,难以一心一意地认真观看。如果新闻稿写得抽象难懂,或者仅是画面的重复,观众看后难以留下深刻的印象,反而会削弱传播的效果。其实,用描述的语言形容现场的气氛是报纸新闻的写法,在电视新闻中,大可不必如此费心地去雕琢,让画面代劳便可。

新闻要具体,但又不能事无巨细,样样都细说,否则,大量次要的枝节会掩盖了真正的新闻。写新闻要有所选择,有所概括,什么都写上去,观众就会不明白记者到底想说什么。具体与概括、详细与简略的分寸在于是否能清晰地表现新闻事实,抓住这点,才能处理好它们之间的关系。

三、形象

电视新闻的形象不同于报纸新闻的形象。报纸新闻的形象,一般是指报道把事物描述得生动、形象、传神,令报道对象丰满、鲜活起来。但电视新闻因为具有直观的画面,新闻稿就不应过多地去描述外在的、可以见到的东西,否则,表达不准,观众说你没水平;表达准确也只是重复画面,观众会说你废话多。例如,报纸新闻描述人物生气要使用大量的词汇,才能令人物形神兼备,而电视新闻只需说“这个人生气了”就可以了,至于他生气到什么程度,脸色如何,自有画面来反映,无须新闻稿再重复。

这里要谈的形象,是指运用一定的比喻、拟人、象征、对比等手法,令观众更加清楚记者要传递的信息,加强传播的效果。例如:“中国有10亿人口。”10亿到底是一个怎样的概念?一般的人无法掌握,如果记者换个说法:“如果10亿人都来玩老鹰捉小鸡,从头到尾可绕地球25圈,如果把10亿人的出生证都叠起来,有12个珠穆朗玛峰那么高。”这样的比喻就形象多了,观众也容易理解和接受。又如,“这座山的体积有30亿立方米”,如能加上“用100辆大型汽车不停地去运的话,也要一个月才能运完”,观众就会清楚很多。

四、简明

古人言:文以简洁为能,不以繁缛为巧。新闻语言尤其要求简洁明快,提倡“文约而事丰”,反对拖泥带水,这主要由三方面因素决定:其一,通过研究,我们可以发现,新闻的长短与社会生活节奏的快慢密不可分。现在社会生活节奏非常快,人们处于信息爆炸阶段,忍受不了繁文的折磨,这自然要求新闻工作者用最精练的语言,传递最多的、最重要的信息。其二,现代传媒竞争的一个焦点就是新闻的时效性,谁的新闻快、新,谁的收视率就高。2004年雅典奥运会期间,新浪网为了抢时效而发布了中国女子排球队二比三负于古巴队的假消息,这就是为抢时效失败的典型例子。网络传媒这种图快而不顾准确性的做法,当然不值得我们去学习,但从中可见新闻时效的重要性。强调时效性,新闻就必须简洁。其三,电视传播是线性传播,稍纵即逝,空话、套话难以让观众留下印象,简明的语言反而有更好的传播效果。

但简明不等于简单,提倡新闻稿写得简明,不等于提倡简而无物。简明是要求以一当十,进入“简内尽是精华点”的境界,收到文约而事丰的效果。毛泽东同志写的《我三十万大军胜利南渡长江》,只有190多个字,但字字珠玑,语言高度概括,没有一个字的废话。这就是简明的最好例子。1953年,吴冷西在第三次全国社务会议总结报告中提出新闻写作的八条要求,其中两条就讲了“事实要精练”“文字要简洁”。胡乔木也曾提出新闻要“短些、短些、再短些”。这些观点虽然已提出几十年,但在21世纪的今天依然适用。

现代媒介提倡写短新闻,短而实。这就要求记者删除一切空话、套话,反对将新闻事实“穿鞋戴帽”,力求用最简洁的语言写出最多的信息,提高新闻的含金量。新闻质量上去了，传媒才能在目前竞争激烈的“买方市场”占有一席之地。

五、口语化

电视新闻中的新闻稿属于听觉语言范畴，由播音员播给观众听。因此，所选用的语言和词汇包括词汇的搭配，都要适合观众的听觉习惯，力求做到口语化、通俗易懂。近年来兴起的“说新闻”浪潮，其实就是把新闻由原来的书面化、播音腔改为口语化、平民化，尽量拉近与观众的距离，让观众觉得是在聊天，不是在说教。当然，新闻播报是否真的需要改成像聊天一样，在学术界和电视业内还在争论，见仁见智，我们就不在这里探讨了。但口语化肯定是新闻稿写作的基本要求。

所谓口语化，是相对书面化而言的，指的是经过加工的口头语言。电视观众是普通的老百姓，性别、年龄、经历、阅历、文化程度和理解能力各不相同。记者写稿时，应注意尽量将新闻表达得通俗易懂。英国报业之父笛福说：“我的写作原则是假设对五百个不同职业的群众讲话，而使每一个人都听得懂。”口语化和通俗易懂的目的，都是希望观众更好地理解和接受所传递的信息。具体的方法有以下几点：

1.将专业术语改为通俗的新闻语言

比如，有这么一段文字：

> 向香港输送的蔬菜要求都很严格，农药含量要控制在 5 个 BPM 以内，而国家标准才 15 个 BPM……

这里的 BPM 是表示化学含量单位的一个专有名词，一般观众是听不明白的，要解释其具体的含义不但很啰唆，而且没有必要。其实可以改成：

> 向香港输送的蔬菜要求都很严格，农药含量只是国家标准的三分之一……

2.多用短句，少用长句、倒装句

> 人们着力于研究培育具有高光效、低呼吸消耗、光和机能保有时间长、叶面积适当、株型长相有利于田间群体最大限度地利用光能的棉花新品种。

这是一个相当长的句子,主句前有5个并列定语。如果就这样播出去的话,观众听了下半段忘了上半段,听半天也不知道主语是什么,传播效果极差。如果改为:

人们正在研究培育棉花新品种,这个新品种具有一系列的优点,高度、枝杆生长的形态和叶子生长的面积都有利于通风和接受阳光,养分消耗也较少,并能在短时间内生长成熟。

长句变成多个短句,一开始就点出主语——棉花新品种,然后说它的优点。这种句式符合人们的听觉习惯,也通俗易懂。

此外,倒装句作为书面文章的一种句式,可以增强语势,使人觉得有变化,字面活泼,但就听觉语言而言,应该少用。因为听觉总是以直线顺序为最佳接受方式。

"我们不再是你的老师,我们现在是兄弟!"这是德国利渤海尔出口公司总经理米歇尔·利斯先生今年11月在对海尔集团进行访问时发出的由衷感慨。

这个句子不仅倒装,而且还是个复合句,观众稍不留意就听不明白。可改为:

今年11月,德国利渤海尔出口公司代表团对海尔集团进行友好访问时,总经理米歇尔·利斯先生由衷地说:"我们不再是你们的老师,我们现在是兄弟!"

3.多用口语词,少用书面语、单音词

词汇有书面语言和口头语言之分,书面语言不符合观众的听觉习惯,也不够亲切生动,如能改为口头语言则更加通俗易懂。例:

至此——到目前为止
询问——打听
部署——安排
导致——造成
日益——越来越
即将——就要
之所以如此——能够这样

单音词只有一个音节，而双音词有两个音节，容易给观众留下更深刻的印象。日常生活中，人们习惯使用双音词，这样显得更亲切。而且双音词表达意思更完整、准确和具体。例：

已——已经

虽——虽然

因——因为

并——并且

自——自从

曾——曾经

4.避免使用容易引起歧义和误解的词汇

汉语中有许多同音异义的词汇，写新闻稿时尤其要注意这一点，尽量避免使用，换一种方式表达，以免引起听觉误差。

切记（切忌）——一定要记得

期终（期中）——期末

预见（遇见）——预计到

全不（全部）——全部都不

童稚（同志）——童真

5.合理重复，少用代词和简称

（导语）近日，香港与澳洲联手合作，打掉一个走私毒品团伙，查获价值十亿港元的毒品。

（正文）这次行动是两地警方的首次合作……

这则新闻中，虽然导语已经说了是“香港和澳洲警方”，但由于电视新闻是线性传播，而且观众不一定从头看到尾，也不一定非常认真地听，也可能中途打开电视机。新闻稿中应在适当时候，特别是在另一段的开头进行必要的重复“香港和澳洲两地警方”，而不是简单地使用代词“两地”。这种重复并非多余，而是一种合理重复，它可以令观众更明白传者要传递的信息。另外，上述新闻中对澳大利亚的称呼也不规范。

简称在电视新闻中也应少用或不用,它容易造成不必要的疑问和误解。比如,今年我国的GDP比去年上升了2%,GNP比同期增长了1%。这里面的GDP(国内生产总值)、GNP(国民生产总值)是什么,恐怕有相当一部分观众不清楚,画面也无法具体表现。新闻中应把全称明明白白地写出来。当然,新闻有时候为了节省字数,可适当使用一些简称,但必须是群众熟悉的,是家喻户晓的。例如,三讲、三个代表、十七大、中宣部、中纪委、北大、清华,等等。

6.精简层次

电视新闻是线性传播,听觉也是以直线顺序为最佳接受方式,因此,电视新闻的层次不宜太复杂,应尽量简化。

电视新闻的文字稿是新闻不可或缺的组成要素。文字稿是司令,指挥着画面、现场同期声、字幕、特技等其他要素。记者在采写一条新闻时,往往一边采访一边打腹稿。虽然说有些现场报道比新闻稿出来得要早,但实际上,记者早在打腹稿了。受电视传播的影响,电视新闻稿和报纸、电台不一样,具有鲜明的特点,这不但体现在文风上,还体现在内容和报道角度上。只有深刻领会电视新闻稿的特点,才能写出实实在在的电视新闻。至于写作方法等不过是一些现有模式或技巧的应用而已。

应该说,电视新闻不存在模式,因为每条新闻都是不同的,都有各自的特点。因此,根据新闻内容去安排各个组成要素,才符合传播的要求。对一些模式化的东西,我们不必过于追求。是不是好新闻,形式当然重要,但归根结底,最重要的还是内容。这就需要记者首先具备较强的新闻敏感和把握新闻材料的能力,然后才是写作能力。

复习思考题

1.什么是电视消息?它有哪些报道方式?

2.电视新闻导语写作的要求是什么?其表达方式有哪些?

3.电视新闻主体有哪些结构方式?

4.电视新闻的写作要点有哪些?

5.试将报纸、广播、电视对某一事件的报道集中到一起,分析它们在写作上的特点和区别。

第十四章　新闻侵权与记者的自我保护

▶本章学习目标

了解新闻侵权的含义，理解新闻侵权的具体内容，掌握记者、编辑进行自我保护的方法。

▶学习重点

新闻侵权的具体内容，记者和编辑进行自我保护的方法。

在中国，不少新闻媒介因旷日持久的新闻官司而伤透脑筋。记者、编辑和“老总”们既要跑新闻、编发新闻，又要跑法庭，应付诉讼，疲于奔命。不少企业和个人也因新闻侵权和新闻伤害而伤透脑筋，他们既要搞事业、图发展，又要对付不期而来的新闻侵权和新闻伤害，耗尽心力。

为什么市场经济条件下特别容易产生新闻侵权的纠纷呢？

因为市场经济使人们之间的交往空前密切起来，谈生意、借贷款、签协议、订合同、搞公关……都特别重视人的信誉、名誉。

因为市场经济条件下，人才也进入市场，人的社会评价也是一种无形的资产，直接关系到受聘、提拔、解聘等行为。

因为市场经济条件下，新闻报道的对象空前广阔而复杂，记者、编辑又一时难以做到事事精通，新闻的快捷又使得新闻难以做到事事调查清楚。于是，新闻官司就接踵而至。

随着市场经济的日益发展，妥善合理地解决新闻侵权和新闻伤害的问题已经紧迫地推到新闻界、企业界乃至整个社会的面前，再也不能听其自然或掉以轻心了。

第一节　什么叫新闻侵权

新闻侵权，就是新闻媒介由于自己的报道，对其他个人或群体（主要指法人）的人格尊严有所侵犯。这是一种违法行为。

《中华人民共和国宪法》第 38 条规定:“中华人民共和国公民的人格尊严不受侵犯。”

《中华人民共和国民法通则》第 101 条规定:“公民、法人享有名誉权,公民的人格尊严受到法律保护,禁止用侮辱、诽谤等方式损害公民、法人的名誉。”

最高人民法院《关于贯彻执行〈中华人民共和国民法通则〉若干问题的意见》第 140 条解释说:“以书面、口头等形式宣扬他人的隐私,或者捏造事实公然丑化他人人格,以及用侮辱、诽谤等方式损害他人名誉,造成一定影响的,应当认定为侵害公民名誉权的行为。以书面、口头等形式诋毁、诽谤法人名誉,给法人造成损害的,应当认定为侵害法人名誉权行为。”

公民个人名誉,主要是指公民本身所具有的品德、才干、信誉等在社会生活中所获得的正确评价。

法人的名誉是指一个群体的名誉,主要是指企业,而不是指法人代表本人。一个企业的资产信用、生产水平、经营状况、产品和服务的质量等方面的现实表现在社会上所获得的正确评价,就叫法人名誉。

无论是个人名誉或法人名誉,其社会评价应当是客观的、恰如其分的。新闻报道中把它评错了,评低了,明显不符合实际情况,就是侵害了个人或法人的名誉权。

新闻侵权行为的衡量标准:

一、受害人是否确有名誉被损害的事实

用法律语言说,就是行为人是否确实实施了侵害他人名誉的行为。

法律上讲“以事实为依据,以法律为准绳”,对待侵权行为也应这样。有无侵害事实,这是讨论问题的基础和前提。有些原告以报道失实为由,主动告状,先下手为强,企图否定新闻媒介和作者对其必要的批评揭露,其是非曲直最终要看事实,报道失实也要看其程度和影响。严重失实,致他人名誉受到损害的,应按照侵害他人名誉权处理;并非严重失实,就不能判为侵权。

上海《支部生活》曾发表《岂容群蛀猖狂——上海××厂祛腐纪实》,被批评的原副厂长兼工会主席以该文中有关某一节内容失实、侵害了他名誉权为由向法院起诉,要求记者公开登报,恢复其名誉,并赔偿损失。据查,原告确有部分账目记载不清,记账凭证不符合规定以及对女职工确有不轨举动等行为事实,报道内容基本属实,是正当的舆论监督,所以,法院对原告的诉讼请求不予支持。

名誉受损,必须是受到实际的损害,这是有客观事实依据的,不能把可能受到损害

或意念中的损害者当作实际损害。这样可防止认定损害的无限扩大和主观随意性。

二、行为人的行为是否违法

是否构成侵权，很重要的一个标准就是行为人的行为是否犯法。这其中，有些是可以明显看出来的。如一则电视新闻，把小保姆在雇主家偷东西一事予以曝光，地址、姓名都公开了，而这个小保姆还不满 18 岁。尽管事实没有错，但公布姓名直接违反了《未成年人保护法》，成为违法新闻，侵害了报道对象的名誉权。有些事情并非一下子能看出是否违法，或是有争议。如汪诚信等五位专家联合撰文《呼吁新闻媒介要科学宣传灭鼠》，指出新闻媒介广泛宣传报道"灭鼠大王""神奇邱氏引诱剂"，其轰动效应造成了一些混乱和误解；并指出邱氏鼠药含有国家禁止使用的强毒性化学品氟乙酰胺，已造成多起人畜中毒案件。邱氏状告五专家侵害其名誉权，造成经济损失。北京某区法院一审判决，邱氏胜诉。但一些学者、专家纷纷指责判决不公，认为"愚昧战胜了科学"。五专家上诉至北京市中级人民法院，历时两年，最后市中级人民法院终审判决：五专家胜诉。

凡报道中有侮辱、诽谤和宣扬他人隐私内容的，均为侵权。当然，认定是否为"侮辱性语言"还要看语言环境和大众习惯。只有那些确属恶意、出格、有损人格的言辞，才能被认定为侮辱性言辞。

判断行为是否犯法，必须严格以法律、法规和政策条文为依据，有些边缘性的问题也必须以有关的法律规定为参考依据。原有法律概括不了的，必须更加慎重，听取各种不同意见，经过充分论证，才能确定其性质。

三、违法行为与损害后果之间有无因果关系

在讨论侵权问题时，有的强调行为，有的强调后果。我们认为，既要重视行为，又要重视后果，二者不可偏废。看后果，还要看其严重程度。凡对报道对象直接造成严重后果或一定影响的，就是侵权。同时，还要看违法行为与损害后果有无直接的因果关系。对于多因一果的情况，要分清是主要原因还是次要原因。如果只是间接关系、次要原因造成不良后果，一般不宜过多责备。但是，新闻媒介对人造成一定损害，即使够不上负法律责任，也应当负道义上的责任。

四、主观意图有无过错

新闻报道的出发点如果不正确（比如为了压低一方而抬高另一方，为了泄私愤、图

报复,为了片面追求轰动效应,哗众取宠,等等),最容易造成新闻侵权。

如有一篇报道不顾事实,故意把一个总经理描写成一个"不懂专业、不会经营、不知商品经济规律和管理科学为何物""无经济头脑又无管理才能""精于人际关系""笼络人心""抵制改革"的人物,这就是造成了侵权。

要区分故意行为与过失行为的界限。故意和过失都会造成过错,造成伤害,但其严重性是不一样的。过失行为也有可能构成侵权,也有可能不构成侵权;即使构成侵权,处理上一般应与故意侵权行为有所区别,宜从轻发落,但不能忽视过错责任制原则。

作为新闻侵权行为的衡量标准之一,即主观意图有无过错,那是指的故意行为。当然故意行为也有两种情况:一种是直接故意,是较为严重的,行为人明知自己的行为会发生危害社会或他人的结果而明知故犯,并希望这种不良结果发生或听任其损害结果到来。一种是间接故意,即行为人追求的目的不是直接损害有关的人,但为了其他不正当的目的(如为了产生轰动效应、为了个人的名利、为了取悦受众而扩大发行量……),明知某些事实虚假不实且容易损人名誉,也在所不惜地去干,造成侵害名誉权的后果。这种明知故犯,与新闻职业道德是格格不入的。

第二节　新闻侵权的具体内容

一、哪些情况下最容易发生新闻侵权?

1.报道内容直接违法

新闻报道的内容直接违法,造成对人身权利的侵害。

新闻媒介的舆论监督十分重要,但媒介本身也要受到监督,要受到法律的制约。不能自以为是"无冕之王",为所欲为。现在法制日益健全,一个个具体法规相继推出,新闻记者要熟悉它、掌握它,并逐步适应新的形势。市场经济条件下,人们要积极拓展各方面的联系和合作,开展全方位的公关活动,因此更重视个人和法人的名誉和信誉。因为这也是一种无形资产,会直接或间接转化为实际的经济利益。如果忽视这一新情况的新变化,一味沿用过去搞批评报道的旧路子;或者认为现在新闻媒介威信特高,可以信手写来,这就不可避免地要在这件事或那件事上"触法",稀里糊涂之中变成被告。这又怨得了谁呢?

2.稿件证据不足　报道事实失实或情节失实

揭露性、批评性稿件不重证据,不搞取证,造成基本事实失实,或关键情节失实。

当今社会，大众传播媒介播发批评稿件后影响范围很大，对被批评者会产生巨大压力，有时会造成重大打击或致命伤害。所以，事实一定要搞清楚，要有确凿的证据，才能进行揭露和批评，才能掌握好用词用语的分寸；如果言而无据，只凭一腔热情信手写来，造成基本事实失实或关键情节失实，当然要负法律责任。被批评者从自身利益出发，绝不会容忍侵权行为，他们有时扭住不放是可以理解的。新闻媒介和记者、编辑，都应设身处地想一想，力求做到准确无误，对社会负责，减少不必要的麻烦和损害。

3.用词不当造成侵权

新闻报道虽然基本事实属实，但在用词用语上缺少法律意识，轻易用判断性、结论性文字或定性的词语，也会造成侵权。

如有的报道批评个别劳动模范或先进标兵的错误，虽然这些错误都是事实，也该批评，但报道中轻易讲某某人是“假劳模”“假标兵”，骗取领导和群众信任；而其劳模或标兵的称号并未因某些错误而撤销。这样，就构成了新闻侵权。因为一个“假”字、一个“骗”字必然会引起不良后果，影响其正常的工作和生活。

有些报道轻易使用贬低他人人格的文字，如“心术不正”“居心叵测”“别有用心”“一阔脸就变”“翻脸不认人”“六亲不认”“一贯道德败坏”“一副寡妇脸”“一副流氓相”“色狼”“荡妇”“白痴”“小妖精”“幽灵”“扒手”“相客”“屡教不改”等，也往往会构成侵权。至于有些比喻手法、夸张手法、象征性语言、文学语言，也常常因缺乏严格的科学含义而被法庭认定为诽谤性言辞，如“风流人物”“贼头狗脑”“摇羽毛扇的人”“磨光了棱角的保龄球”“蛇蝎之心”“变色龙”“江湖骗子”“伪君子”……

4.报道中自觉不自觉地暴露公民的隐私

自觉地暴露可称为揭露隐私，不自觉地暴露称为涉及隐私，其严重程度是有区别的；前者重，后者轻。公民的隐私权是神圣不可侵犯的，它维护个人的内心世界和生活的安宁，只要不违反法律和社会公德，不伤害他人和社会，就纯属个人私事，予以保护只会对社会安定团结有利。而一旦被侵犯，就会产生矛盾、冲突或引起不安、烦恼。而且因为隐私都是真实而不宜公开的，所以暴露得越具体，造成的侵害就越严重。被侵害人受到的侵害并不因侵害人的无意而有所减轻。

新闻界要记住：不是事事都可以拿来彻底曝光的。

二、新闻侵权的三种表现

1.侵犯名誉权

名誉是无价之宝,宝中之宝,是"生命中不死的一部分"。莎士比亚的《奥赛罗》剧本中有句台词:"无论男人或女人,名誉是他们灵魂中最切身的珍宝。"俗话说:"人要脸,树要皮。"一个人,一个单位,若名誉不好,就很难开展工作,个人和群众也很难生活得愉快。所以,侵犯名誉权是任何人都不能容忍的。

侵犯名誉权必然造成被害人的精神伤害和其他损失。伤害和损失的程度各有不同,侵权人所负的法律责任也有所区别。

侵犯名誉权中,最严重的叫诽谤。新闻媒介的这种侵权行为,又叫新闻诽谤。新闻诽谤,是利用新闻媒介直接故意用文字或语言公开散布足以损害他人名誉的虚构的事实,情节严重,其后果是使被诽谤人在公众面前大出洋相,无地自容,被公众鄙视、憎恨和嘲讽。诽谤的要害:一是故意,二是散布非事实或捏造事实,三是公开散布。

如在新闻报道中没有根据、不负责任地指责某个人不守信用或背信弃义,犯有罪行或试图犯罪,营私舞弊或诈骗钱财,失去贞洁或与人通奸,患有绝症或染有性病,毫无知识或不学无术……其结果,必然使某人名誉受损、蒙受耻辱而难以正常地工作和生活,这就侵犯了名誉权,构成新闻诽谤。在新闻报道中,包含诽谤成分的含沙射影也会构成新闻诽谤。此外,恶意的讽喻和冷嘲,有时也难逃诽谤之罪。

诽谤在各个国家,甚至不同地区会有不同的理解,但其根本精神是相通的。

2.侵犯隐私权

法律确认,每个公民纯属个人的私事享有保守秘密的权利。这就叫隐私权,也称免知权。保护隐私权,符合每个公民的愿望和实际利益。新闻记者在从事新闻报道时,遇有纯属个人的私事,未经报道对象本人同意,一般不得进行采访、拍摄照片和录像,更不能进行公开的传播。否则,就侵犯了公民的隐私权。隐私不同于阴私。阴私是见不得阳光的丑事,如男女奸情、伤风败俗的事,在法律上属刑事案件。隐私则是指不愿公开的个人私事,在法律上属民事案件。法律上只有隐私权,没有阴私权。

任何人都有一些纯属个人的私事,而且一般都不愿意公开。隐私权就专门保护公民人格受到应有的尊重,生活安宁,心情舒畅,以利于正常的工作和生活。个人的私生活当然并不等于都是纯属个人的私事。如果个人的私生活违反国家法律或社会公德,理应受到有关方面的必要的追究;但如果不违反,就叫作纯属个人的私事,就不应受到侵犯和干扰,不应被公开传播,被"揭老底""彻底曝光"。因为这样做会给当事人带来烦恼、不安和痛苦。那还有什么安居乐业可言？

侵犯隐私权往往比新闻诽谤的后果更直接、更严重。诽谤只是损害名誉，侵犯隐私则会直接影响和威胁到一个人独立生活的权利。这也有两种情况：

一是暴露个人隐私。

记者在报道中，为增强真实性、可信性，或者为了哗众取宠，往往不顾后果地写真实姓名的人犯有前科，被拘留过、劳教过、处分过或被人强奸过；写某某人结过几次婚，谈过多少对象，有外遇或与什么人关系暧昧；某某人夫妻长期不和，勉强凑合；某某人是私生子或非亲生子；某某人有多少存款和股票债券，分到多少遗产；某某人有难以启齿的生理缺陷或有什么不便公开的毛病……这些都属个人隐私，如果没有十分必要的、正当的理由，是不允许公开的。只有在揭露坏人罪恶时，才能有选择地在报道中涉及。一般本人不会同意公开的；或是有的人没有意识到隐私权的重要性而同意公开的，记者也要严格掌握，尽量不要涉及。因为隐私都是真实的，而越是真实，公开了就会使当事人受到的侵犯越严重，其危害也就越大，有时要很长时间才能看出其恶果。不少人因此而引起麻烦和痛苦，有的造成家属、亲戚、朋友、同事、邻居之间的大大小小的矛盾和冲突，扰乱人们生活的安宁，更严重的甚至导致自杀和他杀。

涉及个人隐私的事实，未经本人同意，在新闻媒介报道出去，有时即使出发点是善意的，也不能掩盖其违法的过错。目前中国因侵犯隐私权造成名誉损失的作为侵害名誉权处理，使未造成名誉损害而侵犯隐私的情况无法律制裁，这是法制还不够健全的表现。相信将来会有专门关于侵犯隐私权的法律规定。一旦确认，法律是无情的。有时，即使报道中对当事人给以赞誉和赞扬，但只要未经本人同意而暴露了隐私，照样会引起当事人的反感和愤怒，从而状告记者和新闻单位侵权。

二是为获取新闻而采取违法手段。

有些深度报道、批评性报道、潜在性问题的报道，其重要材料往往不是一般采访所能获得的。记者有时在“重要新闻”的诱惑下，容易做出出格的事。

如私拆信件，这显然是违法行为。宪法第 40 条规定：“中华人民共和国公民的通信自由和通信秘密受到法律的保护。”“除因国家安全或者追查刑事犯罪的需要，由公安机关或者检察机关依法律规定的程序对通信进行检查外，任何组织或个人不得以任何理由侵犯公民的通信自由和通信秘密。”记者和新闻单位当然没有私拆信件的权利。

窃听电话也是不允许的。偷偷安装窃听器、录音机，把公民的谈话、形象、动作私自录下来，并进行传播，这样搞得人人自危，没有安全感，社会还能安定团结吗？

偷拍照片猎取别人不愿公开的形象，也不允许。如乘人不备或用远距离镜头相机拍摄别人裸体淋浴、与情人接吻拥抱、裤子拉链没拉上、妇女裙子被风吹起露出内裤、某些恶作剧,等等。嫁接照片也会造成侵权,也是新闻真实性所不允许的。当然,如果为了进行舆论监督,对某些人在公共场所违背公共利益的不文明行为进行拍摄,在媒体上曝光,有时仍是需要的,但主要是对事不对人。只要不是情节特别恶劣,一般对正面清晰的形象做一些技术处理即可,以利于主动改正和教育大多数。不要过分着眼于特定的对象,以免生出其他种种矛盾和纠纷来。

记者采访中,有时会非法侵入。不要以为记者采访什么地方都可以闯进去,一张记者证并非可以无所不至,无孔不入的。现在有一些书、报、刊毫无分析地说记者是"无冕之王",这是不正确的,也是不符合实际的。未经允许,随便进入或偷偷进入属于私人的场所,包括卧房、书房、厨房、庭园、工地以及个人办公室进行采访、拍摄,以猎取在一般情况下采访不到的材料,也是一种侵权行为。医院手术、产妇生产等场所,尤其不宜随便作形象拍摄。

3.侵犯肖像权

新闻报道侵犯肖像权的问题比较复杂。一般的新闻图像提倡现场抓拍,反对"摆布""导演"。现场抓拍就等不得征求本人同意,一经征求意见,也就失去了现场。

所谓侵犯肖像权,指以营利为目的,未经当事人许可,拍摄照片或录像,予以公开传播。各种新闻媒体所播发的新闻图像,虽然一般都未征得本人同意,但并非以营利为目的,而是为了报道新闻。现场抓拍的形象一般并非对本人不利,本人也不至于反对公开传播,有的甚至是求之不得的。现场抓拍的形象,也有对本人不利的,如某些公民的不文明行为、犯罪行为,某些事故的现场,等等,当事人大多不愿意公开报道。但新闻媒体有忠实报道事实和进行舆论监督的权利,出于正当的理由、属于正常的报道新闻和进行舆论监督就不能被认定为侵权,否则,还有多少新闻可报?当然有时为了留有余地,促其改正,可以如前所述,做一些技术处理,如揭露一些"三陪女"、卖淫女,对其面部做淡化或遮掩处理等。

至于有些人为了"导演"新闻,任意摆布,弄虚作假,让当事人上当受骗,不经本人同意而发表,这既有新闻侵权问题,又有职业道德问题,应予严格禁止。

在新闻媒体上刊登广告,如广告内容弄虚作假、偷拍名人形象作广告宣传,造成不良影响,这也构成侵权。广告主要以营利为目的,广告商也以营利为目的,新闻媒体登广告收取广告费也是以营利为目的,都负有法律责任。

有时,为了宣传医学科学技术,需要或不得不使用有关病人的肖像(特别是眼科、整容科),只要于社会有益,即使未经本人同意,也不能认为是侵权。

第三节　记者、编辑怎样进行自我保护

在新的形势下，记者、编辑必须研究对策，加强自我保护意识，并学会自我保护的方法。

一、多做调查

听取多方面意见，尽可能亲自核实情况，获得取证，以便把握分寸。

如果未经亲自核实，或对情况若明若暗，把握不准时，不要急于报道，不要轻下判断。要防止和避免“先入为主”，对材料进行为我所用的取舍。不用存有质疑的材料，慎用矛盾双方或多方中单独一方的材料。

有些新闻官司，其实只要报道者作风稍为细致一些、深入一些，即可避免。如有一家报纸头版头条新闻《群众呼救 干部无反应 ××村妇联主任家人遭歹徒杀害，妇联主任多次到镇机关求救，竟无一人到场》，原告以报道失实为由控告作者和报社。原来有一情节，说有人在镇机关门外大喊“街上杀了人”，“有几个干部把头伸出窗外，回答‘没有人’”。原告说窗上有十厘米宽的窗格，头伸不出去，报道严重失实，损害了名誉云云。后法院判决：事实基本属实，属正当舆论批评，“头伸出窗外”不符合事实，是工作中的失误，但不构成侵权。据说这篇报道的作者很勇敢，为了实现舆论监督，先后十多次面对新闻官司而不改初衷，这是很可贵的。但是，如果作者调查细致一些，核实认真一点，少一点这类失误，新闻工作者不是可以清静许多了？

二、报道者宜多采用第三者立场

适当采用“平衡”手法，巧妙地运用中性词汇，用词用语具有法律意识，少用感情色彩太浓的民语。

有许多事情，报道者不必自己挺身而出，而要巧妙地以客观报道的手法，以第三者的立场说话。要注意交代新闻来源，如“据××专家认定”“据××单位提供的情况”“据××部门检查的结论”“据厂家介绍”……这样，即使某些事实有出入，某些评价有偏颇，也是别人的问题，我只是进行客观报道。这就叫能进能退，留有余地。一次报道不好，下次还可以予以纠正。样样事情挺身而出，把别人的谈话和结论作为报道者自己的介绍和评价，就没有退路了，在新闻纠纷中只好首当其冲了。媒体和记者要记住：自己只是观察员、报道员，而不是裁判员，不要当“法官”。

新闻报道中,要禁用侮辱性语言。按《中国大百科全书(法律卷)》的解释:"侮辱,是指运用口头或文字的形式,散布有损于他人名誉的丑恶言词。"如"疯狗般的扑来""泼妇般的叫骂""流氓的腔调""鳄鱼的眼泪""豺狼的心""小人之心""吝啬鬼""守财奴""金钱的奴隶""狐假虎威"……这些言词往往很伤人,容易引起纠纷。

侮辱性语言的运用,常常是由于作者主观上就不与人为善,而从丑化和贬低他人人格出发,理所当然地要引起别人的反感和愤怒,直至诉诸法律。至于在新闻报道中,为了达到某种效果,善意地使用比喻等修辞手法,巧妙地使用诙谐、幽默、讽刺等言辞,促使有关的人和被批评者引起重视、促使警醒、深刻反省等,只要不伤害人,那也是允许的,甚至是一种宣传的技巧。

有些语言在法律上和日常生活的运用中是有所不同的,写作时要注意不与法律相冲突。如"诈骗"一词,在刑法中是一种犯罪行为。而在日常生活中,它与"欺骗""欺诈"是同义词,后二者在法律上说,只不过是民事上的违法行为。在写作新闻时,如事实没有达到"犯罪"的程度,就不要轻易使用"诈骗"一词。

三、掌握材料要丰富

尽可能掌握证据,运用材料要少而精,留有余地,有备无患,才能争得主动,使自己立于不败之地。

社会上难免有一些胡搅蛮缠的人,新闻记者既然要与从高级领导、名人权威到三教九流的人打交道,就不能不有所防备。许多名人也并非个个修养很好。有的人会千方百计利用记者和新闻媒体,有的人会出尔反尔,有的人会倒打一耙,有的则以打官司为手段,达到扩大知名度以谋取私利的目的。记者要学得精明一些。

有的记者在实践中探索到了一些办法。他们认为,掌握的材料越多越好,运用材料则要少而精。有的说,写批评明星的文章,至多只能抛出60%的材料,余下的备用,作为必要时反击的弹药,以免陷入被动。当对方老虎屁股摸不得、大发名人威风时,当他们斗志昂扬状告记者时,记者稍稍传过信息,表示手中还有更多材料,决心奉陪到底。这时,明星们往往会偃旗息鼓。即使最后还要法庭见面,记者也是"手中有粮,心中不慌",可以沉着应付,击败对方。凡主要事实或关键情节,记者最好掌握证据,以应付各种意外情况。

记者在下这一步棋子时,要考虑到下一步棋。如此,才称得上是一个成熟的记者。

四、摆好记者与名人的正确位置

不要探头探脑,哗众取宠,专门打听私事,招惹是非;也不要被名人所利用。

名人的活动、成就、困难、挫折，等等，都是新闻报道的重要内容。但我们之所以报道这些，是因为这些内容有新闻价值，有宣传价值。报道出去对读者有益，当然要努力报道。这并不是说名人的一举一动、一言一笑，都能成为新闻报道的题材。有些新闻媒体为了提高受众的兴趣，争夺受众，片面追求可读性、可听性、可视性，片面追求所谓的“名人效应”“轰动效应”。于是报纸上充斥着明星的艳闻轶事，什么婚恋婚变、婚外恋，什么喜欢何种颜色，什么睡觉侧向哪一边，谁爱吃什么菜，什么高矮、胖瘦、血型……甚至明星自由散漫、不修边幅、吊儿郎当也当作什么艺术家的气质予以歌颂。甚至与明星有那么一点点关系的人，也不惜篇幅让他(她)们借谈名人而大肆宣扬一些毫无意义的生活琐事。记者专门打听这种不成新闻的琐闻，媒体也乐此不疲，竞相刊播、“炒作”，以至于格调降低也在所不顾。这实在是新闻界的悲哀。

有许多新闻纠纷也由此而来。你报道了，捧场了，明星当然高兴；一旦出现一些明星们预料不到的后果，马上就说记者侵犯名誉权、隐私权、肖像权。也有的人借谈私生活而投记者所好，有意让记者去“炒”，以扩大自己的知名度。当他们嫌名气还不够大时，即使报道有一点小偏差，包括好的也包括不好的，他们都不大计较，因为只要记者肯“炒”，都有利于扩大影响，为众人所知晓。而当明星们有了一点名气或名气越来越大时，就大摆其臭架子，一点点事情也斤斤计较，甚至动不动就告记者，以显示自己的身价。

我们的记者一定要引以为戒，要正直、大方、不卑不亢，按新闻规律办事；要保持客观立场，不要攀龙附凤。既不要被人家所利用，也不要搞那种探头探脑的小报作风。关系正常化了，是非也就少了。首先，记者要提高素质，媒体要提高品位。自己立得正，就不怕影子歪。这样，才不辜负广大受众的期望。

五、发现有错，及时补救，主动更正，争取调解与和解

新闻媒体自己发现报道有失误，或他人指出报道有错误而提出诉讼，这时候，要积极地、不失时机地变被动为主动，不能听其自然，无所作为，或掉以轻心。如能主动及时地更正内容，挽回不好的影响，就有可能取得对方的谅解，从而免于起诉，或促使当事人撤销诉讼。

新闻媒体纠正错误的形式有多种，可根据各种不同的具体情况，灵活地采取不同的方法：

(1)严肃地、郑重其事地发表更正启事，依据内容的重要性和错误的大小，将启事安排在适当的版面和适当的地位；

(2)原封不动地发表有关人或单位的信件和文章,发信件注明“来函照登”,发文章给加上中性的编者按语;

(3)派记者做认真负责的调查,发表新闻、调查报告或调查附记,澄清事实;

(4)主动组织有利于恢复受侵害人的名誉的其他文章或报道,如组织正面报道以挽回影响,组织有关辩护文章在媒体发表。

这些做法,都是新闻媒体实事求是和民主作风的体现。因为新闻媒体大都是官方或半官方的,本来地位高、威信高,在社会上很受尊重;而媒体每天要发很多新闻,难免有失误,社会上多数人是不难理解的。主动认错,一般能够取得人们的好感。“报社(电台、电视台)都认错了,更正了!”人们的心气也就平和了许多,不至于缠住不放。何况新闻媒体发表更正启事,影响较大,有利于消除原来已产生的不良影响和后果,使失误得到弥补,事情也就合情合理,化干戈为玉帛了。

媒体是否发表更正启事,主要看错误的大小、后果的轻重,而不是看对方是否有权有势。对下级单位,对小人物,也要认真对待,体现在法律面前人人平等的原则。更正不能“对上不对下”“惧大不惧小”,不能无视基层单位和一般老百姓。有时无权无势的人反而自尊心特强,不甘受辱受压,容易激起对立情绪,偏偏要讨个“说法”,这是要引起注意的。

关键问题是,新闻媒体要正确对待社会,正确对待自己,放下架子,有错即改,真正做到实事求是,作风民主,对公众负责。这样,只会增加媒体的威信和受众的信任感、接近感。要明确,更正是擦黑而不是抹黑。不能文过饰非,硬撑场面,认为认错更正是失面子,自扫威信,而拼命维护那种虚假的自尊。更不能以势压人,以强凌弱,否则会使错误越来越大,最终威信扫地,自食苦果。

复习思考题

1.什么叫新闻侵权?新闻侵权的三种表现是什么?

2.记者编辑应该怎样进行自我保护?

主要参考书目

01.丁法章.新闻评论教程[M].上海:复旦大学出版社,2002.
02.高钢.新闻写作精要[M].北京:首都经济贸易大学出版社,2006.
03.何日丹.电视文字语言写作[M].北京:中国广播电视出版社,2001.
04.季宗绍,石坚.新闻采访与写作[M].南京:南京师范大学出版社,2004.
05.康文久,高红玲.实用新闻写作[M].北京:新华出版社,2002.
06.李希光.新闻学核心[M].广州:南方日报社出版社,2002.
07.刘海贵,尹德刚.新闻采访写作新编[M].上海:复旦大学出版社,2002.
08.刘明华,徐泓,张征.新闻写作教程[M].北京:中国人民大学出版社,2002.
09.刘仁圣.广播电视新闻采访写作教程[M].北京:中国广播电视出版社,2005.
10.穆青.新闻散论[M].北京:新华出版社,1996.
11.沈爱国.消息写作[M].浙江大学出版社,2002.
12.宋兆宽.新闻采写研究[M].北京:中国广播电视出版社,2002.
13.宋兆宽.新闻表现艺术[M].大连:大连出版社,1991.
14.桑义燐.新闻报道学[M].杭州:杭州大学出版社,1999.
15.重兵.比较新闻传播学[M].北京:中国人民大学出版社,2002.
16.王春泉.现代新闻报道形式及其写作[M].西安:西安出版社,2001.
17.许兆真,张福民.新闻采访写作艺术论[M].西安:西北大学出版社,2003.
18.尹德刚,周胜.当代新闻写作[M].上海:复旦大学出版社,1997.
19.张君昌.应用电视新闻学[M].北京:中国广播电视出版社,1997.
20.张骏德.当代广播电视新闻学[M].上海:复旦大学出版社,2001.
21.张举玺.新闻写作技法[M].莫斯科:俄罗斯人民友谊大学出版社,2004.
22.张举玺.新闻理论基础[M].莫斯科:俄罗斯人民友谊大学出版社,2004.
23.张举玺.中俄现代传媒文体比较研究[M].北京:新华出版社,2014.
24.张威.比较新闻学:方法与考证[M].广州:南方日报出版社,2003.
25.赵淑萍.电视采访与写作[M].北京:中国广播电视出版社,1997.

26.郑兴东,陈仁风,蔡雯.报纸编辑学教程[M].北京:中国人民大学出版社,2002.

27.周胜林.高级新闻写作[M].上海:复旦大学出版社,2000.

28.朱羽君等.中国应用电视学[M].北京:北京师范大学出版社,1996.

29.С.Г.Корконосенко.Основы творческой деятельности журналиста[М].С-петер., 2000 г.

30.С.Г.Корконосенко.Основы журналистики[М].Аспект пресс, 2001 г.

31.С.И.Сметанина.Медиа-текст в системе культуры[М].Из.Михайлова В.А., С-петер., 2002 г.

32.Ким М.Н.Технология создания журналистского произведения[М].Из.Михайлова В.А.С-петр. 2001 г.

33.Н.С.Валгина.Теория текста[М].Логос, Москва, 2003 г.

34.В.Ф.Олешко.Журналистика как творчество[М].Из.РИП-холдинг, Москва, 1995 г.

图书在版编目(CIP)数据

新闻写作新编 / 张举玺著.--2 版.--北京:中国传媒大学出版社, 2019.8
ISBN 978-7-5657-2514-2

Ⅰ.①新… Ⅱ.①张… Ⅲ.①新闻写作 Ⅳ.①G212.2

中国版本图书馆 CIP 数据核字（2019）第 163923 号

新闻写作新编(第二版)
XINWEN XIEZUO XINBIAN(DI-ER BAN)

著　　者	张举玺
策划编辑	李水仙
责任编辑	蒋　倩
责任印制	李志鹏
封扉设计	风得信设计·阿东
出版发行	中国传媒大学出版社
社　　址	北京市朝阳区定福庄东街 1 号　　邮编:100024
电　　话	86-10-65450528　65450532　　传真:65779405
网　　址	http://cucp.cuc.edu.cn
经　　销	全国新华书店
印　　刷	三河市东方印刷有限公司
开　　本	787mm×1092mm　1/16
印　　张	15.75
字　　数	308 千字
版　　次	2019 年 8 月第 2 版
印　　次	2019 年 8 月第 1 次印刷
书　　号	ISBN 978-7-5657-2514-2/G·2514　　**定　　价**　49.00 元